FUNDAMENTOS DE NEUROPSICOLOGÍA

Introducción a las neurociencias

FUNDAMENTOS DE NEUROPSICOLOGÍA

Introducción a las neurociencias

Mireya Frausto Rojas

EDITORIAL **PAX** MÉXICO

Primera edición: junio de 2011
Segunda edición: enero de 2020

Portada: Víctor M. Santos Gally
Ilustraciones: Francisco Morales

ISBN: 978-607-713-194-6

EDITORIAL
TERRACOTA EⱵT

© 2020, Editorial Terracota, SA de CV
          Av. Cuauhtémoc 1430
          Col. Santa Cruz Atoyac
          03310 Ciudad de México

          Tel. 55 5605 7677
          www.editorialpax.com

Impreso en México / *Printed in Mexico*

2024	2023	2022	2021	2020
6	5	4	3	2

Quizá la frontera final de la ciencia
–su último desafío– sea la comprensión
de las bases biológicas de la conciencia
y de los procesos mentales por medio
de los cuales percibimos, actuamos,
aprendemos y recordamos.

ERIC KANDEL

A Tania Mirelle

El poeta José Martí dice que
"hay un solo niño bello en el mundo
y cada madre lo tiene".
Quiero dedicar este esfuerzo
a la pequeña más hermosa,
que me ha llenado de dicha
desde que supe de su existencia.
Gracias, hija mía, por estar conmigo.

Índice

Introducción

¿Cómo trabaja el cerebro?, ¿cómo se relacionan sus estructuras con las funciones intelectuales?, ¿cuál es el papel que desempeña el sistema nervioso en los procesos psicológicos del ser humano?, ¿cómo se pueden superar las lesiones cerebrales?, ¿cuáles son las técnicas para que pueda haber una plasticidad del sistema nervioso con recuperación de funciones?

Estas y otras cuestiones le interesan a una disciplina llamada neuropsicología, en la cual se conjunta la participación de varios especialistas. En este libro se abordan diversas temáticas que permiten comprender en general esta rama de la psicología que tiene como objeto de análisis principal estudiar el sistema nervioso y su correlación con las procesos cognitivos y emocionales.

Lo anterior permite, en parte, entender la actividad psíquica y regular sus funciones, así como diseñar, elaborar, organizar y aplicar los procedimientos y métodos de intervención y/o rehabilitación de dichas funciones. La rehabilitación facilitará reintegrar a las personas a su medio social, familiar, escolar y laboral.

La revisión histórica del crecimiento de esta disciplina permite percibir los diferentes enfoques que ha tenido de modo mundial; en nuestro país, tiene un desarrollo relativamente reciente, por lo cual es un campo fértil para la investigación. Actualmente, una de sus principales aplicaciones y aportaciones es en el estudio de la psicopatología, en la que representa un eslabón entre el conocimiento de la enfermedad mental y los indicadores de normalidad, centrándose en la descripción para hacer comprensible la aparente conducta irracional y alterada de pacientes psiquiátricos. Esto acrecienta aún más la necesidad de comprender las funciones del sistema nervioso, pues de su adecuación depende incluso la posibilidad de adaptarse al ambiente y, por tanto, la supervivencia. De ahí que este volumen esté centrado en describirlo y dé ciertos fundamentos para entender algunas pautas de la conducta humana.

Capítulo 1

Introducción a las neurociencias

Definición de neuropsicología

Las definiciones que se ofrecen de la neuropsicología son muchas, entre ellas la de Carmen Junqué (1995), que es una de las más representativas; en ella se dice que la neuropsicología forma parte de la psicobiología aunque su campo no es tan amplio, pues abarca sólo la actividad biológica relativa al funcionamiento cerebral, en especial del córtex, y se interesa fundamentalmente en el estudio de los procesos psíquicos complejos, como el lenguaje, la percepción, la memoria, etcétera.

La neuropsicología es una disciplina en la que confluyen varias especialidades, participan neurólogos, médicos, pediatras, psicólogos e incluso hay investigadores de las ciencias sociales que contribuyen a los conocimientos que ahora tenemos acerca del funcionamiento del cerebro humano. Quienes hacen estudios de carácter experimental con animales han dado aportaciones importantes al conocimiento de la actividad cerebral, y la neuropsicología estudia las relaciones que existen entre la actividad cerebral y los procesos de carácter psicológico. Dicha disciplina tiene un carácter interdisciplinario; además, la neuropsicología y la neuropsiquiatría poseen aspectos aplicados a la actividad clínica así como a la actividad investigadora, esto es, la posibilidad de aplicar los conocimientos científicos a la rehabilitación de la enfermedad humana.

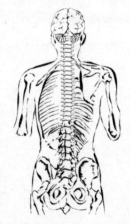

La neuropsicología es la rama de la psicología que estudia los centros de la conciencia y del comportamiento del sistema nervioso central. Con esta óptica, el objeto de análisis de la neuropsicología lo integran especialmente las estructuras y los procesos de la atención, el pensamiento, la emoción, la memoria, el aprendizaje, la motivación y la percepción; en cambio, las relaciones entre la vida vegetativa y los procesos psíquicos son estudiadas no por la neuropsicología, sino por la psicofisiología. La neuropsicología analiza los fallos funcionales, como los que surgen como consecuencia de lesiones o ataques cerebrales, y las alteraciones funcionales del sistema nervioso central, como las que aparecen por el consumo de drogas. Debido a que en las investigaciones neuropsicológicas se estudiaran las consecuencias de las lesiones y las operaciones cerebrales, se experimentó con animales, a los cuales se provocaron fallos funcionales en determinadas zonas del cerebro.

En voluntarios humanos se han llegado a anular de forma breve y transitoria centros nerviosos para fines de investigación. La neuropsicología clínica estudia la posibilidad de rehabilitar a pacientes con lesiones y ataques cerebrales, así como el tratamiento de las lesiones funcionales del sistema nervioso central. La neuropsicología procede –como su nombre lo indica– de un doble anclaje en las ciencias neurológicas y las ciencias cognitivas; además, es definida –en cuanto a su dimensión humana– como el estudio de los comportamientos humanos en referencia a sus fundamentos neurológicos y cognoscitivos. Este estudio tiene por objeto lo siguiente:

a. Reconocer y explicar las relaciones mutuas que existen entre los comportamientos humanos y las estructuras cerebrales y los mecanismos neurofisiológicos inherentes.
b. Establecer correlaciones entre las bases biológicas y las psicológicas de los comportamientos humanos.

La neuropsicología está integrada por numerosas ramas, como son:

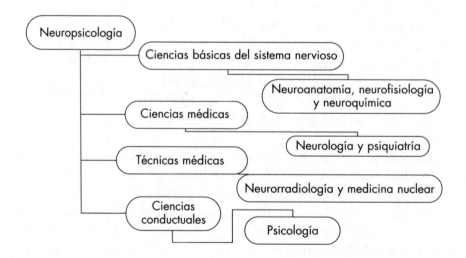

Cuando alguien se comporta, realiza un procesamiento complejo de información que implica activación de grandes zonas de su cerebro. En consecuencia, cuando el cerebro es alterado se producen cambios cognoscitivos y de comportamiento; y cuando se altera el comportamiento, resultan afectados el cerebro y los procesos cognoscitivos. En concordancia con lo anterior, hemos encontrado que los procesos cerebrales cambian según la experiencia. Esta propiedad del sistema nervioso es conocida como plasticidad. Nuestro cerebro se transforma continuamente y en los primeros años de vida ocurre un proceso de maduración que implica crecimiento neuronal, aumento de las conexiones sinápticas y cambios bioquímicos. Los cambios son mayores cuando un organismo se desarrolla en un ambiente con gran diversidad de estímulos ambientales y sociales. Por lo tanto, el desarrollo de cada área cerebral dependerá de la cantidad y calidad de las experiencias que tengamos.

Otra premisa de la neuropsicología es que el cerebro trabaja como un todo, organizado en sistemas funcionales complejos. La alteración de un sistema puede repercutir en el funcionamiento de uno o varios de los demás sistemas; pero si partimos de este tipo de premisas será factible elaborar un diagnóstico y tratamiento de pacientes con trastornos cerebrales. Para el diagnóstico se requiere conocer la forma como funciona el cerebro, además de la manera como la lesión de una zona específica produce alteraciones cognoscitivas y de comportamiento.

Para el tratamiento se requiere, además de un diagnóstico neuropsicológico preciso, conocer y aplicar las condiciones que pueden generar la reorganización funcional del cerebro.

Trastornos en los que se aplican las técnicas neuropsicológicas

- En el aprendizaje.
- En la atención: déficit de atención con o sin hiperactividad o impulsividad.
- En el lenguaje (habla, lectura y escritura): afasia, disfasia, alexia, dislexia, agrafia y disgrafia.
- Inmadurez cerebral.
- En la ejecución de movimientos voluntarios (apraxia y dispraxia).
- Perceptuales (agnosia).
- En la memoria (amnesia).
- En el cálculo o realización de operaciones aritméticas (acalculia y discalculia).
- En el pensamiento (razonamiento, planeación, formación de conceptos y solución de problemas).

☞ continúa

☞ continuación

- En la orientación espacial.
- En la orientación temporal.
- En las funciones ejecutivas (autocontrol y autorregulación).
- Traumatismo craneoencefálico: aquí se incluyen pacientes que han sufrido un golpe muy intenso en la cabeza, generalmente acompañado de pérdida de conciencia o coma, los cuales ocurren a menudo en accidentes automovilísticos, caídas y heridas por armas de fuego.
- Accidentes cerebrovasculares: aquí se incluye todo tipo de trastornos en la irrigación sanguínea del cerebro, como infarto cerebral, hemorragias, embolias, trombosis y aneurismas.

a. La neuropsicología estudia la relación que existe entre los procesos cerebrales y el comportamiento tanto en personas normales como en personas con daño cerebral.

b. Implica la evaluación y rehabilitación de pacientes con alteraciones neurológicas diversas.

c. Considera al ser humano como un ser biopsicosocial en un sentido realmente integral. Esto significa que los procesos cerebrales, los procesos cognoscitivos (percepción, atención, memoria, pensamiento, lenguaje, etcétera), y el comportamiento son el mismo fenómeno.

d. La neuropsicología se interesa explícitamente en las relaciones entre los comportamientos humanos y sus fundamentos biológicos y psicológicos de su evolución (maduración) a partir del estado inicial hasta el estado estable (madurez), seguida de su involución (senescencia).

e. La neuropsicología se interesa a la vez en el funcionamiento humano normal y en sus patologías (por ejemplo, anomalías en la adquisición, lesiones focales del cerebro, senilidad, etcétera). La neuropsicología reconoce en la formación de sus investigadores la pertinencia de diversos parámetros de orden sociocultural (por ejemplo, nivel de escolaridad, características inherentes a las lenguas habladas y escritas en el seno de la especie humana, entre otros).

Antecedentes

Las relaciones entre el cerebro y las actividades mentales han sido una cuestión que ha interesado desde los tiempos más remotos. El problema tiene unas raíces profundas y previas a la aparición de los términos neurología, neuropsicología o neurología del comportamiento (Lecours y Joanette, 1991). De hecho el objetivo planteado a lo largo de la historia ha sido siempre el mismo: "Observar sistemáticamente las anomalías del comportamiento propio de la especie y localizar en términos de neuroanatomía macroscópica las lesiones que causan las enfermedades del telencéfalo humano e intentar comprender tanto el funcionamiento y las disfunciones de éste como el sustrato de las diversas aptitudes cognitivas".[1] En esta línea de pensamiento, Henry Hécaen reconocía claramente el nacimiento de la neuropsicología mucho antes de la creación de este término.

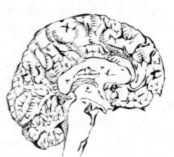

La neuropsicología es una disciplina que surgió en la segunda mitad del siglo XIX en el ámbito de la clínica neurológica. Originalmente su trabajo se centró en la evaluación de pacientes adultos con daño cerebral, pero casi de inmediato la patología infantil fue incluida en esta naciente disciplina. La neuropsicología es una nueva disciplina que se encarga de estudiar las funciones psicológicas en estrecha relación con las estructuras nerviosas, tanto en niños como en adultos, en la normalidad y en la patología. "Aunque la neuropsicología nació mucho antes que se creara este término, sus inicios tras la comunicación de Broca a la Société d'Anthropologie de Paris, en 1861, han estado señalados por el triunfo del método anatomo-clínico".[2]

Los grandes maestros y fundadores de la neurología aportaron conocimientos capitales que constituirían, directa o indirectamente, los cimientos de la moderna aproximación a las relaciones entre el cerebro y las actividades mentales. Este proceso conduciría a la cristalización progresiva de las formas clásicas de afasia, alexia, apraxia, acalculia, etcétera, como son descritas en los tratados de neurología contemporáneos.

[1] El término neuropsicología se atribuye a veces a Karl Lashley (1890-1958), autor experimentalista que lo empleó en el contexto de las lesiones cerebrales y la conducta en una presentación que realizó en 1936 ante la Boston Society of Psychiatry and Neurology. Su conferencia apareció publicada en 1937 (Lashley, KA., *Functional Determinants of Cerebral Localization. Archives of Neurology and Psychology*, 1937; 38:371-387). A pesar de esta atribución, Lashley no fue el primero en usar este término. Como dicho autor cita el libro de Goldstein de 1934 vea más adelante) y no utilizó la palabra antes de 1936, esto hace pensar que la toma de Goldstein (vea Finger, S., "History of Neuropsychology", en D.W. (ed.), *Neuropsychology*, San Diego, Academic Press, 1994:1-28).

[2] La palabra *neuropsicología* había sido usada en 1913 por William Osler (1849-1919) en una conferencia sobre la formación de la Phipps Psychiatric Clinic. Osler utilizó el término *neuro-psychology* en el contexto de la idea de que los estudiantes deberían tomar cursos acerca de los trastornos mentales (Osler, W., Specialism in the General Hospital, *Johns Hopkins Hospital Bulletin*, 1913:24:167-233).

Kurt Goldstein (1878-1965) también usó el térrnino neuropsicología en su clásico *Der Aufbau des Organismus* (La construcción del organismo), editado en 1934. Esta obra se publicó en inglés en 1939 con el título y subtítulo siguientes: *The Organism. A Holistic Approach to Biology Derived from Pathological Data in Man.* La palabra *neuro-psychological* aparece en la introducción del tema de los procesos aberrantes del pensamiento en pacientes con lesiones cerebrales. Por motivos científicos o corporativistas, el estudio de las relaciones cerebro-comportamiento ha recibido distintos nombres, desde la *Psychologie physiologique* de Jean-Martin Charcot y Théodule Ribot, la *Neuro-psycho-pathologie* de Julián de Ajuriaguerra y Henry Hécaen que luego se convertiría en *Neuropsichologie* a secas, como en el libro de Luria y Benton, o la *Behavioral Neurology* de los discípulos de Norman Geschwind.

En nuestro país, la influencia de la obra de *Le cortex cérébral* de Julián de Ajuriaguerra y Henry Hécaen (1a. edición en 1949 y 2a. edición en 1960) representó un verdadero hito en el desarrollo clínico del conocimiento de las actividades corticales superiores. Su capítulo de introducción es realmente excepcional para la época. Cabe destacar el subtítulo "Étude Neuro-psycho-pathologique" como precedente terminológico. La obra se centraba básicamente en una bipolaridad: por un lado, una aproximación topográfica, síndromes anatomo-clínicos (frontal, rolándico, calloso, parietal, temporal y occipital) y, por otro, una aproximación funcional, calificada de problemas fisiopsicopatológicos (afasias, praxias y gnosias, apraxia, astereognosias, agnosia auditiva, agnosias visuales, trastornos de la somatognosia, y alucinaciones y lesiones corticales focales).

Le cortex cérébral continuó, en cierto modo, con otro volumen titulado *Introduction à la Neuropsychologie*, aparecido en 1972, esta vez con la firma aislada de Hécaen. Dicho autor actualizó y amplió los contenidos de la primera obra y centró su interés en los aspectos funcionales: afasias, apraxias, trastornos de la percepción y anotaciones finales sobre las localizaciones, la dominancia y la restauración funcional.

En la introducción, Hécaen presentó la siguiente definición: "La neuropsicología es la disciplina que trata de las funciones mentales superiores en sus relaciones con las estructuras cerebrales".

Una versión ampliada de este continuum de libros se publicó en inglés con el título *Human*

Neuropsychology (Hécaen y Albert, 1978). En esta edición se incluyeron varios capítulos sobre trastornos de la memoria y debidos a patología del lóbulo frontal, plasticidad cerebral y recuperación de la función. El prefacio fue escrito por Norman Geschwind, quien destacó la importancia de la obra de Hécaen: "Sus contribuciones han llegado a ser tanta parte de nuestro pensamiento básico diario que paradójicamente es fácil olvidar su papel". En consecuencia, se puede ver la evolución de una obra –con cambios de autores y títulos– y considerar esta evolución como el reflejo del cambio de ideas y aproximaciones acontecidas entre 1949 y 1978.

Entre finales de los cuarenta (1949), cuando apareció la primera edición de *Le cortex cérebral*, y mediados de los sesenta (1966) descollan una serie de autores importantes, que van a contribuir decididamente al desarrollo y la consolidación, directa o indirecta, de la neurología de la conducta: Bucy, Fulton, Critchley, Eccles, Magoun y Denny Brown, entre otros. Durante estos tres lustros destaca también un conjunto de libros que recogen las aportaciones a reuniones internacionales de alto nivel y que se suman al proceso de configuración de la neuropsicología, entre ellos los editados por Adrian, Bremer y Jasper, Wolstenholme y O' Connor, Halpern, De Reuck y O' Connor, y Eccles. Sus aportaciones no eran en absoluto de conocimiento generalizado en el medio científico.

El inicio de los años setenta está marcado por tres neuropsicologías: la *Introducción a la neuropsicología* de Benton (1971), la de Hécaen (1972) y la de Luria (1973, 1974), y por la *Behavioral neurology* de Pincus y Tucker (1974). Otras neuropsicologías son posteriores: la "breve" (un *abrégé*) de Barbizet y Duizabo (1977), la *Human Neuropsychology* de Hécaen y Albert (1978)[6] que se ha de ver como la continuación de *Le cortex cérébral* de Ajuriaguerra y Hécaen, la más clínica y sintética de Walsh (1978) y la americana "de editores", de Heilman y Valenstein (1979).

Sin importar el listado de libros que reflejan el desarrollo progresivo de un corpus de conocimientos, se debe hacer referencia al desarrollo de la neuropsicología experimental entre los años sesenta y setenta. Si bien el desarrollo inicial de la neuropsicología se basó en el estudio de casos individuales o series de pacientes con trastornos similares, la exploración se fundamentaba en la descripción de los síntomas sin que existieran métodos estandarizados. Los diseños de la psicología experimental con grupos de sujetos sometidos a distintos tratamientos experimentales (lesiones en el caso de la neuropsicología), los protocolos estandarizados y los seguimientos sistemáticos inician en los años sesenta-setenta. Los trabajos de distintos autores se dirigieron al estudio de la percepción espacial, memoria, lenguaje, atención, emociones, praxis, etcétera.

El estudio sistemático de pacientes sometidos a intervenciones quirúrgicas para el tratamiento de la epilepsia, en el que destaca el papel de Brenda Milner en el Montreal Neurological Institute, representó un nuevo avance metodológico y científico. También cabe destacar las aportaciones de Roger Sperry en el ámbito de las callosotomías. Estas técnicas quirúrgicas implicaron el desarrollo de metodologías cognitivas para conocer el estado funcional de los pacientes.

En 1974 apareció en nuestro país la primera aproximación sistematizada de Barraquer-Bordas en neuropsicología: su *Afasias, apraxias y agnosias*, obra que cabe situar en la línea de los libros de revisión y actualización pero centrándose en el ámbito del lenguaje, la gestualidad y el reconocimiento. La llegada de los textos de Aleksandr Romanovich Luria significó un nuevo impulso, muy importante, en el desarrollo subsiguiente de la neuropsicología en nuestro medio. Destaca su obra *The Working Brain. An Introduction to Neuropsychology* (de 1973), versión inglesa discretamente modificada de la versión rusa *Osnovnii neiropsijologii* (Fundamentos de neuropsicología), que llegó a su edición castellana (a partir de la inglesa) con el nombre de *El cerebro en acción* (1974). El volumen de Luria significó una concepción integral de la neuropsicología, en la cual todo parecía estar claramente concatenado: la concepción teórica, los métodos clínicos, los síndromes y la terapia.

Al hacer referencia a las afasias, por ejemplo, muchos siguieron la clasificación de Luria y aceptaron, casi como dogma, los mecanismos fisiopatológicos propuestos por este autor en cada forma clínica de afasia. Muchos descubrieron la neuropsicología por medio de Luria y la confundieron e igualaron con la obra de este autor. En los aspectos prácticos, los psicólogos, fundamentalmente en el área de la psicometría y relacionados con la clínica psiquiátrica, realizaban exploraciones mediante tests de organicidad. El libro de Luria iba a representar un revulsivo importante y un cambio de objetivos para los seguidores de la psicometría pura y dura.

En los años ochenta aparecen diversas obras, entre las que destacan la aproximación "de autor" erudita y completa, de Dimond (1980), o la más académica o "libro de texto" de Kolb y Wishaw (1980). A su vez, la *Neuropsicología* editada por J. Peña-Casanova y Ll. Barraquer-Bordas (1983) fue el primer volumen con estas características generales en España.

Cabe resaltar la *Localization in Neuropsychology*, editada por Andrew Kertesz (1984), que aportó una clara novedad, pues el enfoque se realiza principalmente alrededor de los problemas de la localización cerebral de la función. La obra *Principles of Behavioral Neurology* editada por Marcel Mesulam (1984) constituyó otro clásico.

La *Neuropsychologie Clinique et Neurologie du Comportement*, publicada por Mihai Ioan Botez (1987, 2a. edición de 1997), contiene una especie de vuelta a los orígenes, ya que el libro se organiza con bases generales, funciones y síndromes focales (temporal, parietal, frontal, etcétera), al igual que el libro de Ajuriaguerra y Hécaen.

En los años ochenta aparece una obra que iba a tener gran influencia en el ulterior desarrollo de la neuropsicología: la *Human Cognitive Neuropsychology*, de Andrew W. Ellis y Andrew W. Young (1988), la cual establece claramente los principios de la neuropsicología cognitiva, destacando los conceptos de modularidad y exponiendo las arquitecturas funcionales (modelos) de las funciones estudiadas. A su vez, la semiología clínica (las capacidades afectadas y preservadas) se analiza en relación con un modelo acerca del procesamiento normal.

Los años noventa presentan la novedad del *Handbook of Neuropsychology*, editado por François Boller y Jordan Grafman (con volúmenes hasta 1997). Posteriormente aparecieron la *Neuropsychologie humaine* de Xavier Seron y Marc Jannerod (1994), la *Behavioral Neurology and Neuropsychology* de Todd E. Feinberg y Martha J. Farah (1997), o la reciente obra *Handbook of Clinical and Experimental Neuropsychology* de Gianfranco Denes y Luigi Pizzamiglio (1999). En 1994 se publica en Colombia la *Neuropsicología clínica* de Alfredo Ardila y Mónica Rosselli, como texto básico de entrenamiento universitario en neuropsicología; dos años más tarde, en 1994, le sigue en España otro volumen de neuropsicología dirigido a estudiantes de las facultades de psicología: la *Neuropsicología* de Junqué y Barroso. En 1995 llega desde Brasil el libro *Neuropsicologia, das bases anatomicas à rehabilitaçao*, editado por Ricardo Nitrini, Paulo Caramelly y Leticia L. Mansur. En 1998 Victor Feld y Mario T. Rodríguez editan en Buenos Aires la primera *Neuropsicología infantil* en español.

En resumen: la aparición de las neuropsicologías fundacionales a principios de los setenta representa una abierta y clara cristalización del saber neuropsicológico y una inflexión en el desarrollo de la especialización. La gran diversificación de temáticas neuropsicológicas se produce alrededor de 1975, cuando aparecen libros especializados. Los años ochenta y noventa aportan nuevas obras que acumulan conocimientos, destacando un

Handbook of Neuropsychology y la irrupción de la neuropsicología cognitiva.

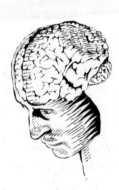

A pesar de lo que acabamos de exponer en los párrafos precedentes, el punto central del tema, más allá del término, lo constituye la primera sistematización de los conocimientos, más que una declaración de principios. También es significativo que la reunión administrativa de la Sección de *Behavioral Neurology* de la American Academy of Neurology, en San Diego (2000), se planteara discusión terminológica.

Asuntos que interesan a la neuropsicología

La neuropsicología es una disciplina de frontera que se ubica en relación con las neurociencias y con las ciencias sociales. Esta nueva ciencia se ha nutrido de los avances más importantes de las diferentes disciplinas de estas dos grandes áreas, como la neurología, la neuroanatomía, la neurofisiología, la psicología, la lingüística y la pedagogía. Por ello, el problema que aborda la neuropsicología (la relación entre la psique y el cerebro) no es de su exclusividad.

Diversos especialistas analizan dicho problema desde distintos puntos de vista y con innumerables métodos. Desde esta perspectiva, la tarea central de la neuropsicología es el estudio de los mecanismos cerebrales de las funciones psicológicas. Esto significa que la neuropsicología estudia, por un lado, cuáles son las estructuras cerebrales que participan en la realización de funciones psicológicas como la memoria, el lenguaje, el pensamiento, etcétera, y, por otro, sus mecanismos psicofisiológicos, es decir, la actividad cerebral que se observa durante la realización de una u otra tarea (interacción del cerebro y la psique). Así, el problema central de la neuropsicología es el estudio de los mecanismos cerebrales de las diferentes formas de actividad psíquica del hombre y de las regularidades de sus alteraciones. En los países desarrollados, la neuropsicología forma parte de los servicios médicos que regularmente ofrece el sistema de salud. Este hecho ha permitido, en esos países, la estrecha vinculación de la docencia y el servicio mediante la investigación en esta área, con la consecuente consolidación de diversos grupos de neuropsicología a través de la formación de sus propios cuadros de docentes e investigadores e incluso la constitución de escuelas neuropsicológicas con influencia mundial. Entre ellas se encuentran la escuela norteamericana, la francesa, la italiana, la alemana y la soviética; sin embargo, en la mayoría de estas escuelas el trabajo se orienta, casi exclusivamente, a la evaluación y al diagnóstico, dejando a un lado lo referente a la rehabilitación o intervención neuropsicológica.

La neuropsicología se originó en el estudio de las lesiones del cerebro, en las afectaciones que ocurren en el sistema nervioso y cómo esta afectación influye en el comportamiento de los individuos y en el de carácter adaptativo. Comenzó con problemas en el ámbito cognoscitivo, como la pérdida o perturbaciones en el lenguaje o la desorientación, lo cual permitió el desarrollo de pruebas diagnósticas que fueron muy útiles, sobre todo con el fin de reorientar tratamientos para la rehabilitación de las deficiencias sufridas por daño cerebral. Una gran aportación de la psicología fue considerar que era factible recuperar las funciones perdidas por daño cerebral. Los hitos históricos más importantes que contribuyeron a la ulterior formación de la neuropsicología fueron los siguientes: Gall (1805), padre del localizacionismo, postuló que cada hemisferio funciona de forma diferente con funciones cognitivas concretas; Bell (1811) distinguió entre cerebro y cerebelo; Broca (1861) denominó al tercio posterior de la circunvalación frontal, y Wernicke (1874) asignó nombre a la circunvalación temporal superior.

El punto de partida de la neurociencia fue el hallazgo de Ramón y Cajal (1906), quien descubrió la neurona como unidad independiente, cuyo conjunto establece comunicación mediante sinapsis. Entre las escuelas iniciales debemos resaltar a la escuela neuropsicológica de Luria (soviética), la cual desde sus inicios se abocó al problema de la rehabilitación. En esta escuela y considerando que la neuropsicología es una ciencia aplicada, no sólo se centra el interés en el proceso de detección y diagnóstico, sino también se plantea la tarea fundamental de diseñar, elaborar, organizar y aplicar los procedimientos y los métodos para la rehabilitación o intervención en los casos de alteraciones de las funciones psicológicas, ya sea en la etapa adulta o durante el desarrollo. Para ello utiliza, como método fundamental, el análisis sindrómico de las alteraciones de las funciones psicológicas.

El objetivo central del análisis sindrómico es establecer el factor (causa) o mecanismo básico en que se sustentan las alteraciones de las funciones psicológicas, con el objeto de explicar la sintomatología. Este análisis sindrómico se apoya en la cualificación de las ejecuciones de los pacientes, que determina no sólo si el paciente realiza o no una tarea, sino también cómo lo hace y cuáles son las condiciones que facilitan o imposibilitan su ejecución.

Hebb (1949) fue el primer autor que usó el término neuropsicología, sin llegar a definirlo; por otra parte, Luria (1962) publicó *Las funciones corticales superiores del hombre*, que fue base de la evaluación neuropsicológica derivada de su modelo. Un año después, Hegaen (1963) fundó la primera revista neuropsicológica humana llamada *Neuropsychology*, y Sperry (1981) fue Premio Nobel por sus trabajos de especialización hemisférica mediante pruebas neuropsicológicas. Finalmente, entre 1980 y 1990 empezó un importante examen de la rehabilitación neuropsicológica.

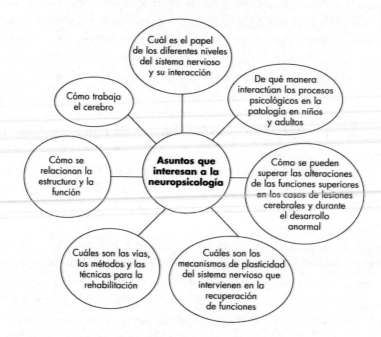

La neuropsicología en México

La neuropsicología empezó a tener auge sobre todo después de la Primera Guerra Mundial: hubo muchos heridos de bala o por proyectiles que afectaban el cerebro y se veía cómo estas heridas producían deficiencias en el comportamiento. Entonces empezaron a hacerse estudios en profundidad de este tipo de trastornos y a desarrollarse mucho la neuropsicología, sin embargo, en México es en realidad muy reciente.

Una institución pionera en este campo en México es la Universidad Nacional Autónoma de México, así como la Facultad de Psicología de la Universidad Autónoma de Puebla, y a partir de los primeros trabajos que se realizaron en estas instituciones educativas empezó a extenderse por varias partes del país y a establecerse un perfil para el profesional en esta disciplina: un especialista que realiza estudios posteriores a su graduación, a la licenciatura y que puede provenir de diversos campos, por el carácter interdisciplinario que tiene la neuropsicología.

Actualmente existen tres programas de maestría en neuropsicología; uno dependiente de la FES Zaragoza de la UNAM a partir de 1990 (fue el primero en nuestro país), ahora con la modalidad de residencia (2000); el programa que se ofrece en la Facultad de Psicología de la BUAP, iniciado en 1994; y el tercero, empezado en 2000 en la UAEM; además, existen otros grupos (UNAM, Universidad de Guadalajara y Universidad Autónoma de San Luis Potosí) que trabajan en el área, ya sea dentro de programas de posgrado (neurociencias y psicología) o fuera de ellos.

Uno de los principales problemas para el desarrollo de la neuropsicología en nuestro país es que hay escasos recursos humanos y son pocos los especialistas que han obtenido su doctorado en el área. Durante la formación en neuropsicología en México, existen como objetivos impulsar la investigación, reforzar la docencia y brindar servicio a esta población mediante convenios establecidos con el Instituto Mexicano del Seguro Social (IMSS), con el ISSSTE, con tres centros de atención psicopedagógica (CAPEP) y con 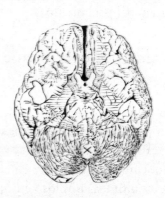 un centro USAER, dependientes de la Secretaría de Educación Pública (SEP).

Neuropsicología como ciencia aplicada

La neuropsicología, como ciencia aplicada, se incluye en el trabajo interdisciplinario para la evaluación y diagnóstico de pacientes adultos con daño cerebral y de niños con problemas en su desarrollo; sin embargo, fundamentalmente, su tarea se orienta a la rehabilitación o intervención en tales casos, con el objeto de reintegrar a los pacientes a su medio social, familiar, escolar y laboral.

En México, como en todos los países del mundo, en las últimas décadas ha aumentado el índice de pacientes con daño cerebral que resultan de diferentes afecciones cardiacas, las cuales se encuentran en estrecha relación con las condiciones de vida modernas, particularmente en las ciudades con grandes concentraciones de habitantes. En el ámbito nacional y regional no existen especialistas para rehabilitar a este tipo de pacientes; por lo general, en los hospitales se les da de alta y no reciben ningún tipo de tratamiento que les permita superar las alteraciones en sus funciones psicológicas. En nuestro medio hay mucho interés por las dificultades observadas durante el desarrollo en niños preescolares y escolares.

Tales dificultades afectan particularmente a un gran porcentaje de la población infantil, las cuales se manifiestan durante el proceso de enseñanza-aprendizaje. Calculamos que entre 4 y 6% de la población infantil presenta diversas dificultades en el aprendizaje escolar. En nuestro país, dichas dificultades se relacionan con las condiciones de vida de la mayor parte de la población, con las posibilidades (y hábitos) de una buena alimentación y estimulación y, en general, con los diversos factores de riesgo durante el nacimiento.

Neuropsicología forense

El término neuropsicología forense hace referencia a la aplicación de los conocimientos del campo de la neuropsicología a los asuntos legales. El campo de la neuropsicología clínica ha experimentado un gran desarrollo, gracias a las investigaciones y publicaciones realizadas en el terreno de los conocimientos básicos y en el referente a su aplicación; sin embargo, sólo en los últimos años los neuropsicólogos clínicos han participado de forma importante y decisiva en las cortes.

Cada vez es más frecuente el testimonio como perito de los neuropsicólogos que informan al juez acerca de las secuelas conductuales, emocionales y cognitivas que resultan de las lesiones del cerebro humano y, al mismo tiempo, de la importancia de las variables psicosociales en la modulación del funcionamiento y la alteración del cerebro. La relación entre la neuropsicología y la ley ha estado asociada estrechamente con la confluencia de una serie de factores que han contribuido a la profesionalización del campo, como la explosión de la investigación de los nexos entre el cerebro y la conducta mediante métodos cuantitativos; las estrategias interpretativas para inferir la presencia, localización y tipo de neuropatología; la toma de decisión sobre asuntos legales como la determinación de la discapacidad; la descripción de los perfiles cognitivos-conductuales característicos de cada enfermedad neurológica; la determinación del pronóstico; las implicaciones del funcionamiento psicosocial y la decisión referente a las intervenciones más apropiadas.

Entre los objetivos y campos de aplicación más importantes de esta nueva disciplina destacan: la identificación de las secuelas que conlleva el daño cerebral leve, como "el síndrome posconmocional", la determinación del funcionamiento intelectual previo, la valoración del deterioro cognitivo, etcétera. No cabe duda que en los próximos años este campo de aplicación de la neuropsicología va a experimentar un auge importante en nuestro país, gracias, en parte, a las normas que se siguen para establecer el grado de discapacidad y las compensaciones de las compañías de seguros, que tienen en cuenta estas secuelas neuropsicológicas.

El término neuropsicología forense hace referencia a la aplicación de los conocimientos del campo de la neuropsicología a los asuntos legales, es decir, los neuropsicólogos son profesionales expertos que ofrecen su testimonio en los juicios sobre personas con daño cerebral. En los países occidentales, sobre todo en Estados Unidos, esta actividad profesional tiene cada vez mayor relevancia a pesar de las complejidades inherentes legales, científicas y éticas.

Si bien en México la figura del neuropsicólogo forense no tiene un reconocimiento social importante, la mayor especialización en este campo y las modificaciones que se realizan en las leyes considerando los déficit neuropsicológicos como secuelas merecedoras de compensación hacen que esta disciplina tenga un futuro abierto prometedor.

Desarrollo de la neuropsicología forense

Existen dos antecedentes en el desarrollo de la neuropsicología forense: el primero está relacionado con la consideración del testimonio de los psicólogos en los juicios. En 1962, la Corte de Apelación del distrito de Colombia (Estados Unidos) dictaminó la validez del testimonio de los psicólogos como expertos en casos de responsabilidad criminal. Esta sentencia, conocida como sentencia Jenkins, abrió las puertas para que los psicólogos pudieran actuar en juicios referentes a áreas legales tan diferentes como compromisos civiles, discriminación en el empleo, testimonio de testigos, resoluciones sobre la custodia de los niños, etcétera (Barthol y Barthol, 1987). El segundo aspecto es el desarrollo que ha experimentado la neuropsicología clínica en los últimos 60 años. Cada vez esta disciplina se ha convertido en un área especializada, tanto de conocimiento como de práctica.

La investigación experimental básica en psicología fisiológica, comparada y cognitiva, la aparición de principios y técnicas para la neuropsicología cualitativa y cuantitativa, y el análisis de síndromes de las consecuencias conductuales de las lesiones del sistema nervioso central han permitido un conocimiento importante en el estudio de las relaciones cerebro-conducta que han formado el cuerpo de la neuropsicología clínica (Meier, 1992).

La neuropsicología forense no ha existido como una disciplina coherente hasta principios de los ochenta (Giuliano, Barth, Hawk y Ryan, 1997). La neuropsicología y la ley han estado vinculadas estrechamente por la confluencia de una serie de factores que han contribuido a la profesionalización del campo (Barth, Gideon, Sciara, Hulsey y Anchor, 1986; Matarazzo, 1987; y Meier, 1992). Entre éstos cabe destacar lo siguiente:

- La profusión de las investigaciones acerca de las relaciones entre el cerebro y la conducta mediante métodos cuantitativos.
- Las estrategias interpretativas para inferir la presencia, localización y tipo de neuropatología.
- La toma de decisión sobre asuntos legales, como la determinación de la discapacidad.
- La descripción de los perfiles cognitivo y conductuales característicos de cada enfermedad neurológica.
- La determinación del pronóstico.
- Las implicaciones del funcionamiento psicosocial.
- La decisión sobre las intervenciones más apropiadas.

Este conocimiento especializado de los neuropsicólogos ha sido considerado una declaración complementaria o alternativa al tradicional testimonio médico.

A partir de los años setenta, la neuropsicología ha estado en una posición relativamente única al tener métodos referidos a las normas y comparativamente más completos, para medir las consecuencias conductuales o lesiones cerebrales leves y moderadas, por lo cual ha proporcionado datos que apoyan la manifestación objetiva de la lesión (por ejemplo, en el caso del síndrome posconmocional) (Glass, 1991; Martell, 1992; McCaffrey, Fisher y Laing, 1993). También está en condiciones de actuar en los casos de determinación de la discapacidad (Barth, Schear y Puente, 1992; Puente y Gillespie, 1991), de asuntos penales (Barth, Ryan, Schear y Puente, 1992; Hall y McNinch, 1988; Martell, 1992), en los trastornos por exposición a neurotóxicos (White, 1987) y en traumas perinatales (Emory, 1991).

A finales de los años ochenta, Faust y sus colaboradores publicaron una serie de artículos (Faust y Ziskin, 1988; Faust, Ziskin y Hiers, 1991; Ziskin y Faust, 1988) en los cuales criticaban los testimonios de los neuropsicólogos y de otros profesionales clínicos en los juicios. Decían que las bases empíricas de sus opiniones eran insuficientes, por lo que con frecuencia sus conclusiones no eran válidas ni fiables y a veces no tenían una precisión superior a la ofrecida por las personas legas en la materia. Estos autores propusieron el *método escéptico* para considerar apropiados los testimonios en los juicios. Las principales críticas que hicieron a la neuropsicología forense (Giuliano, Barth, Hawk y Ryan, 1997) fueron de carácter metodológico, entre las cuales cabe mencionar las siguientes:

- La falta de prácticas estandarizadas.
- La ausencia de una relación fiable entre la precisión crítica y la educación y la experiencia.
- Los límites generales del juicio humano y las dificultades en la integración de datos complejos en la inferencia clínica.
- Los problemas con la fiabilidad y validez de los juicios clínicos y la superioridad de los métodos actuariales (de seguros).
- Las dificultades para estimar los niveles de funcionamiento premórbido.
- Los límites en las relaciones entre la actuación en el test y la competencia ecológica.
- Los problemas para valorar la simulación.

El reconocimiento de estas debilidades ha facilitado la maduración de la neuropsicología forense, ya que se ha estimulado la investigación para tratar de responder a estos problemas. Varios estudios han comenzado a proporcionar datos de validación iniciales en tests diseñados específicamente para detectar las quejas de memoria exageradas (tests de reconocimiento de dígitos de Portland –*Portland Digit Recognition Test*–, Binder y Willis, 1991; Binder, 1993; y *Hiscock Forced Choice Procedure*, Guilmette, 1993; Guilmette, Hart, Trueblood y Schmidt, 1993).

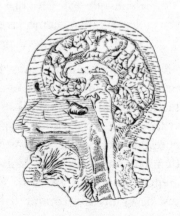

Un enfoque más reciente ha integrado la realización de dichos tests con el registro simultáneo de potenciales evocados. Muchos autores han examinado la actuación de los simuladores en tests neuropsicológicos (Bernard, Houston y Natoli, 1993; Houston, 1993, 1996; Mittenberg, Rothole, Russell y Heilbromer, 1996). De la misma forma, se han intentado buscar diferentes métodos para establecer el nivel de funcionamiento premórbido que fueran eficaces (Muñoz y Fernández Guinea, 1997), a saber:

a. Valorar las capacidades más resistentes a los trastornos neurológicos y psiquiátricos. Se basa en el empleo de la puntuación obtenida en las pruebas de vocabulario y de otras habilidades verbales relacionadas (tests de lectura y de información del WAIS) para estimar la capacidad intelectual premórbida del paciente y comparar los grados de deterioro en relación con otras actividades visomotoras o con otros subtests del WAIS (figuras incompletas).

b. Utilización de los datos demográficos que están relacionados con la actuación en las pruebas neuropsicológicas: algunos autores (Chastain, 1984) han ideado fórmulas que incluyen variables sociodemográficas como la edad, el sexo, el nivel educativo, la región de procedencia, la preferencia manual y la ocupación laboral previa, entre otras.

c. Identificación del nivel de funcionamiento más alto: se calcula la puntuación más alta de los subtests del WAIS o la mejor actuación del sujeto en una tarea neuropsicológica. Una vez identificada, se considera que ésta es el dato que mejor estima la capacidad previa del sujeto y se comparan con ella las demás puntuaciones obtenidas por el paciente.

d. Combinación de métodos anteriores: existe una tendencia a considerar que son variables de las fórmulas predictivas tanto los datos demográficos como las puntuaciones en los subtests de vocabulario y figuras incompletas del WAIS (Krull, Scott y Sherer, 1995).

También en los últimos años hemos observado la aparición de métodos y pruebas con una orientación ecológica que tratan de hacer inferencias sobre la capacidad real de los sujetos para desenvolverse en las tareas y actividades diarias a partir de las puntuaciones en estos tests. Podemos destacar el test de competencia cognitiva (Wang y Ennis, 1986) el test conductual de memoria Rivermead (Wilson, Cockburn y Baddeley, 1985), el test de atención diaria (Robertson, Ward, Ridgeway y Nimmo-Smith, 1994), el test de evaluación conductual del síndrome disejecutivo (Wilson, Alderman, Burgess, Emslie y Evans, 1996) y la prueba para la valoración de la capacidad comunicativa en la vida diaria (Holland, 1980). Por tanto, conocer estas limitaciones ha aumentado la calidad de la práctica de la neuropsicología forense y ha permitido el desarrollo de pruebas más útiles y específicas para esta materia.

Informe neuropsicológico pericial

Como señalan Muñoz, Gancedo, Cid y Ruano (1997), las características fundamentales que debe cumplir un informe neuropsicológico pericial son la neutralidad y el ser inteligible y comprensible para las personas ajenas al campo de la neuropsicología, como los jueces, los abogados, etcétera. Si bien los informes periciales tendrán un formato diferente en función del objetivo de su realización (valoración de secuelas por accidente de tráfico y determinación del grado de incapacidad para los asuntos legales, entre otros), podemos decir que, en general, deben realizar una descripción precisa de los aspectos siguientes:

- Funcionamiento premórbido del sujeto antes del daño cerebral.
- Historia clínica.
- Especificación de la lesión cerebral.
- Evolución del individuo.
- Alteraciones cognitivas, emocionales y psicosociales producidas por el daño cerebral, determinando la gravedad de los déficits.
- Relación causal entre la lesión y los cambios producidos.
- Determinación de la incapacidad o dependencia del sujeto para realizar las actividades diarias básicas e instrumentales, así como afectación en su vida familiar, social y laboral.
- Naturaleza de las secuelas (estables o pueden mejorar o agravarse).
- Posibilidad de intervención neuropsicológica.
- Establecer un pronóstico.

Este informe puede constituirse en prueba pericial y facilitará la labor del juez para determinar las secuelas y la consecuente indemnización o compensación en caso de que sea necesario.

Panorama actual y futuro de la neuropsicología

En los últimos 20 años, distintas teorías y conceptos de la psicología cognitiva han sido aplicados al campo de la psicopatología, comenzando a establecerse desde las investigaciones enmarcadas en las neurociencias asociaciones entre determinados desórdenes psiquiátricos y alteraciones en distintas funciones cognitivas.

Para designar esta particular aproximación a la psicopatología por la neuropsicología, algunos autores han utilizado el término neuropsiquiatría cognitiva, área en la que confluyen la psiquiatría, la neurología y la neuropsicología.

En el pasado se ha evitado el área neuropsicológica en el estudio de las enfermedades psiquiátricas debido probablemente a la aparente complejidad, pues hay que conocer los déficits cognitivos puros (como el síndrome amnésico) antes de aplicarlos como marcadores de alguna de estas enfermedades, así como tener una experiencia neuropsicológica amplia para adaptar los conocimientos de la forma más eficaz. Si bien los primeros estudios acumularon pocos progresos, en la actualidad la neuropsicología cognitiva ha avanzado suficientemente para aplicar sus métodos al análisis de desórdenes neurológicos (como traumatismos craneoencefálicos o la enfermedad de Alzheimer) y psiquiátricos, como la esquizofrenia (Frith, 1992; McKenna y cols., 1995; Shallice y cols., 1991).

Sin embargo, es necesario tener en cuenta que la contribución que la neuropsicología puede aportar a la psicopatología depende estrictamente de la disponibilidad de buenos informes descriptivos del fenómeno que pretenda explicarse. No cabe duda que la aplicación de los conceptos y las técnicas de la neuropsicología a los déficits de los pacientes con daño cerebral ha sido muy productiva, tanto en la fase de evaluación y rehabilitación como en la experimental. Por ejemplo, el estudio de la amnesia y de los pacientes con déficit en la memoria a corto plazo ha revolucionado nuestra visión de la memoria humana (Baddeley, 1997) y el conocimiento de los procesos cognitivos visuales ha enriquecido el estudio de fenómenos como la negligencia viso-espacial (Halligan y Marshall, 1994).

En otro nivel, la neuropsiquiatría cognitiva simplemente refleja la extensión de esta disciplina a un rango de desórdenes y fenómenos no considerados. En esta línea hay intentos llevados a la práctica, como el de Frith (1992), al analizar la naturaleza de la esquizofrenia en términos de un déficit en diferentes y específicos procesos cerebrales y cognitivos subyacentes a los signos y síntomas esquizofrénicos.

Aportaciones de la neuropsicología al estudio de la psicopatología

Las características que la neuropsicología aporta al estudio de las enfermedades psicopatológicas son cuatro:

1. Parte de hipótesis comprobables experimentalmente acerca de los procesos mentales alterados. Conforme los modelos cognitivos son más complejos y sofisticados, comienzan a analizarse problemas que han sido objeto de las teorías psicodinámicas, como la autorrepresentación, los mecanismos de defensa y las memorias procedimentales (no conscientes).

Aunque tradicionalmente la investigación cognitiva ha utilizado la comparación entre grupos para comprobar sus modelos, esta estrategia ha sido criticada desde el enfoque de la neuropsiquiatría cognitiva, con el argumento de que las diferencias entre individuos modifican los datos cuando son estudiados en varios sujetos. Sin embargo, los estudios de caso único sólo pueden llevarse a cabo cuando los casos son puros y permiten valorar modelos teóricos específicos de forma no ambigua (David, 1993). En el futuro, el progreso de la investigación será probablemente una combinación de los métodos individual y grupal.

2. Representa un eslabón entre el conocimiento de la enfermedad mental y el conocimiento de la mente "normal". Mediante este eslabón, la investigación centrada en los procesos cerebrales y cognitivos normales se puede beneficiar del estudio de los desórdenes psiquiátricos. Por ejemplo, estudios acerca de la autorrepresentación (Higgins, 1987) o de las estrategias de procesamiento mental (Baron-Cohen, 1995) de pacientes psiquiátricos han explicado el papel que estos procesos tienen en la vida normal. El enfoque cognitivo no acepta una dicotomía entre funcionamiento normal y desorden mental y, aunque algunos investigadores cognitivos aprueban esta dicotomía, se asume fundamentalmente que los desórdenes psiquiátricos se encuentran en un continuo respecto a los estados normales, de modo que éste es el planteamiento con el cual podemos explicar los estados de ansiedad, depresión, obsesiones y psicosis (Bentall, 1992).

3. Centrarse en los mediadores inmediatos de la conducta y de la experiencia, lo que da capacidad para hacer comprensible la aparente conducta irracional y alterada de los pacientes psiquiátricos. Frecuentemente se ha considerado que cierta conducta es evidencia de enfermedad mental sólo cuando resulta inexplicable en el contexto de los extensos supuestos acerca de la mente (Horowitz, 1983), esto es, cuando viola las convencio-

nes del sentido común. En la vida diaria tende-
mos a atribuir "locura" cuando una conducta
no muestra una clara intención; sin embargo,
los estudios cognitivos avisan acerca del error de
esta aparente ininteligibilidad de los desórdenes
psiquiátricos, por ejemplo: la depresión que en
el pasado era estimada puramente endógena se
explica mejor cuando nos damos cuenta del
profundo pesimismo (sensación de ruina) que
acerca de sí, del mundo y del futuro tienen estos pacientes.

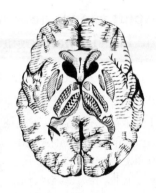

Las obsesiones, que parecen autoderrotas y autodestructivas, pueden
ser ahora entendidas como una valoración anormal del paciente acerca de
su propio estado mental (Rachman, 1993) o como un déficit en la inhibición de la conducta. Esta forma de entender la conducta no normal mediante un análisis cognitivo alerta acerca de que el ser humano (con el
cerebro dañado) nunca funciona en un vacío social ni separado de los procesos neuropsicológicos.

4. Se encuentra situada en un nivel de explicación que es neutral entre
las contribuciones de las teorías ambientales y biológicas referentes a la
etiología de los desórdenes psiquiátricos. La cognición o los procesos neuropsicológicos son una interfase entre el cerebro y la conducta; así, ya sea
la causa de la conducta problema una disfunción biológica o una experiencia poco afortunada de la vida o ambas, el mediador final de la conducta siempre se encontrará en el nivel de los procesos cognitivos y un
desorden cognitivo no siempre va a corresponder a una disfunción cerebral. Las anomalías cognitivas pueden ser de dos tipos, déficits o sesgos
(Bentall, 1992). Los déficits ocurren cuando un paciente tiene dificultad
para llevar a cabo un proceso cognitivo determinado, y los sesgos cuando
un paciente procesa preferentemente un tipo de información antes que
otro (por ejemplo, cuando un paciente depresivo sólo recuerda los sucesos
negativos) y ambos reflejan un desorden cerebral.

La dificultad ocurre cuando queremos distinguir el uno del otro, porque los déficits pueden ser aumentados e influidos por estados emocionales y motivacionales, por baja autoestima o por creencias negativas acerca
del experimento. Sólo la investigación que surge directamente de la interacción entre la neuropsicología y los procesos cognitivos, el ambiente, la
genética, y las variables neurológicas puede establecer en definitiva los factores etiológicos que causan las alteraciones cognitivas.

Afortunadamente, la neuropsicología es una disciplina que puede ser combinada con el quehacer cotidiano de los servicios clínicos; además, es importante considerar que las aproximaciones neuropsicológica y biológica (molecular) al análisis del cerebro y la conducta son complementarias, de modo que la correcta aproximación al concepto de función puede tener un papel fundamental en el conocimiento de la naturaleza de aquellos problemas de la conducta que los planteamientos más biológicos intentan comprender en un nivel celular.

Asimismo, es necesario considerar la influencia que esta disciplina puede tener en el enfoque terapéutico de las enfermedades psiquiátricas, ya que, según palabras de Baddeley, para dar el tratamiento adecuado primero debemos entender la enfermedad, lo cual implica conocer tanto el rango de síntomas como el estado de la función cognitiva de los pacientes psiquiátricos. Así, desde 1990 ha surgido una nueva era de optimismo contenido y los clínicos están de acuerdo en que el mejor enfoque terapéutico es el que combina la medicación con las distintas formas de atención psicosocial. A su vez, el desarrollo de las nuevas técnicas de neuroimagen del cerebro junto con los nuevos métodos histopatológicos han proporcionado mayor impulso a las investigaciones de las enfermedades psiquiátricas, que se une a los avances concomitantes en la descripción fenomenológica, métodos de clasificación, epidemiología y neuropsicología.

Hoy día no tenemos demasiados medios para conceptualizar algunos fenómenos y déficits, ni muchos métodos para analizar su naturaleza; además, los procesos cognitivos pueden verse influidos por procesos como la emoción, la fatiga o la motivación. Por lo tanto, podría especularse que la neuropsiquiatría cognitiva mediante el estudio de modulaciones más específicas de la función cognitiva que acompañan a las patologías psiquiátricas podría crear la base para comprender de forma más exhaustiva los procesos neurobiológicos en que son basados los determinantes emocionales y motivacionales del funcionamiento cognitivo. "Podemos encontrarnos todavía a mucha distancia de una comprensión cognitiva y neurobiológica de la cognición y la emoción en los desórdenes psiquiátricos, pero, ciertamente, estamos en una posición en la que la pericia de los psiquiatras, de los neurólogos y de los neuropsicólogos puede interactuar fructíferamente para alcanzar la luz del fascinante pero a menudo devastador punto de intersección en el que los procesos cognitivos y emocionales se rompen en los enfermos psiquiátricos" (Baddeley, 1996).

Quizá para que pueda alcanzarse lo anterior, los psiquiatras deben conocer más acerca de la neuropsicología, los psicólogos conocer más acerca de la neuropsiquiatría y la neuropsicología cognitiva proveer de modelos a la neuropsiquiatría cognitiva (Kopelman, 1996). Finalmente, deseamos destacar la importancia que el estudio cognitivo y funcional de las enfermedades psiquiátricas tiene en relación con el planteamiento de programas de intervención y rehabilitación.

Además del conocimiento de los procesos cerebrales y cognitivos relacionados con cada fenómeno psicopatológico y del avance a nivel experimental e investigador, una descripción precisa de los déficits neuropsicológicos en un paciente psiquiátrico puede tener importantes repercusiones en el análisis terapéutico, siempre ideado en conjunción con aspectos puramente clínicos, conductuales y farmacológicos, para lograr su integración psicosocial.

Principales campos de aplicación

Los neuropsicólogos participan en los juicios proporcionando datos neurocognitivos e inferencias sobre las relaciones cerebro-conducta en casos que implican litigio civil (por ejemplo: pleitos por lesiones personales, quejas de compensación de los trabajadores, determinación de la discapacidad) o, con menos frecuencia, problemas penales (por ejemplo: competencia para ser procesado, responsabilidad criminal, capacidad disminuida o establecimiento de atenuantes) (Giuliano, Barth, Hawk y Ryan, 1997).

A continuación vamos a comentar algunos de estos campos en los que se trabaja con más frecuencia en neuropsicología:

1. Determinación de la incapacidad laboral. Una de las áreas en que más son valorados los informes periciales de los neuropsicólogos es en la determinación de la incapacidad laboral de trabajadores que han sufrido accidentes de tránsito o de trabajo, a saber:

   a. Curación sin secuelas: el trabajador se incorpora con normalidad a su puesto de trabajo previo.
   b. Con secuelas de lesiones permanentes no invalidantes: son aquellas lesiones, mutilaciones y deformaciones de carácter definitivo, causadas por accidentes de trabajo o enfermedades profesionales, que no repercuten en la capacidad para trabajar del operario pero suponen una disminución o alteración de su integridad física. Estas lesiones son indemnizables por una sola vez con las cantidades determinadas (según las tarifas correspondientes) por la entidad obligada al pago

de las prestaciones de invalidez permanente, pero el trabajador puede seguir prestando su servicio a la empresa.

c. Con lesiones constitutivas de invalidez permanente en alguno de sus grados: es la situación en que se encuentra el trabajador como consecuencia de las lesiones sufridas por el accidente. Una vez tratadas por los clínicos, las lesiones originan reducciones anatómicas o funcionales graves, generalmente definitivas, susceptibles de determinación objetiva, por las cuales queda disminuida o anulada su capacidad para el trabajo. Esta situación estuvo precedida de un periodo más o menos largo de la condición anterior (lesiones permanentes no invalidantes).

Cada una de estas situaciones lleva aparejada una compensación económica según las tarifas establecidas. El informe del neuropsicólogo puede ayudar a determinar el grado de dificultad y dependencia que tiene el individuo que ha sufrido una lesión cerebral como consecuencia del accidente de tráfico o laboral.

2. Incapacitación legal. "Son causa de incapacidad aquellas enfermedades o deficiencias físicas o psíquicas que impidan a una persona gobernarse por sí misma" (Alhacar López y Martín Granizo, 1991). En este caso se encuentran las personas con demencia: un síndrome adquirido caracterizado por un deterioro progresivo y gradual de las funciones cognitivas con preservación del nivel de conciencia (DSM-IV, APA, 1994). La persona con demencia experimenta una disminución de sus capacidades intelectuales y volitivas y la demencia afecta a la personalidad del individuo en tanto "ser razonable", por lo cual requiere la adopción de una serie de medidas protectoras de su persona y de sus bienes. Comenzará entonces el proceso de incapacitación, que terminará con el nombramiento de un tutor o curador.

En dicho caso, el informe neuropsicológico incluirá, por una parte, una evaluación completa que detalle el grado de deterioro cognitivo que presenta el individuo y que facilite el posible diagnóstico de demencia; y, por otra, una valoración de la capacidad mental de la persona para realizar las actividades cotidianas, manejar dinero, grado de conocimiento de sus dificultades, responsabilidad de sus actos, entre otros.

3. Determinación del daño cerebral leve: el síndrome posconmocional. El síndrome posconmocional se refiere al conjunto de síntomas somáticos, cognitivos y emocionales que pueden aparecer y persistir de forma variable después de un traumatismo craneoencefálico (TCE) leve (Muñoz, Pelegrín, Tirapu y Fernández Guinea, 1998).

Se considera leve un TCE si, como consecuencia de la lesión traumática cerebral, la persona sufre alguna de las características siguientes:

- Un periodo de pérdida de conciencia inferior a 30 minutos.
- Un periodo de amnesia postraumática para los eventos acaecidos antes y después del accidente, no superior a 24 horas.
- Una alteración del estado mental en el momento del accidente.
- Déficits neurológicos focales que pueden ser o no transitorios (Committee on Mild Traumatic Brain Injury, 1993).

Los principales problemas que presentan dichas personas son (Muñoz, Pelegrín, Tirapu y Fernández Guinea, 1998) los siguientes:

a. Somáticos: cefalea, mayor fatigabilidad, mareos, vértigos, disminución de la audición, diplopía, visión borrosa, intolerancia a la luz y al ruido, etcétera.
b. Cognitivos: pérdida de habilidad para procesar información rápidamente, lentitud de respuesta, reducción de la capacidad de concentración, pobre rendimiento en aquellas tareas que exigen alternar o dividir la atención, pérdida de memoria (especialmente para el material nuevo) y reducción de la flexibilidad mental.
c. Alteraciones conductuales y emocionales: mayor irritabilidad, ansiedad, depresión, cambios inespecíficos de personalidad, insomnio de iniciación, sueño fragmentario, disminución del apetito y de la libido.

Estos síntomas producen un conjunto de déficits que pueden perdurar más allá de los seis meses ulteriores a la aparición de la lesión cerebral. Las técnicas de neuroimagen con poca precisión y los clínicos no expertos en este tema pueden no apreciar estos problemas y no considerarlos importantes, en cuyos casos una evaluación neuropsicológica completa y enfocada a detectar tales problemas leves puede proporcionar una buena evidencia empírica de la presencia de estas dificultades y su repercusión en los ámbitos laboral y social. Por tanto, el informe neuropsicológico deberá ser preciso y completo para explicar todos estos síntomas.

4. Simulación. Una de las críticas hechas a la neuropsicología forense es la dificultad que tiene para detectar aquellos casos que simulan síntomas físicos y psicológicos falsos o exagerados, con la intención de conseguir alguna recompensa externa. La reacción de los neuropsicólogos fue encontrar pruebas fiables que demostraran la existencia o no de este fingimiento; así, surgieron tests como los siguientes:

- El *test* de reconocimiento de dígitos de Portland –*Portland Digit Recognition Test*– (Binder y Willis, 1991).
- El *Hiscock Forced Choice Procedure* (Guilmette, Hart y Giuliano, 1993).
- El *test* de los 15 ítems de Rey.
- El *test Dot Counting* (Lezak, 1995).

También se buscaron perfiles concretos en la realización de los *tests* neuropsicológicos (Bernard, Houston y Natoli, 1993; Bernard, McGrath y Houston, 1993, 1996; Millis, Putnam, Adams y Ricker, 1995; Mittenberg, Azrin, Millsaps y Heilbronner, 1993; Mittenberg, Rothole, Russell y Heilbromer, 1996). Algunos expertos han propuesto la existencia de algunos factores que pueden suponer la presencia de una simulación (Guilmette y Giuliano, 1991; Miller, 1992; Muñoz, Gancedo, Cid y Ruano, 1997; Nies y Sweet, 1994):

a. Posibilidad de conseguir beneficios por el mantenimiento de las secuelas (indemnización económica, determinación de la incapacidad laboral, entre otros).
b. Falta de coherencia entre el rendimiento del sujeto en los *tests* y el funcionamiento en su vida cotidiana, o entre las quejas de la persona y los hallazgos objetivos.
c. Incompatibilidad entre los resultados de las pruebas y el perfil de los síntomas, propia de las lesiones neurológicas subyacentes.
d. Muy pobre rendimiento en tareas motoras y sensoriales y actuación normal en tareas que valoran capacidades cognitivas, específicas como la memoria.
e. Poca colaboración o actitud evasiva del sujeto.
f. Inconsistencia entre las respuestas del sujeto, de tal forma que falla en tareas fáciles y contesta bien a preguntas que implican los mismos procesos cognitivos o que exploran las mismas habilidades.

En estos casos, el neuropsicólogo deberá estar atento para demostrar la posible simulación de las secuelas neuropsicológicas y plasmarlas en el informe pericial que emita. Para finalizar, es conveniente señalar el convencimiento sobre el auge importante que este campo de aplicación de la neuropsicología podrá tener en nuestro país en los próximos años. Será responsabilidad de los psicólogos recibir una buena formación, estar atentos a las nuevas aportaciones que se presenten y ofrecer informes de alto nivel que supongan un prestigio para nuestra profesión.

Capítulo 2

Fundamentos de neuroanatomía

Organización anatómica, funcional y unicelular del sistema nervioso

El cuerpo humano está compuesto de numerosos tejidos, como el tejido muscular, el óseo, el vascular, el glandular, el cartilaginoso, etcétera; a su vez, el conjunto de tejidos forma sistemas bien delimitados, por ejemplo, el sistema respiratorio, el circulatorio y el endocrino, entre otros. Todos estos sistemas están bajo el control del sistema nervioso, que regula sus funciones, trata de adaptarlos a los cambios que estos sistemas tienen en cualquier circunstancia (incremento de la frecuencia cardiaca y respiratoria cuando corremos, aumento de la actividad gastrointestinal luego de comer, aumento de la frecuencia cardiaca y de la sudoración ante una situación extrema). Un ejemplo de ello es cualquier situación de estrés, ya sea por problemas sociales, económicos, laborales, familiares, conyugales, etcétera.

El sistema nervioso es el conjunto de estructuras funcionalmente especializadas, mediante el cual el organismo responde de manera adecuada a los estímulos que recibe tanto del medio externo como del interno. De dicha adecuación depende la posibilidad de adaptación al ambiente y, por tanto, la supervivencia. En él, la recepción de los estímulos es la función de unas células sensitivas especiales: los receptores. Los elementos conductores son unas células llamadas neuronas que pueden desarrollar una actividad lenta y generalizada o ser unidades conductoras rápidas, con gran eficiencia. La respuesta específica de la neurona se llama impulso nervioso; ésta y su capacidad para ser estimulada hacen de dicha célula una unidad de recepción y emisión capaz de transferir información de una parte a otra del organismo.

El sistema nervioso es el órgano que contiene lo siguiente:

- La información: la recibe, la procesa y la genera.
- La conducta, que depende de las llamadas funciones superiores de ese sistema.

Dicho sistema está formado por células muy especializadas, como las siguientes:

- Neuronas y células gliales, que constituyen el tejido nervioso.
- En el tejido nervioso se organizan vías nerviosas, nervios, tractos y estructuras nerviosas, como los núcleos y ganglios o capas o láminas de células nerviosas, formados por la acumulación de neuronas.

A pesar de que algunos animales carecen de sistema nervioso (las esponjas), la mayoría de ellos lo presentan. Podemos distinguir tres modelos básicos de sistemas nerviosos:

- Reticular.
- Ganglionar o segmentado.
- Encefálico, propio de los vertebrados.

El sistema reticular se presenta en animales simples como los cnidarios (hidras, anémonas de mar, corales y medusas) como una red nerviosa ubicada en el cuerpo del animal y a través de la cual fluye la información que se genera por aplicar un estímulo en cualquier punto del cuerpo del animal. El sistema ganglionar se presenta en animales con cuerpo alargado y segmentado (lombrices y artrópodos); a su vez, los cuerpos neuronales se agrupan (centralización) y forman ganglios que se ubican por pares en los segmentos. Los ganglios se comunican entre sí por haces de axones y hacia el extremo cefálico del cuerpo constituyen un cerebro primitivo.

El sistema encefálico es más complejo y está representado por un encéfalo (cerebro, cerebelo y médula oblongada) encerrado en una estructura ósea (cráneo) y por un órgano alargado, la médula espinal, encerrada en la columna vertebral. Al encéfalo y a la médula espinal entra o sale la información a través de los nervios llamados pares craneanos y nervios raquídeos, respectivamente.

La organización de la estructura del sistema nervioso refleja una clara funcionalidad. La información entra por los receptores sensoriales y a través de vías sensoriales específicas es llevada hasta centros nerviosos, donde es procesada. De este procesamiento surgen la sensación y la percepción, pero también la información que llega a los centros nerviosos, la cual, al ser procesada en los sistemas cognitivos, genera conocimiento (aprendizaje), parte del cual puede ser almacenado (memoria). De esta manera se genera un conocimiento del medio ambiente y del medio interno. En respuesta al conocimiento generado se producen programas motores que se expresan en forma de diversas conductas que permiten la adaptación de los individuos a su medio.

Todos esos procesos se identifican estructuralmente con sistemas neuronales propios (sistemas motores, sensoriales y cognitivos); además, existen sistemas moduladores que son capaces de modificar el flujo de información en los otros tipos de sistemas. Entre estos sistemas se encuentran los siguientes:

- El sistema noradrenérgico del *locus ceruleus.*
- El sistema serotoninérgico del rafé.
- Los sistemas dopaminérgicos, etcétera.

En el esquema se presenta un corte sagital medio a través del cráneo y de la columna vertebral. Anatómicamente se distinguen en el sistema nervioso dos grandes divisiones: el sistema nervioso central y el sistema nervioso periférico. El primero está alojado en dos estructuras óseas: la caja craneana o cráneo y la columna vertebral, y el segundo es el conjunto de estructuras nerviosas que se ubican fuera del sistema nervioso central.

En el cráneo se encuentra el encéfalo, formado por el cerebro, el cerebelo y algunos órganos del tronco cerebral (médula oblongada o bulbo raquídeo y el puente de Varolio o protuberancia anular); en la columna vertebral se ubica la médula espinal, y entre los huesos del cráneo y de la columna verbral y el tejido nervioso se halla un sistema de membranas que envuelven al sistema nervioso central: las meninges. Como se observa en el esquema, cada hemisferio cerebral (aquí se muestra el hemisferio cerebral derecho) aparece envuelto por una membrana. La que aquí se ve es la meninge más externa o duramadre, la cual mira a la membrana del hemisferio opuesto y ambas ocupan la cisura interhemisférica, constituyendo una estructura llamada la hoz del cerebro.

En las regiones posterior e inferior y debajo de ambos hemisferios se ubica el cerebelo, y por delante de él se encuentra la porción encefálica del tronco. De la médula oblongada continúa hacia abajo la médula espinal en la columna vertebral. De ella emergen por entre las vértebras los nervios raquídeos, cada uno de los cuales está formado por la unión de la raíz anterior (nace de la cara anterior de la médula) con la raíz posterior de la médula (nace de la cara posterior de la médula).

La raíz posterior se distingue de la anterior por presentar un engrosamiento: el ganglio sensitivo de la raíz posterior del nervio raquídeo. A su vez, el sistema nervioso periférico está formado por ganglios, nervios y plexos nerviosos ubicados fuera del sistema nervioso central, en las diferentes cavidades del cuerpo.

Los ganglios son agrupaciones de cuerpos neuronales y pueden estar unidos entre sí, formando cadenas ganglionares. Los ganglios más representativos del sistema nervioso periférico pertenecen al sistema nervioso autónomo.

Organización anatómica del sistema nervioso central

1. Cráneo
2. Hueso del cráneo
3. Hoz del cerebro
4. Cara interna del hemisferio cerebral derecho
5. Cuerpo calloso
6. Seno superior sagital
7. Tienda del cerebelo
8. Hemisferio cerebeloso derecho
9. Mesencéfalo
10. Protuberancia o puente
11. Cuarto ventrículo
12. Bulbo raquídeo
13. Médula espinal
14. Columna vertebral
15. Hipófisis

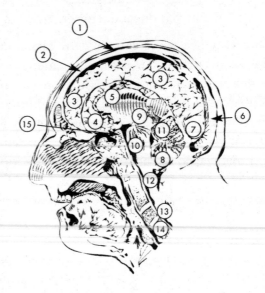

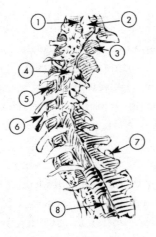

1. Nervio espinal
2. Bulbo raquídeo
3. Porción de vértebra
4. Médula espinal
5. Raíces nerviosas
6. Ganglio de la raíz dorsal
7. Duramadre
8. Aracnoides

El sistema nervioso se divide como sigue:

a. Sistema nervioso central (SNC): encéfalo y médula espinal.
b. Sistema nervioso periférico (SNP): nervios espinales y nervios crane-ales, ambos con vías aferentes y eferentes (tanto somáticas como vis-cerales).
c. Sistema nervioso neurovegetativo o autónomo (SNA) (componentes viscerales del sistema nervioso periférico y ganglios anexos): simpáti-co y parasimpático.

En neuroanatomía hay términos especiales que se emplean para localizar determinada estructura. La nomenclatura de orientación para humanos y animales difiere debido a que el hombre, durante su evolución, ha toma-do apoyo en sus miembros posteriores para alcanzar la posición erecta. Las direcciones en el sistema nervioso se toman normalmente en dirección al neuroeje, una línea imaginaria trazada a través de la médula espinal hasta la parte frontal del encéfalo. Si consideramos un animal con un neuroeje recto (cuadrúpedo), el área del vientre se denominará ventral, es decir, la superficie orientada hacia abajo; en cambio, la parte superior de la cabeza y la espalda es parte de la superficie dorsal (dorso) y está orientada hacia arriba. En estos animales, el término anterior o rostral (hacia el hocico) se refiere a la frente o a la cabeza, mientras que posterior o caudal (hacia la cola) alude a la parte trasera o el rabo (caudal). Estas direcciones son un poco más complicadas en el humano, ya que el neuroeje toma una incli-nación de 90 grados. Al frente de una persona de pie, se denomina ventral o anterior, mientras que visto por detrás se llama posterior o dorsal.

Debido a la inclinación del encéfalo y la base ventral, inferior o basal, la dirección hacia el frente del encéfalo se conoce como anterior o rostral, mientras que la dirección opuesta se denomina posterior o caudal. El tér-mino medial indica cerca o hacia el plano medio; lateral es lo opuesto: se aleja del plano medio o se dirige hacia un lado izquierdo, derecho o late-ral; proximal significa cerca o hacia el SNC, y distal es lo contrario, o sea, hacia la periferia o se aleja del SNC.

Para entender la relación que existe entre las distintas partes del SNC, el encéfalo está dividido en tres planos imaginarios; de esta manera, hay tres tipos de cortes:

a. Corte sagital: el corte se hace perpendicular al piso y paralelo al neu-roeje. De esta manera, el encéfalo se divide en una parte derecha y otra izquierda. Si se corta el encéfalo exactamente en la parte media, dividiéndolo en dos mitades simétricas, el área expuesta será mediana y equivaldrá al plano mediosagital.

b. Corte coronal, frontal o transversal: este corte divide al encéfalo y a la médula espinal en una parte anterior y otra posterior. Lo más frecuente es emplear el término frontal o coronal para referirse a los cortes del encéfalo y transversal a través de la médula espinal.

c. Corte horizontal: es un corte paralelo al piso.

Los atlas neuroanatómicos tienen como objetivo proporcionar una visión amplia de las estructuras macroscópicas y microscópicas del encéfalo y de la médula espinal, de individuos adultos sin anomalías neurológicas. Los encéfalos son cortados de manera seriada (en promedio cada 2 mm) en forma sagital, horizontal y coronal.

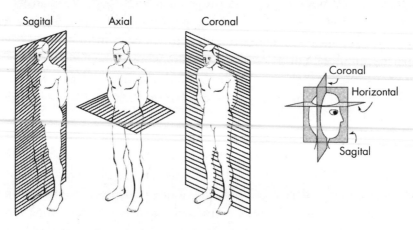

Cortes para interpretar las imágenes

Embriología del sistema nervioso

El óvulo fecundado, llamado cigoto, debido al proceso de división mitótica forma dos blastómeros con las mismas dimensiones, cada una de ellas con contenido completo de cromosomas, la mitad de los cuales tiene un origen materno y la otra mitad paterno. La división sucesiva crea una masa de células que por su semejanza con una mora se denomina mórula. La etapa de mórula se presenta a los dos días de fecundado el óvulo; posteriormente, la acumulación gradual del líquido intersticial entre las blastómeras de la mórula produce una cavidad central: el blastocele. Un embrión formado por muchas células y con una cavidad de este tipo se llama blástula. Durante la primera semana ocurre un rearreglo de células, proceso conocido como gastrulación; luego aparece un surco en línea curva que se denomina blastoporo, hacia donde se dirigen las blastómeras en disposición periférica, quedando una masa aglomerada más compacta de células que ocupa un polo.

Al final de la primera semana, la masa que ocupa el polo se diferencia en dos capas bien definidas: el endodermo y el ectodermo. Entre las células de la capa ectodérmica se forma una cavidad: la cavidad amniótica, compuesta por amnioblastos. El endodermo constituye otra cavidad, el saco viterino, incluido dentro de una tercera cavidad, el cloma, antes blastocele. En la tercera semana aparece la línea primitiva que corresponde a la zona del ectodermo en el borde caudal que sobresale ligeramente hacia la cavidad amniótica. Las células de la línea primitiva se invaginan, ubicándose entre el ectodermo y el endodermo y forman la tercera capa embrionaria: el mesodermo. A medida que el disco trilaminar crece, la línea primitiva también se alarga. En la extremidad cefálica de la línea primitiva se constituye un engrosamiento del ectodermo, llamado nodo de Hensen, a partir del cual se forma hacia adelante un cordón de células denominado notocordio.

El notocordio es una estructura de tejido mesodérmico en forma de bastón, ubicada inmediatamente debajo de una parte del ectodermo y la cual se alarga desde la cabeza hasta el otro extremo del embrión; además, sirve como operador para la diferenciación de las células ectodérmicas de enzima, en tejido nervioso.

Entre la cuarta y octava semanas de desarrollo, cada una de las capas germinativas da origen a varios tejidos y órganos específicos. A partir de este momento, la primera fase de desarrollo del sistema nervioso se denomina introducción de la placa neural y se refiere al proceso mediante el cual algunas células del ectodermo son transformadas en tejido especializado, del cual se desarrollan el cerebro y la médula espinal.

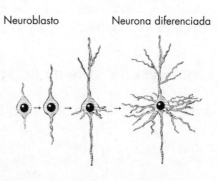

Neuroblasto   Neurona diferenciada

Después de la formación del notocordio, el ectodermo se engruesa para constituir la placa neural ubicada por delante del nodo de Hensen. Los bordes laterales de la placa se elevan y su parte central se hunde y forma el surco neural, que queda abierto hacia la parte dorsal y se reconoce en los pliegues neurales.

El neuroblasto es la célula neural primitiva de la que derivan las neuronas maduras; después se forma el tubo neural por la fusión de los pliegues neurales y la profundización del surco neural. Dicho tubo queda abierto en sus extremos cefálico y caudal en los neuroporos anterior y posterior, respectivamente. Más adelante, estos neuroporos se cierran, de modo que queda el sistema nervioso central como una estructura tubular cerrada, con una posición caudal estrecha que será la futura médula espinal y una porción cefálica más ancha, con varias dilataciones que serán las vesículas cerebrales. Cuando los pliegues neurales se fusionan, parte del ectodermo no queda incluido dentro del tubo neural y se forma una cresta neural que se va fragmentando para integrar grupos de células ubicados a ambos lados del tubo neural. En las etapas iniciales, las células del mesodermo constituyen una lámina delgada de tejido a cada lado de la línea media.

Posteriormente, algunas células de la línea media proliferan para formar una masa engrosada longitudinal llamada mesodermo paraaxial, del cual se derivan los somitas, que son bloques de tejido segmentados que se integran en dirección cefalocaudal a cada lado del tubo neural. El periodo somita se presenta entre los 30 y 40 días de desarrollo.

La relación entre los somitas y el notocordio determina el desarrollo del tubo neural, la adquisición de su forma y el establecimiento de su simetría bilateral. De esta manera, el notocordio establece el adelgazamiento normal del piso y los somitas aumentan el espesor de las paredes del tubo neural. Al final de la cuarta semana de desarrollo se forman en orden céfalocaudal tres dilataciones en el tubo neural que corresponden a las vesículas cerebrales secundarias.

Histología del sistema nervioso

Formaciones derivadas del tubo neural

1. *Parte cefálica o anterior*

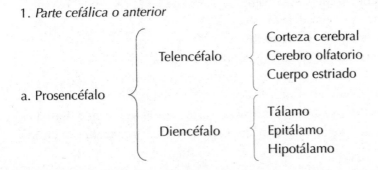

b. Mesencéfalo

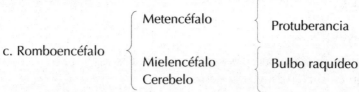

c. Romboencéfalo
  - Metencéfalo — Protuberancia
  - Mielencéfalo — Bulbo raquídeo
  - Cerebelo

2. *Médula espinal*

Cavidades del tubo neural

Con el desarrollo de las vesículas cerebrales es modificada la cavidad del tubo neural, formándose el sistema ventricular. En el telencéfalo se constituye una cavidad en cada hemisferio: los ventrículos laterales que se comunican por el agujero de Monroe con el tercer ventrículo, ubicado a nivel del diencéfalo. A través del acueducto de Silvio, el tercer ventrículo se relaciona con el cuarto ventrículo, localizado entre el mielencéfalo y el metencéfalo.

Histogénesis del tubo neural

Una vez que se formó el tubo neural, pueden distinguirse tres capas: la ependimaria, unida a la cavidad; la del manto, que es intermedia; y la marginal, que es periférica.

La capa ependimaria contiene células germinales, de las que se derivan los neuroblastos que darán origen a las células gliales.

Diferenciación en la cresta neural

De las crestas neurales craneal y espinal se deriva una amplia variedad de células, a saber:

- Neuroblastos primitivos: dan origen a los nervios sensitivos de primer orden, cuyos cuerpos celulares se encuentran en los ganglios sensitivos craneales y espinales.
- Lemnoblastos: dan origen a las células de Schwann de las fibras nerviosas periféricas.
- Simpatoblastos: forman las neuronas efectoras posganglionares del sistema nervioso autónomo.
- Feocromoblastos: integran la médula suprarrenal y otros tejidos cromafines.

- Melanoblastos: se incorporan a la epidermis, donde constituyen los melanocitos.

Los somitas dan origen a:

- Esclerotomas: forman cuerpos y arcos vertebrales.
- Dermatómeros: constituyen la dermis.
- Miotomas: forman los músculos estriados del tronco.

Plasticidad neuronal

Durante décadas se pensó que, una vez que morían neuronas tras un accidente cerebrovascular, se perdían para siempre; sin embargo, recientes investigaciones han demostrado que el cerebro es mucho más plástico de lo que se creía y que las secuelas de un accidente cerebrovascular, por ejemplo, son en cierta forma reversibles. Tal plasticidad se refiere a su capacidad para renovar o reconectar sus circuitos neuronales para así realizar nuevas tareas.

La plasticidad neuronal es la capacidad del sistema nervioso central para adaptarse, ya sea para recuperar funciones perdidas después de un accidente cerebrovascular o de una lesión de médula espinal o para ajustarse a nuevos requerimientos ambientales, o sea, aprender. Esto quiere decir que nuestro cerebro cambia permanentemente y si se pudieran entender mejor estos mecanismos, se instrumentarían estrategias para modificarlo con un fin determinado. Si una persona pierde el movimiento de una mano y supiéramos cómo estimular la plasticidad de esa corteza motora, ayudaríamos a recuperar esa función mucho más rápido.

Estos cambios en la neurona producirían, según algunas teorías, nuevas redes neuronales (nuevas sinapsis), remplazando a las redes neuronales que había; además, ciertas conexiones neuronales, que antes de la lesión no tenían una significación funcional (había contactos anatómicos, pero esas neuronas no se hablaban entre sí), pasan a interactuar y a conectarse. La plasticidad cerebral se puede modular con distintas estrategias, algunas de las cuales son farmacológicas, como el uso de drogas asociadas con la terapia física. Otras son cognitivas y modulan la atención que el paciente presta en la ejecución de esas tareas, ya que se aprende y recupera más rápido cuando hay un grado de atención importante. Como la plasticidad depende además del uso, una terapia de restricción del brazo sano e inducción del movimiento del miembro afectado también puede ser efectiva.

Capítulo 3

Neurofisiología: la neurona como unidad funcional del sistema nervioso

Neurona

La neurona o célula nerviosa es la unidad morfológica y funcional del sistema nervioso. En la neurona es posible distinguir tres regiones celulares: el cuerpo celular (llamado también soma o pericarión), las dendritas y el axón. El tejido nervioso o neural está compuesto de neuronas sostenidas por células gliales. Así, la neurona es la célula específica del sistema nervioso. Hay 100 000 millones de neuronas y cerca de un trillón de células gliales, las cuales parecen encargarse de funciones nutritivas y de soporte, aunque puede ser que contribuyan también al procesamiento de la información. Las neuronas se organizan en circuitos locales que a su vez se constituyen en regiones corticales (capas) o núcleos, los cuales se conectan entre sí y constituyen múltiples sistemas de sistemas, cuya complejidad se incrementa en cada paso. En general, las neuronas y los circuitos son microscópicos, mientras que las regiones corticales, los núcleos y los sistemas son macroscópicos. El diámetro de las neuronas es de 4 a 130 micras y no hay dos iguales en cuanto a forma.

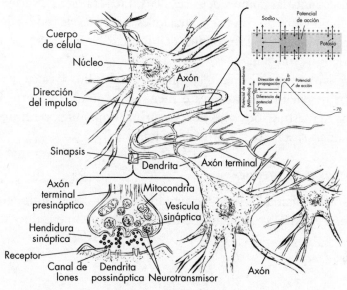

Componentes de la neurona

Cuerpo neuronal o soma o pericarión

Este cuerpo se encuentra rodeado de una membrana de alrededor de 7.5 cm de grosor: la membrana plasmática. El citoplasma neuronal presenta una serie de sistemas membranosos (núcleo, retículo endoplasmático y sistema de Golgi) que constituyen organelos y que, a pesar de estar conectados entre sí, tienen características enzimáticas específicas. En él se encuentran, además, otros componentes, como los lisosomas, gránulos de lipofucsina, mitocondrias, vesículas y complejos vesiculares, neurofilamentos, neurotúbulos y ribosomas.

El cuerpo neuronal o soma presenta las partes siguientes:

- Una membrana.
- Una masa protoplásmica granulosa que rodea al núcleo.
- Neurofibrillas que forman microtúbulos.
- La sustancia de Nissl o cromófila, que se tiñe fuertemente con los colorantes básicos, como el azul de metileno.
- Un núcleo grande, esférico, con poca cromatina y un nucleolo.
- Mitocondrias.
- Aparato de Golgi.
- Un pigmento de dos clases: uno ocre que aumenta en la vejez y el neurolipocromo de tonos azul, negro y rojo, que se encuentra en zonas conocidas como Locus ceruleus, Licues níger y Núcleo rubrum.
- Líquido interno con concentraciones especiales de sodio y potasio bajo el mando de la proteína denominada bomba de sodio-potasio adenosis trifosfatasa.
- Vesículas sinápticas en relación con acetilcolina y calcio.
- Treinta neurotransmisores o mensajeros químicos, entre los cuales los más estudiados son: norepinefrina, dopamina, serotonina, encefalinas, sustancia P y prostaglandinas.

Dendritas o dendrones

Las dendritas, llamadas también dendrones o prolongaciones citoplásmicas, tienen espinas o espículas que tienen forma y dimensiones variables.

Axón o cilindroeje

El axón o cilindroeje se origina en una elevación del cuerpo celular llamado cono axónico. Las ramas terminales del axón se conocen como telodendritas. El axón está rodeado por una capa de mielina, la cual tiene varias interrupciones llamadas nodos de Ranvier. El axón aparece rodeado por una vaina de células protectoras conocidas como vaina de Schwann, la cual está envuelta por una grasa fosforada, aisladora del impulso nervioso, llamada mielina. La neurona, a diferencia de otras células del organismo, no se reproduce.

1. Cuerpo celular
2. Dendritas
3. Núcleo
4. Aparato de Golgi
5. Cono axónico
6. Cuerpos de Nissl
7. Mitocondria
8. Axón mielínico
9. Célula de Schwann
10. Nódulo de Ranvier
11. Colateral del axón
12. Telodendro
13. Botones terminales

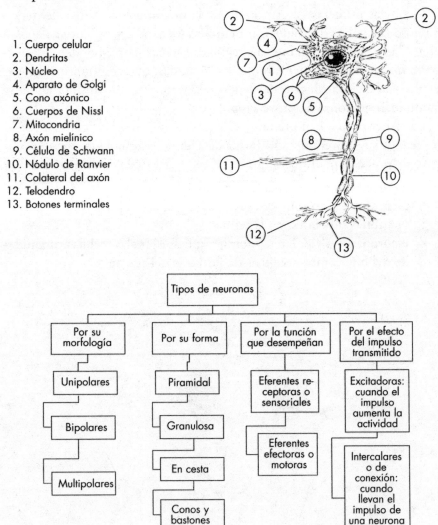

Tipos de neuronas

Por su morfología
- Unipolares
- Bipolares
- Multipolares

Por su forma
- Piramidal
- Granulosa
- En cesta
- Conos y bastones

Por la función que desempeñan
- Eferentes receptoras o sensoriales
- Eferentes efectoras o motoras

Por el efecto del impulso transmitido
- Excitadoras: cuando el impulso aumenta la actividad
- Intercalares o de conexión: cuando llevan el impulso de una neurona aferente a otra

Tipos de neuronas

Las unipolares predominan en el sistema nervioso de los invertebrados; a su vez, en el sistema nervioso de los vertebrados, las prolongaciones se dividen en forma de T y dan una rama periférica que va a un receptor y otra central que penetra la médula espinal. Las neuronas bipolares poseen dos prolongaciones: una dendrita y un axón, mientras que las neuronas multipolares tienen más de una dendrita y un solo axón. Las diferencias entre las células multipolares se deben al número y longitud de las dendritas y a la longitud del axón.

Desde las primeras descripciones de la organización celular del tejido nervioso (Cajal) se distinguieron neuronas de axón corto y otras de axón largo. Las primeras, que inervan regiones vecinas, corresponden a las actuales interneuronas, mientras que las segundas, que comunican regiones separadas y alejadas dentro del tejido nervioso y del organismo, ahora se denominan neuronas de proyección.

Los criterios que han predominado para clasificar a las neuronas son el número de sus proyecciones, la forma del cuerpo y su función. Según el número de procesos neuronales que se originan del soma se distinguen:

- **Neuronas unipolares**: en invertebrados.
- **Neuronas seudounipolares**: en el ganglio sensitivo de la raíz dorsal.
- **Neuronas bipolares**: en la retina.
- **Neuronas multipolares**: motoneuronas espinales, células piramidales del hipocampo y células de Purkinje del cerebelo.

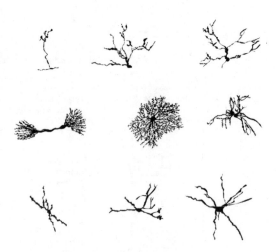

Diversos tipos de neuronas

Según la forma del cuerpo neuronal, existen:

- **Neuronas piramidales**: en la corteza cerebral.
- **Neuronas fusiformes**: (en forma de huso): en la sustancia gelatinosa.
- **Neuronas con doble piramidal**: cuerno de Ammon.

Citoesqueleto

El citoesqueleto está formado por tres estructuras de tipo fibrilar, con diferente diámetro: los microtúbulos, los neurofilamentos y los microfilamentos, a los cuales se asocian otras proteínas. Cada tipo de estos filamentos corresponde a un polímero formado por un número variable de moléculas de un monómero. En el caso de los microtúbulos es la tubulina, en el de los neurofilamentos la citoqueratina y en el de los microfilamentos la actina globular.

El citoesqueleto cumple las siguientes funciones en la neurona:

- Media el movimiento de organelos entre diferentes regiones de la neurona.
- Fija la ubicación de determinados componentes de la membrana, por ejemplo: receptores químicos, en los sitios adecuados.
- Determina la forma neuronal.

l. Microtúbulos: se presentan como las fibras con mayor diámetro del citoesqueleto (de 25 a 28 nm de diámetro externo), cada una de las cuales se presenta como un cilindro cuya pared está constituida por 13 estructuras alargadas o protofilamentos de unos 5 nm de diámetro.

2. Neurofilamentos (o neurofibrillas o filamentos intermedios en otros tipos de células): tienen alrededor de 10 nm de diámetro, son los más abundantes y representan el soporte del citoesqueleto. Cada neurofilamento está constituido por monómeros, también organizados como estructuras filamentosas.

3. Microfilamentos: son polímeros en forma de filamentos de 3 a 5 nm de diámetro, cada uno de los cuales se integra por dos hebras de actina enrolladas en forma de hélice, es decir, una sobre la otra.

Circuitos neuronales

Los circuitos neuronales representan el sustrato anatómico en el que se realizan todas las funciones del sistema nervioso. Existen diferentes tipos de circuitos neuronales: sensoriales, motores, cognitivos y de regulación de modulación. Cada circuito presenta características particulares que dependen de las propiedades de las neuronas que lo forman y de las sinapsis (puntos de contactos entre las neuronas) que originan.

Los circuitos neuronales están constituidos por neuronas de proyección y por interneuronas. Las neuronas de proyección permiten la comunicación entre las estructuras que se involucran en cada circuito. En los circuitos sensoriales se encuentran los receptores sensoriales, las neuronas de proyección que son aferentes (van hacia el sistema nervioso) y las interneuronas, que en las diferentes etapas de relevo de la información (médula espinal, tálamo y corteza cerebral) participan en su procesamiento. En los circuitos motores se hallan interneuronas y neuronas de proyección en los centros nerviosos (corteza cerebral), donde se originan los programas motores. Axones de las neuronas de proyección que obtienen la información de los centros de programación alcanzan a otras neuronas de proyección que llegan a los efectores. Esta vía es eferente.

Estos dos tipos de vías, que van en paralelo pero en sentido contrario, emiten colaterales en su trayectoria, que representan entradas a circuitos neuronales. En esos circuitos, el procesamiento que recibe la información es la base de otras funciones del sistema nervioso y de mecanismos de regulación o modulación.

Neuroglía

Clásicamente se define a la neuroglía como el tejido de sostén del sistema nervioso, con tejido no neural (no son neuronas) y células que se encuentran entre las neuronas; otra manera de definirlas consiste en decir que es el tejido intersticial no neural del sistema nervioso central (se trata de al menos la otra mitad de las células del sistema nervioso). La glía agrupa a por lo menos tres familias principales de células (los astrocitos, la microglia y la oligodendroglia) y es la encargada de "sostener" a las neuronas no sólo desde el punto de vista espacial, sino también desde el metabólico, el endocrino y el inmunológico.

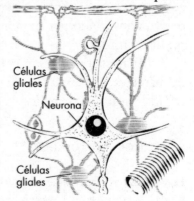

La glía también tiene relación con el desarrollo cerebral. Se ha visto que existen células gliales que orientan a los axones en su camino hacia el establecimiento de conexiones a larga distancia. Estas células proveen al axón de sustancias de adhesión celular y de factores tróficos, que sirven a la terminación nerviosa para aumentar su superficie en direcciones específicas, con el fin de avanzar hacia su blanco. Estas señales son críticas para establecer los circuitos funcionales que organizan más tarde complejas secuencias de reacciones. Si no, ¿cómo podría una neurona localizada en la corteza cerebral saber a qué motoneurona debe conectarse en la médula espinal?

Aquí hablamos de distancias enormes, en relación con el tamaño de la neurona, que se deben recorrer en busca de un blanco preciso. Las células gliales se dividen generalmente en dos clases: macroglía y microglía.

Macroglía (astrocitos, oligodendrocitos y células ependimarias)

1. Astrocitos: son las células más grandes y abundantes de toda la neuroglía, con forma estrellada y gran número de prolongaciones. Una de esas prolongaciones se llama pie terminal, que contacta con el capilar y forma parte de lo conocido con el nombre de barrera hematoencefálica (barrera encargada de regular el transporte de sustancias desde el torrente sanguíneo hacia las neuronas y viceversa).

2. Oligodendrocitos: son células más pequeñas, con pocas ramificaciones y constituyen la vaina de mielina de los axones en el SNC.

Microglía

La macroglía son células pequeñas que se encuentran en toda la sustancia blanca (fibras) y sustancia gris (somas), pero es más abundante en esta última, corresponden a 10% de la glía y se encuentran próximas a los vasos sanguíneos. Las células proliferan y emigran hacia sectores del cerebro cuando éste se lesiona (dentro de las 24 horas de lesionado el encéfalo, comienza la movilización celular de la microglía hacia la zona dañada, donde se transforman en macrófagos y fagocitan partículas de desecho, aumentando su tamaño con el material ingerido).

Tipos de glía y su localización

Astrocitos	Fibroso	Sustancia blanca
	Protoplasmático	Sustancia gris
	Célula de Bergmann	Cerebelo
	Ependimal	Paredes de los ventrículos
Oligodendrocitos	Mielinizante	Sustancia blanca, en menor porcentaje en la sustancia gris
	No mielinizante	Sustancia blanca y gris en iguales proporciones

La microglía se encuentra en todo el sistema nervioso. A su vez, algunas de las funciones de las células gliales son las siguientes:

- Proporcionan firmeza y estructura para el cerebro; también segregan y ocasionalmente aíslan grupos de neuronas.
- Fagocitan los despojos después del daño o muerte neuronal (microglía).
- Proporcionan la vaina de mielina a los axones (oligodendritos) en el SNC.
- Amortiguan las concentraciones de potasio extracelular y ayudan a remover el transmisor químico liberado por las neuronas.
- Durante el desarrollo, ciertas células gliales guían la migración de las neuronas y posiblemente dirigen el crecimiento de los axones.
- Algunas células gliales tienen funciones nutritivas para las células nerviosas.

Tipos de células que se encuentran en el sistema nervioso

Neuronas	Células gliales
Son las más características y más estudiadas por la relación de sus propiedades con las funciones del sistema nervioso	Son 10-50 veces más numerosas que las neuronas y las rodean
Existen en enorme número 100 000 * 10^6 = 100 billones.	Presentan ramificaciones, a veces muy escasas y cortas, que se unen a un cuerpo pequeño
Son funcionalmente polarizadas, esto es, reciben información por uno de sus extremos (dendrítico) y la entregan por otro (axónico)	Aunque no son consideradas esenciales para el procesamiento y conducción de la información, se les atribuyen funciones muy importantes para el trabajo neuronal, como las siguientes:

☞ continúa

☞ continuación

Tienen una enorme capacidad para comunicarse con otras células, especialmente con otras neuronas

Una neurona está compuesta por las dendritas, el cuerpo celular o soma y el axón

Las dendritas y el axón constituyen los procesos neuronales. Las dendritas nacen del soma o cuerpo neuronal, pueden ser muy abundantes y ramificadas, y son las que reciben la información

El axón nace del soma, en la región del montículo axónico, que continúa en el segmento inicial del axón, donde se generan los potenciales de acción

a. Tienen un soporte mecánico y aislamiento de las neuronas

b. Aíslan el axón, sin impedir el proceso de autogeneración del potencial de acción, con lo cual se logra acelerar la velocidad de propagación de esta señal

c. Mantienen la constancia del microambiente neuronal, eliminando el exceso de neurotransmisores o de sus metabolitos y iones

d. Guían el desarrollo de las neuronas y parecen cumplir funciones nutritivas para este tipo de células

Mielina: composición, función y alteraciones

Alrededor de los axones se forma esta sustancia grasa, que resulta así una "aislación" que da gran resistencia a la interferencia eléctrica y permite la conducción rápida del potencial de acción. La mielina está constituida por células gliales (neuroglia) o de Schwann. El color de estas células es blanco, motivo por el cual las áreas dominadas por células mielinadas se denominan materia blanca, la cual es una sustancia grasa que recubre el eje de las fibras nerviosas y cuya función consiste en aumentar la velocidad de transmisión del impulso nervioso.

La mielina es una sustancia químicamente compleja que rodea a los axones neuronales. Las enfermedades desmielinizantes son un grupo de alteraciones en los que por algún proceso se daña la cubierta axonal, dando como resultado una propagación anormal del impulso nervioso.

La proteína básica de la mielina es un constituyente normal de la mielina y se le ha encontrado elevada en las patologías que afectan la cubierta de mielina. Una de esas patologías es la esclerosis multiple, enfermedad en la cual la detección de los niveles de proteína básica de mielina en líquido cefalorraquídeo es muy importante para el diagnóstico.

Las enfermedades desmielinizantes son aquellas en las que el proceso patogénico principal está dirigido contra la mielina normal. Cuando la patogenia de la enfermedad es una formación inadecuada de la mielina se habla de enfermedades dismielinizantes.

Enfermedades por alteración de la mielina	
Enfermedades desmielinizantes	Esclerosis múltiple
	Síndrome de Devic
	Enfermedad de Baló
	Enfermedad de Marchiafava-Bignami
	Mielinosis central pontina
	Encefalomielitis aguda diseminada
	Encefalomielitis hemorrágica necrotizante aguda
Enfermedades dismielinizantes	Leucodistrofia metacromática
	• Herencia autosómica recesiva
	Leucodistrofia sudanófila
	• Adrenoleucodistrofia
	• Herencia ligada al cromosoma X
	• Enfermedad de Pelizaeus-Merzbacher
	Leucodistrofia de células globoides
	• Depósito de galactosil-ceramida
	• Herencia autosómica recesiva

Transmisión del impulso nervioso

Transmisión eléctrica y química

Una neurona está polarizada, es decir, tiene una carga eléctrica negativa en el interior de la membrana celular respecto al exterior. Esto se debe a la libre circulación de iones potasio con carga positiva a través de la membrana celular y, al mismo tiempo, a la retención de moléculas grandes con carga negativa dentro de la célula. Los iones de sodio con carga positiva se mantienen en el exterior de la célula mediante un proceso activo. Todas las células tienen esta diferencia de potencial, pero cuando se aplica a una célula nerviosa una corriente estimuladora se produce un suceso único: primero, los iones de potasio penetran en la célula y reducen su carga negativa (despolarización).

En cierto momento, las propiedades de la membrana cambian y la célula se hace permeable al sodio, que entra en ella con rapidez y origina una carga neta positiva en el interior de la neurona, lo cual es denominado potencial de acción. Una vez alcanzado este potencial en una zona de la neurona, éste se propaga a lo largo del axón mediante un intercambio de iones en puntos específicos, llamados nódulos de Ranvier.

La amplitud del potencial de acción es autolimitado, debido a que una alta concentración de sodio en el interior origina la expulsión de la célula, primero de iones potasio y después de sodio, restableciendo la carga negativa en el interior de la membrana celular, es decir, la neurona se repolariza (el proceso completo dura menos de una milésima de segundo). Después de un breve lapso, llamado periodo refractario, la neurona está en condiciones de repetir este proceso.

Cuando la señal eléctrica alcanza el extremo del axón, éste estimula en la célula unas pequeñas vesículas presinápticas, las cuales contienen sustancias químicas llamadas neurotransmisores y que son liberadas en el espacio submicroscópico que existe entre las neuronas (hendidura sináptica). En este proceso ocurre la transmisión química. El neurotransmisor se une a receptores especializados sobre la superficie de la neurona adyacente. Dicho estímulo provoca la despolarización de la célula adyacente y la propagación de su propio potencial de acción.

Conducción nerviosa

Potencial de membrana y potencial de acción

Las neuronas producen moléculas (neurotransmisores y neuromoduladores) para comunicarse o controlar o modular el funcionamiento de otras células; también lo hacen en relación con su funcionamiento, a través de segundos mensajeros que generan respuestas a las señales que les llegan desde otras células. La naturaleza de los procesos vinculados con la producción de esa amplia gama de señales es bioquímica, pero también puede ser bioeléctrica cuando las neuronas se comunican con otras células a través de iones (sinapsis eléctricas). Estos mensajeros son almacenados en vesículas sinápticas y liberados por mecanismos complejos, generalmente iniciados por señales bioeléctricas: los potenciales de acción. El paso de iones se hace a través de proteínas-canales, reguladas por señales químicas (neurotransmisores, hormonas o drogas) o por cambios en la diferencia de voltaje que caracteriza a la membrana, la cual es mantenida en rangos muy estrechos por el trabajo de las bombas iónicas (bomba de Na^+-K^+, bomba de Ca^{2+}).

Con base en el funcionamiento coordinado de canales y bombas iónicas, existe en las membranas plasmáticas celulares un sistema que regula la excitabilidad neuronal y que le permite responder en forma casi instantánea a una amplia variedad de estímulos, normales unos (neurotransmisores y hormonas) y perturbaciones otros (drogas). La respuesta que generan las neuronas frente a estos estímulos es de naturaleza bioeléctrica y está representada por potenciales locales y propagados. Estos últimos se hallan acoplados en las neuronas a la liberación de neurotransmisores, que son las señales a través de las cuales ellas se comunican con otras células; pero las neuronas también pueden responder generando segundos mensajeros, que pueden interactuar entre sí e inducir cambios duraderos en la conducta neuronal.

La conducción nerviosa es un fenómeno activo, autopropagado, en el que el impulso nervioso se desplaza a lo largo de él con velocidad y amplitud constantes. Este tipo de mecanismo confiere a las neuronas una alta plasticidad funcional, que es la base de procesos complejos como el aprendizaje y la memoria.

Potencial de membrana en reposo

La membrana plasmática es una bicapa lipídica, formada por fosfolípidos, que actúa como un esqueleto o soporte en el cual se insertan numerosas estructuras moleculares, como canales iónicos, receptores químicos, transportadores, bombas iónicas y enzimas, que generan segundos mensajeros, proteínas de reconocimiento y de conexión con otras células, así como proteínas que sirven de soporte a elementos del citoesqueleto.

La membrana plasmática de la neurona puede, entonces, además de limitar la estructura de esta célula, cumplir un amplio rango de funciones. Además de su naturaleza lipídica, la membrana se caracteriza por ser polarizada eléctricamente ya que su lado interno esta "cubierto" por una nube de cargas negativas, mientras que su exterior lo está de cargas positivas. La membrana separa dos compartimientos: el intraneuronal y el extraneuronal.

Por su composición lipídica dicha membrana impide el paso a través de ella de moléculas hidrofílicas (solubles en agua) y/o de aquellas que tengan cargas eléctricas (iones) en esa fase; sin embargo, se comporta como una membrana semipermeable selectiva frente a este tipo de sustancias. En efecto, en reposo es permeable al ión potasio y al agua pero impermeable a otras especies iónicas, como el Na^+ o el Ca^{2+}. También es selectivamente permeable a ciertos metabolitos (como la glucosa) u a otras moléculas (como los precursores de neurotransmisores). Existe una diferencia de potencial a través de las membranas de casi todas las células, cuyo interior es negativo, en relación con el exterior, y su magnitud varía considerablemente entre uno y otro tejido y oscila entre -9a -100 mV.

El potencial de membrana tiene su explicación en la distribución de iones a través de la membrana celular: un conducto de fuga de K^+ que permite que este ion se difunda al exterior de la célula y la Na^+ -K^+ facilita que el interior permanezca negativo. El potencial de membrana de las neuronas es de -70 mV, el cual existe porque los iones del interior o del microambiente de la neurona tienden a distribuirse, buscando igualar sus concentraciones en el compartimiento y entre el exterior y el interior de la neurona. Ello se debe a que para cada especie iónica hay dos fuerzas que determinan su distribución: las diferencias de su concentración y la fuerza del campo eléctrico donde se encuentran.

Existe entonces una fuerza osmótica que induce un constante flujo de K^+ hacia el exterior a través de los canales de K^+ abiertos; pero la nube de K^+ que tiende a salir de la neurona se acumula en el lado externo de la membrana, dejando un exceso de carga negativa, que actúa como una fuerza que tiende a retenerlos. Se produce entonces un equilibrio en el cual la cantidad de K^+ que sale es igual a la recuperada (bomba de Na^+-K^+), lo cual explica la constancia del potencial de membrana. Si el axón es estimulado y aparece un impulso propagado, se observa una serie de cambios de potencial característicos, conocida como potencial de acción, el cual es seguido de un intervalo isopotencial o periodo de latencia, que corresponde al tiempo que tarda en viajar el impulso a lo largo del axón desde el sitio de estimulación hasta los electrodos de registro.

Potencial de acción

La primera manifestación de que el potencial de acción se aproxima es una despolarización inicial de la membrana como sigue:

- Despolarización inicial de la membrana de 15 mV.
- Aumenta la velocidad de despolarización (disparo de descarga).
- Llega al punto máximo +35 mV.
- Se revierte y cae rápidamente hacia el nivel de reposo.

La conductancia a los iones es una propiedad de la membrana del axón. Comúnmente es designada con la letra G y representa una medida de la facilidad con que los iones pasan o atraviesan un segmento de la membrana. Como los iones tienen carga eléctrica, la conductancia se manifiesta en forma de corrientes eléctricas que atraviesan la membrana y se mide en unidades llamadas siemens. Para ello, se necesitan instrumentos especiales porque los fenómenos son rápidos, midiéndose en milisegundos (mseg) y porque los cambios de potencial son pequeños, del orden de los milivoltios (mV). Uno de estos artefactos es el osciloscopio de rayos catódicos, que provee una palanca prácticamente sin inercia y de respuesta casi instantánea para registrar los fenómenos eléctricos. Es tanto un instrumento que permite medir con gran precisión diferencias de potencial, corrientes, resistencias y otros parámetros eléctricos, en un amplio rango, como una aplicación práctica de los rayos catódicos o electrones (partículas cargadas con electricidad negativa). Estas partículas se desprenden desde el cátodo de un circuito eléctrico cuando circula la corriente.

Los microelectrodos son dispositivos de vidrio o de ciertos tipos de metal o de sus aleaciones (oro, platino, platino-iridio), que permiten registrar en la inmediata vecindad de una neurona su actividad eléctrica. Cuando los dispositivos son de vidrio y tienen una punta tan fina que no es posible verla con el microscopio óptico (diámetro externo inferior a 0.01 nm), son definidos como ultramicroelectrodos, con los cuales se puede penetrar las células sin peligro de dañarlas mecánicamente.

Sinapsis

Las neuronas "hablan" entre sí por intermedio de las sinapsis y el medio empleado para esta "conversación" es la difusión de la sustancia transmisora a través de la brecha entre el botón terminal y la membrana de la célula receptora. Las células se comunican unas con otras por medio de mensajeros químicos.

Hay tres tipos generales de comunicación intercelular, mediados de esta forma:

a. Comunicación neuronal, en la cual los neurotransmisonres son liberados en la sinapsis de las células nerviosas y actúan después de pasar un pequeño espacio (hendidura subsináptica) en la célula possináptica.

b. Comunicación endocrina, en la cual las hormonas llegan a las células por medio de la sangre circulante.

c. Comunicación paracrina, en la cual los productos de las células se difunden en el líquido extracelular y actúan en células vecinas que pueden estar a cierta distancia.

Estructura de la sinapsis

Una sinapsis consta de un botón presináptico, una hendidura sináptica y una superficie possináptica. La membrana de la célula transmisora se conoce como membrana presináptica y la de la célula receptora es la membrana possináptico. Estas membranas están separadas por una pequeña brecha, que se conoce como hendidura sináptica.

Cuando el potencial de acción llega a la sinapsis, se produce la entrada del ión calcio (Ca^2+), que hace que las vesículas se fusionen con la membrana celular y liberen su contenido al exterior. Este proceso es conocido como exocitosis. Normalmente hay vesículas que liberan un neurotransmisor todo el tiempo, produciendo los llamados potenciales miniatura en la possinapsis; a su vez, el potencial de acción, ayudado por el aumento de calcio intracelular, provoca la liberación del contenido de cientos de vesículas al mismo tiempo. Junto con el neurotransmisor se liberan otras sustancias proteicas que también contribuyen a los efectos possinápticos, quizá con una acción cuya duración es mucho más prolongada que la del neurotransmisor, probablemente con efectos tróficos sobre otras células (los efectos tróficos son aquellos que favorecen la sobrevivencia, la diferenciación y el crecimiento celular). Todas las drogas que estimulen autorreceptores inhibitorios harán lo mismo.

A la inversa, los fármacos que aumenten la entrada de calcio o inhiban los autorreceptores estimularán la liberación del neurotransmisor. Mucho de lo que conocemos sobre la sinapsis lo hemos averiguado gracias al estudio de la unión neuroneuromuscular, llamada también placa motriz, esto es, el sitio donde el nervio hace contacto con el músculo; el neurotransmisor que allí se libera es la acetilcolina. Sabemos que en este sitio existe una acumulación de receptores de dicha sustancia. La ocupación del receptor muscular da lugar a la contracción de las fibras musculares y su bloqueo produce parálisis.

En la actualidad sabemos que el nervio motor no sólo genera contracción muscular, sino también provee al músculo de factores necesarios para su conservación (factores tróficos). En ausencia de ambos, el músculo se atrofia (las fibras musculares van muriendo) en forma irreversible.

Teoría de la selección del grupo de neuronas

Recientemente existe gran interés en enfocar el estudio de la mente, intentando construir una teoría global que a partir de la biología conecta procesos cerebrales con procesos mentales. Uno de los autores que ha afrontado esta tarea es G.M. Edelman, Premio Nobel de medicina en 1972, quien considera que la unidad básica de procesamiento del cerebro es el grupo de neuronas y presenta una teoría que permite, al menos, conocer cómo surgen los pensamientos desde el cerebro. Dicho investigador concibe el cerebro como un sistema selectivo, en el que la selección opera durante el tiempo de vida del sistema. Para sobrevivir, un organismo debe heredar o crear criterios que le permitan clasificar el mundo en categorías perceptuales de acuerdo con sus necesidades adaptativas. Además, el mundo, incluso para el tiempo de vida de un organismo, está lleno de novedad, lo cual exige que estos procesos de categorización puedan restructurarse, renovarse y reiniciarse continuamente. El mundo, para el organismo, no existe por completo de una vez, sino que se construye en un proceso constante y continuo; por tanto, los órganos encargados de estas tareas (es decir, el cerebro en último término) deben ser flexibles, pero también, como consecuencia, únicos. Esto está de acuerdo con la enorme variación funcional y estructural en muchos niveles: molecular, celular, anatómico, fisiológico y conductual, que muestran los sistemas nerviosos; por ello, a pesar de las semejanzas en los individuos de una especie, el grado de variación individual de cerebro en cerebro excede lo que podía tolerarse en un proceso de fabricación de ingeniería. A partir de aquí, Edelman enuncia su tesis fundamental: el cerebro es un sistema selectivo, en el que la selección opera durante el tiempo de vida del individuo. Para el desarrollo de esta tesis fundamental elabora lo que él denomina teoría de la selección del grupo de neuronas (TNGS).

La TNGS es una teoría de poblaciones que postula que la habilidad de los organismos para categorizar un mundo no etiquetado y para comportarse en él de manera adaptativa surge no de la transferencia de instrucciones o de información, sino de *procesos de selección con variación*; además, dicha teoría considera que hay una generación continua de diversidad en el cerebro. Asimismo, en el cerebro embrionario hay variación y selección en la migración de poblaciones celulares y durante la muerte de células, así como en la formación de las sinapsis; y en el cerebro maduro, en la amplificación diferencial de la eficacia de las sinapsis. Esto tiene como consecuencia la formación de grupos neuronales y que el proceso es modificado continuamente *por reentradas de señales*.

Postulados básicos

La TNGS propone tres mecanismos para responder a la producción de conductas adaptativas por los organismos con sistemas nerviosos complejos: selección en el desarrollo, selección en la experiencia y reentradas de señales. Cada uno de estos mecanismos actúa entre colectivos, que consisten en cientos de miles de neuronas fuertemente interconectadas y denominadas grupos de neuronas. Además, la teoría propone que la selección mediante la amplificación sináptica diferencial está restringida por la acción de sistemas de valor derivados evolutivamente: sistemas neuromodulatorios dotados con proyecciones difusas que señalan el posible valor adaptativo para el organismo en su totalidad de ocurrencia de ciertos eventos.

1. Variación y selección en el desarrollo. La diversidad estructural del sistema nervioso y los detalles de la neuroanatomía no están programados estrictamente por el código genético. Esta diversidad surge durante el desarrollo en la regulación epigenética dinámica de la división, adhesión, migración y muerte de la célula, así como de la actividad neural. Durante la producción del sistema nervioso se crean neuronas y agrupaciones de células que permanecerán o no, lo cual depende del refuerzo que otorgue la experiencia. La adhesión y migración son gobernadas por series de moléculas morforreguladoras llamadas CAM's –moléculas de adhesión de células– y SAM's –moléculas de adhesión de sustratos.

2. Selección en la experiencia. Después de que la mayoría de las conexiones anatómicas de los repertorios primarios se han establecido, las actividades de los grupos de neuronas que funcionan en particular continúan siendo dinámicamente seleccionadas por mecanismos de cambios sinápticos subsiguientes dirigidos por la conducta y la experiencia. La experiencia del organismo tenderá a reforzar algunos de los circuitos establecidos en la fase anterior dentro del grupo y entre grupos, mientras que otros tenderán a desaparecer si el organismo no los requiere con la frecuencia que indicará su utilidad. De esta manera, la maraña de conexiones que encontramos en un individuo de dos años se simplificará para consolidar las conexiones útiles, lo cual depende del tipo de experiencia que realice el organismo. La selección en la experiencia lleva finalmente a la formación de repertorios

secundarios de grupos neurales como respuesta a particulares patrones de señales.

3. Reentradas de señales. La selección en la experiencia conlleva correlaciones de señales estadísticas entre grupos de neuronas presinápticas y possinápticas, mejor que la transmisión de mensajes codificados de una neurona a otra. Si estas señales han de ser adaptativas, tendrán que reflejar las señales que surjan en el mundo real. Para realizar esto se señalan reentradas en y entre mapas neuronales. Estos recorridos neurales que relacionan hojas de receptores sensoriales con registros particulares del sistema nervioso central proveen un medio para reforzar regularidades espaciotemporales. Una reentrada puede definirse como una señalización paralela continua entre grupos de neuronas separadas que ocurre a lo largo de conexiones anatómicas ordenadas de manera bidireccional y recursiva; así, es un proceso dinámico inherentemente paralelo y distribuido y que debe diferenciarse de la retroalimentación. Las reentradas no tienen una dirección preferida ni una función de input o output predefinida.

Una de las premisas fundamentales de la TNGS es, entonces, que la coordinación selectiva de patrones complejos de interconexiones entre grupos de neuronas por medio de reentradas constituye la base de la conducta. Para la teoría de Edelman, la reentrada es la base principal para trazar el puente entre la fisiología y la psicología, el cual comienza a realizarse cuando múltiples mapas conectados entre sí por una doble entrada a la conducta sensomotor del organismo comienzan a emparejar sus *outputs* y crean un mapa global que da lugar a respuestas categoriales perceptivas.

4. Categorización perceptiva. La discriminación selectiva de un objeto o evento de otros objetos o eventos con propósitos adaptativos se produce con lo que Edelman denomina pareja de clasificación, que es una unidad mínima consistente en dos mapas funcionales distintos conectados por una doble entrada. Si durante algún tiempo reentradas específicas conectan ciertas combinaciones de grupos de neuronas de un mapa con otras combinaciones en el otro, las funciones y actividades en un mapa se conectarán y correlacionarán con las del otro mapa. Los procesos que producen estos mapas globales (con sus patrones asociados de selección del grupo de neuronas y de cambio sináptico) crean una representación espaciotemporal continua de objetos o de eventos. Entre estos procesos globales, los cambios de gran alcance en la fuerza sináptica tienden a favorecer la actividad mutua de reentradas de aquellos grupos cuya actividad ha sido correlacionada con diferentes mapas durante la conducta pasada. Tales cambios sinápticos proveen la base para la memoria.

De esta manera, los recuerdos en los mapas globales no son almacenados, fijados o codificados de tal modo que puedan invocarse y recuperarse siempre de la misma forma, como haríamos con los registros de un disco duro de nuestros ordenadores. En lugar de ello, la memoria resulta de un proceso de recategorización continua que, por su naturaleza, debe ser procedural y conllevar una actividad motora continua y una repetición frecuente. Con la categorización y la memoria obtenemos la condición necesaria para el aprendizaje. Edelman consigue un paso más en su teoría cuando incluye, además de los procesos de categorización y memoria, enlaces sinápticos entre los procesos que producen los mapas globales y la actividad de los centros hedonistas y el sistema límbico de manera que satisfacen nuestras necesidades homeostáticas, apetitivas y consumatorias.

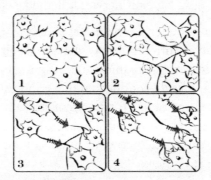

En resumen:

1. El cerebro en su fase embrionaria produce muchas neuronas, más de las que necesitará posteriormente.
2. Las neuronas que se vean reforzadas por la experiencia y conducta del individuo empezarán a establecer conexiones entre sí.
3. Un mecanismo de refuerzo opera igualmente entre las conexiones establecidas; así, unas se consolidarán y otras se debilitarán hasta desaparecer. Este refuerzo se halla igualmente determinado por la experiencia del organismo.
4. Un mecanismo de reentrada se establecerá entre los grupos de neuronas conexionados entre sí que permitirán construir mapas locales y después globales, que constituyen la base para la formación de imágenes mentales en el cerebro.

Arco reflejo

El sistema nervioso tiene un funcionamiento reflejo, como la tos, el parpadeo, las secreciones lagrimal y salival, las contracciones musculares, el reflejo rotuliano, etcétera. Los reflejos son funciones nerviosas elementales, provocadas por la acción de los estímulos, caracterizados por ser de duración instantánea y por no intervenir en su proceso ni en la voluntad, ni en la conciencia (autónomos). A su vez, la médula espinal es un centro de reflejos (de la vida de relación y vegetativa).

En el funcionamiento de los reflejos debemos considerar dos aspectos:

- El anatómico: constituido por la vía seguida por el influjo nervioso, y denominado arco reflejo.
- El fisiológico: es la función nerviosa, llamada acto reflejo.

La función refleja la cumplen las neuronas que integran la sustancia gris. Cuando el organismo se enfrenta a una situación de emergencia (por ejemplo, la picadura de insecto) se requiere una respuesta rápida, la cual no es posible a través de las vías de conducción que conocemos, es decir, las que llegan hasta la corteza cerebral. En esta circunstancia, la médula actúa como centro reflejo, registra la información y provoca una respuesta. El acto involuntario que se produce como consecuencia y en respuesta a un estímulo se denomina acto reflejo.

Para que el acto reflejo tenga lugar, es necesaria la intervención de varias estructuras nerviosas, las cuales mencionamos anteriormente y constituyen el arco reflejo, el cual es el camino que recorre el impulso nervioso, o el resultado obtenido del paso anterior.

El arco reflejo es la unidad funcional del sistema nervioso, constituida en su forma más simple por el nervio aferente que lleva el impulso, por el centro nervioso que lo recibe y por el nervio eferente que lo conduce a un órgano periférico. Dicho arco consta de un órgano sensitivo, una neurona bipolar sensitiva, una sinapsis con una neurona motoneurona y la conexión de ésta con un efector. Un ejemplo sencillo de comunicación en el sistema nervioso es el arco espinal, responsable, por ejemplo, del reflejo patelar: un golpe en el tendón de la rótula, debajo de ésta, envía una señal a través de las neuronas sensoriales a la médula espinal, señal que activa las neuronas motoras y provoca una contracción del músculo unido al tendón, lo cual genera el estiramiento inmediato de la pierna. Esto muestra cómo un estímulo puede provocar una respuesta sin intervención del cerebro, mediante una conexión a través de la médula espinal.

Arcos reflejos fundamentales

a. Las glándulas lacrimales, que secretan lágrimas a través de un conducto, hacia la superficie del párpado.

b. El hígado y el páncreas, que secretan jugos digestivos dentro del intestino durante la digestión.

c. Las vesículas seminales y la próstata, que secretan líquidos dentro del aparato genitourinario del hombre.

d. Las glándulas sudoríparas y sebáceas, que secretan sudor y grasa hacia la superficie.

e. La secreción de bilis por parte del hígado.

f. Reflejo rotuliano: consiste en aplicar un golpe breve, preciso y no demasiado intenso al tendón de los músculos extensores de la pierna, inmediatamente abajo de la rodilla (1). Al realizar esta operación, un receptor localizado en dicho tendón, que responde al estiramiento momentáneo provocado por el golpe, es excitado y (2) envía su información hasta la médula espinal, donde es transmitida a las neuronas (3), que a su vez

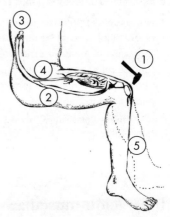

van a hacer que el músculo extensor se contraiga (4). Como resultado, la pierna se levanta de manera leve sobre la articulación de la rodilla (5), y este movimiento es completamente involuntario, pues todo sucede en la médula espinal y la información no llega al cerebro.

Otros ejemplos de actos reflejos son los siguientes:

a. Tricipital: reflejo tendinoso profundo que se obtiene al golpear sobre el tendón proximal del tríceps, en el codo con el antebrazo en posición relajada. La respuesta consiste en la extensión del antebrazo.

b. Fotomotor: reflejo cruzado presente en sujetos normales, que consiste en la contracción de ambas pupilas al dirigir la luz a una de ellas.

c. Oculocefálico (ojos de muñeca): respuesta normal del recién nacido, quien mantiene los ojos en una posición fija cuando se le desplaza la cabeza de derecha a izquierda y viceversa.

d. Reflejo de la marcha automática: se sujeta al bebé por las axilas dejando que apoye las plantas de los pies. Al apoyar una de ellas, flexiona la rodilla y levanta el otro pie, como para dar un paso. Este reflejo es uno de los que resultan más "graciosos" para los padres, pero desaparece a los pocos días de nacer.

e. Reflejo de búsqueda: al tocarle suavemente en la piel de la cara, cerca de la boca, el bebé la abre y gira la cabeza hacia el lugar donde se le ha tocado: si fue en el labio superior, hacia arriba; si en la mejilla derecha, hacia ese lado.

Arco reflejo simple	Arco reflejo compuesto
Está compuesto de los órganos siguientes: • Un receptor periférico (es el que recibe el estímulo), una fibra nerviosa aferente (transmite el mensaje sensitivo), una neurona sensitiva, una neurona motora y una fibra nerviosa eferente (transmite el impulso nervioso motriz) • Un órgano efector (glándula o músculo), que reacciona	Está compuesto por los mismos órganos que el simple pero cuenta con una neurona más, llamada de asociación, y ubicada entre la neurona sensitiva y la neurona motora Las neuronas de asociación pueden ser una o más, también son llamadas intercalares y su función es asociar las neuronas sensitivas con las motoras

Inervación muscular

El sistema nervioso se divide en somático, que efectúa el control voluntario sobre los músculos esqueléticos, y autónomo, que es involuntario y controla los músculos liso y cardiaco y las glándulas. El sistema nervioso autónomo se divide en simpático y parasimpático. Los movimientos de los huesos del esqueleto se llevan a cabo gracias a las contracciones de los músculos esqueléticos que se unen a los huesos a través de tendones. Estas contracciones musculares están controladas por el sistema nervioso.

Los movimientos voluntarios de la cabeza, de las extremidades y del cuerpo se deben a los impulsos nerviosos que proceden del área motora de la corteza cerebral, que son transmitidos por los nervios craneales o por los que nacen en la médula espinal con destino a los músculos esqueléticos. La acción implica la excitación de las células nerviosas que estimulan los músculos afectados y la inhibición de las células que estimulan los músculos opuestos.

Los movimientos pueden ocurrir también como respuesta directa a un estímulo externo; por ejemplo, la percusión sobre la rodilla desencadena una sacudida y un destello de luz sobre un ojo provoca la contracción de la pupila. Tales respuestas involuntarias se llaman reflejos, mientras que las contracciones musculares no siempre producen un movimiento real.

En la mayoría de los músculos existe una pequeña fracción del número total de fibras que se contraen de forma continua, lo cual permite mantener la postura de una extremidad y la capacita para resistir la elongación o el estiramiento pasivo. Esta leve contracción mantenida se denomina tono muscular. Los mamíferos tienen tres tipos de músculos: esquelético o estriado (bandas y estrías), cardiaco y liso (sin estrías).

a. Músculo esquelético. Insertados a un hueso a cada extremo, por medio de tendones y bandas de tejido conjuntivo, pueden realizar movimientos de flexión (contracción) y extensión.

b. Músculo cardiaco. Se encuentra en el corazón y actúa con regularidad, incluso cuando es denervado.

c. Músculo liso. Hay dos tipos de músculo liso, ambos controlados por el sistema nervioso autónomo: los músculos lisos multiunitarios, que se encuentran en las grandes arterias, alrededor de los folículos pilosos y en los ojos (dilatación pupilar). Este tipo de músculo es inactivo, pero se contrae en respuesta a la estimulación neural; a su vez, el músculo liso de una unidad se contrae en forma rítmica, por ejemplo: los músculos del útero y del aparato gastrointestinal.

La sinapsis entre la terminal nerviosa eferente y la membrana de una fibra muscular es denominada unión neuromuscular.

Neurotransmisores

Un neurotransmisor es una sustancia química que interviene en la producción de impulsos nerviosos en las uniones sinápticas entre neuronas o entre una neurona y el órgano que inerva. Una sinapsis consta de un botón presináptico, una hendidura sináptica y una superficie possináptica. Los neurotransmisores se liberan por los botones presinápticos, en la transmisión del impulso nervioso, y pasan de las hendiduras sinápticas a las superficies possinápticas. En estas superficies se fijan a receptores específicos, originándose una respuesta concreta. Los distintos neurotransmisores se elaboran en el cuerpo de las neuronas, desde donde son conducidos a las terminaciones presinápticas en las que se almacenan en forma de vesículas. Con la llegada de un estímulo nervioso son liberados desde estas posiciones, permitiendo la transmisión de éste.

Desde el punto de vista bioquí-
mico, los principales tipos de mensajeros (neurotransmisores) entre
las neuronas y otras células pueden
ser:

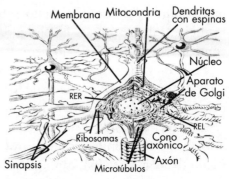

- Aminas (acetilcolina, serotonina y catecolaminas).
- Aminoácidos (glutamato, as-
  partato, gaba y glicina).
- Nucleótidos (atp y adenosina).
- Péptidos neuroactivos (opiáceos, péptidos neurohipofisiarios, secre-
  tinas, insulinas, somatostatina y gastrinas).

La sustancia puede estimular o inhibir rápida o lentamente (desde milési-
mas de segundo hasta horas o días), liberarse hacia la sangre (en vez de hacia otra neurona, glándula o músculo) para actuar sobre varias células y a
distancia del sitio de liberación (como una hormona), o permitir, facilitar
o antagonizar los efectos de otros neurotransmisores; también puede acti-
var otras sustancias del interior de la célula (los llamados segundos mensajeros, para producir efectos biológicos. Además, una misma neurona puede tener efectos diferentes sobre las estructuras possinápticas, dependiendo
del tipo de receptor possináptico presente (por ejemplo: excitar en un sitio, inhibir en otro e inducir la secreción de una neurona en un tercero).
Para todas estas posibilidades se han usado términos como el de neuromo-
dulador, neurorregulador, neurohormona o neuromediador.

Aunque el uso de términos diferentes ayuda a definir acciones y contex-
tos de comunicación intercelular, aquí utilizaremos el de neurotransmisor,
pues hablamos simplemente de intercambio de información, de transmisión de señales y de uniones funcionales entre células.

¿Cómo se reconoce a un neurotransmisor? y ¿cómo saber que una neurona produce una sustancia que afecta a otra? Los criterios para identificar
a una sustancia como neurotransmisor son los siguientes:

a. Se debe demostrar la presencia del transmisor en las terminales presinápticas y en las neuronas de donde provienen estas terminales.
b. El transmisor debe liberarse de la terminal presináptica por estimulación nerviosa.
c. Identidad de acción. Ha sido considerada el criterio principal para
   tratar a una sustancia como neurotransmisor. Podemos enunciarlo
   de otra manera: los efectos de la sustancia en cuestión, cuando ésta

se aplica al sitio de estudio, deben ser idénticos a aquellos producidos por la estimulación de la terminal presináptica.

Sustancia transmisora	Localización	Efecto hipotético
Acetilcolina	Encéfalo, médula espinal y sistema nervioso parasimpático	Excitación en el encéfalo
Norepinefrina	Encéfalo y sistema nervioso simpático	Inhibición en el encéfalo y excitación en órganos efectores
Dopamina	Encéfalo	Inhibición
Serotonina	Encéfalo	Inhibición
GABA	Corteza cerebral y cerebelar	Inhibición
Glicina	Interneuronas de la médula espinal	Inhibición
Ácido glutámico	Encéfalo y neuronas sensoriales espinales	Excitación
Ácido aspártico	Interneuronas de médula	Excitación

Estos mensajeros son almacenados en vesículas sinápticas y liberados por mecanismos complejos, generalmente iniciados por señales bioeléctricas: los potenciales de acción.

Acetilcolina   Neurotransmisor preganglionar de todo el sistema nervioso periférico (tanto del sistema nervioso simpático como del parasimpático). Es la sustancia liberada en las uniones neuromusculares, relacionada con las funciones vegetativas: control del aparato digestivo, frecuencia cardiaca, presión sanguínea, esfínteres, etcétera. Resulta esencial para que se establezca el ciclo de la conducción nerviosa. Los niveles más altos tienen lugar durante la anestesia y el sueño y los más bajos durante la excitación emocional y las convulsiones.

Norepinefrina   Los términos adrenalina y epinefrina son sinónimos, al igual que noradrenalina y norepinefrina. La noradrenalina es el neurotransmisor posganglionar del sistema nervioso simpático, con un efecto inhibidor sobre las neuronas del SNC y en los órganos efectores es por lo general excitadora. A su vez, la adrenalina es la hormona circulante de la médula suprarrenal e interviene en distintos lugares del organismo, como el corazón, el riñón o la vejiga.

Dopamina	Es inhibidora y se ha considerado que pudiera estar implicada en la esquizofrenia y en la disgregación de los procesos normales del pensamiento. Si se sobreestimula, se pueden tratar con éxito síntomas del mal de Parkinson. La dopamina es el NT de la sustancia negra, el diencéfalo, el área tegmental ventral y el hipotálamo.
Serotonina	También llamada 5HT:5-hidroxitriptamina, posee un marcado efecto tranquilizante y se halla relacionada con la capacidad para sentir placer. En sobredosis, como el LSD, se pueden producir delirios, alucinaciones y conducta atípica; además, se origina en el núcleo del rafe y las neuronas de la línea media de la protuberancia y el mesencéfalo.
Ácido glutámico	Es un aminoácido fuente de energía en el ciclo de Krebbs y considerado un factor posible en el retardo mental, cuando existe bajo nivel de este ácido; además, está presente en la regulación del metabolismo. Los aminoácidos glutamato y aspartato son los principales NT excitatorios del SNC, ubicados en la corteza cerebral, el cerebelo y la médula espinal.
GABA	Es el ácido gamma aminoburítico, se produce a partir del ácido glutámico, resulta inhibidor y se encuentra en la materia gris del encéfalo; además, se le ha implicado en serios trastornos neurológicos cuando existe baja concentración. Si se degenera, puede dar lugar a la corea de Huntington, así como a movimientos involuntarios, depresión, deterioro mental progresivo y muerte.
Bendorfina	Es un polipéptido que activa muchas neuronas (por ejemplo: en el hipotálamo, amígdala y tálamo) y contiene 31 aminoácidos.
Metencefalina y leuencefalina	Son pequeños péptidos presentes en muchas neuronas centrales (por ejemplo: en el tálamo y sustancia gris central). Su precursor es la proencefalina que se sintetiza en el cuerpo neuronal y después se divide en péptidos menores por la acción de peptidasas específicas.
Dinorfinas	Son un grupo de siete péptidos con una secuencia de aminoácidos similar, que coexisten geográficamente con las encefalinas.
Sustancia P	Es otro péptido presente en las neuronas centrales (sustancia negra, ganglios basales, bulbo e hipotálamo) y con alta concentración en los ganglios de las raíces dorsales. Se libera por la acción de estímulos dolorosos aferentes.

Capítulo 4

Sistema nervioso central

Encéfalo

El cráneo se localiza antes de la columna vertebral y es una estructura ósea que encierra al encéfalo. Su función consiste en proteger al encéfalo y proveer un sitio de adhesión para los músculos faciales. Las dos regiones del cráneo son la craneal y la facial. La porción craneal es la parte del cráneo que aloja directamente el en-

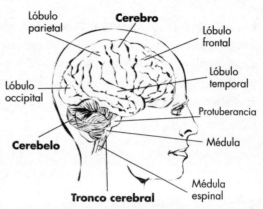

Lóbulo parietal
Cerebro
Lóbulo frontal
Lóbulo occipital
Lóbulo temporal
Protuberancia
Cerebelo
Médula
Tronco cerebral
Médula espinal

céfalo y la facial comprende el resto de los huesos del cráneo.

El encéfalo es la porción superior del SNC, situado en el interior de la cavidad craneal, y se adapta a la forma de ésta. Su peso oscila entre 1 245 y 1 375 g y varía según los factores siguientes: talla, peso corporal, sexo, raza (es menor en la raza negra) y edad (crece hasta la edad adulta, luego se mantiene y disminuye al alcanzar la senectud). No existe ninguna relación entre el peso del encéfalo y el grado de inteligencia del individuo. Su forma es distinta según la posición en que lo estudiemos:

a. Visión lateral: podemos observar todas las partes que lo constituyen: cerebro (1), cerebelo (2), tronco del encéfalo formado por el mesencéfalo (3), la protuberancia o puente (4) y el bulbo raquídeo (5).

b. Visión superior: presenta la forma de un ovoide, con un eje mayor ventrodorsal y dos polos: uno anterior o frontal y otro posterior y occipital,

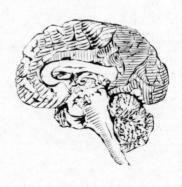

así como una hendidura en la línea media llamada hendidura inter-hemisférica que permite dividirlo en dos partes: hemisferio derecho y hemisferio izquierdo. En esta visión sólo observamos el cerebro, ya que éste oculta a las demás partes.

c. Visión basal: la cara basal del encéfalo está en contacto estrecho con la base de la cavidad craneal, es como un molde de ésta y presenta tres porciones: una occipital (alojada en el departamento occipital de la base de la cavidad craneal), otra esfenotemporal (ubicada en departamento medio) y otra frontal (que se halla en el departamento frontal).

El encéfalo humano tiene tres componentes estructurales básicos: los grandes hemisferios cerebrales (parte integrante del cerebro) con forma de bóveda (arriba), el cerebelo, más pequeño y con cierta forma esférica (más abajo a la derecha), y el tronco cerebral (centro). Desde el exterior el encéfalo aparece dividido en tres partes distintas pero conectadas: el cerebro, el cerebelo y el tronco cerebral.

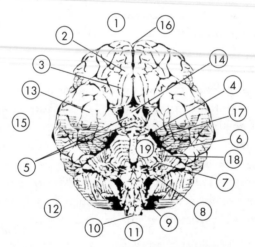

1. Cara basal o inferior de los hemisferios cerebrales
2. Bulbo olfatorio
3. Cintilla (nervio) olfativa
4. Nervio motor ocular común
5. Tubérculos mamilares
6. Nervio trigémino
7. Nervio motor ocular externo
8. Arteria vertebral
9. Nervio accesorio espinal
10. Médula espinal

11. Polo posterior de los hemisferios cerebrales
12. Hemisferio cerebeloso
13. Cara inferior del lóbulo temporal
14. Quiasma óptico
15. Borde lateral del hemisferio derecho
16. Cisura interhemisférica
17. Pedúnculo cerebral
18. Nervio facial
19. Puente (protuberancia)

El término tronco o tallo cerebral se refiere, en general, a todas las estructuras que hay entre el cerebro y la médula espinal, esto es, el mesencéfalo o cerebro medio, el puente de Varolio o protuberancia y el bulbo raquídeo o médula oblongada. El encéfalo está protegido por el cráneo y cubierto por tres membranas denominadas meninges. La más externa, la duramadre, es dura, fibrosa, brillante y adherida a los huesos del cráneo, por lo que no aparece espacio epidural, como ocurre en la médula; además, emite prolongaciones que mantienen en su lugar a las distintas partes del encéfalo y contiene los senos venosos, donde se recoge la sangre venosa del cerebro.

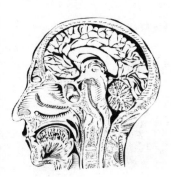

La membrana intermedia, la aracnoides, cubre el encéfalo laxamente y no se introduce en las circunvoluciones cerebrales, mientras que en la membrana interior, la piamadre, hay gran cantidad de pequeños vasos sanguíneos y linfáticos y está unida estrechamente a la superficie cerebral. A su vez, el líquido cefalorraquídeo sirve para mantener húmedos el cerebro y la médula espinal, así como para protegerlos de los cambios de presión y que estén en condiciones adecuadas; además, circula libremente por los espacios subaracnoideos, transparente e incoloro, es alcalino y contiene agua, glucosa y algunas sales, proteínas y células mononucleares, pero no tiene fibrinógeno, por lo cual no coagula.

El líquido cefalorraquídeo se produce en los plexos coroideos mediante un proceso de filtración y secreción; estos plexos son capilares dilatados que se encuentran en las paredes de los ventrículos. Dicho líquido se renueva constantemente, a la vez que produce y reabsorbe de 400 a 500 ml diariamente, a través de las vellosidades aracnoideas.

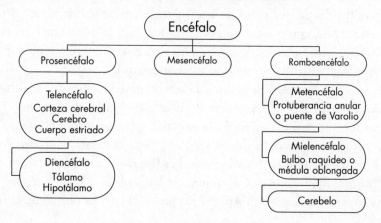

Prosencéfalo

Este órgano está integrado por el telencéfalo, que a su vez se divide en: cerebro, hemisferios cerebrales, corteza cerebral y cuerpo estriado.

Telencéfalo

El telencéfalo es una subdivisión del sistema nervioso central, que comprende las siguientes estructuras: cerebro, hemisferios cerebrales, corteza cerebral y cuerpo estriado. A continuación se describe cada estructura.

Cerebro

> *Todo lo que sabe la humanidad es producto de una masa de kilo y medio, la cual no se sabe cuándo va a terminar de estudiarse.*
>
> Hugo Aréchiga

Santiago Ramón y Cajal

Todo comenzó con una pregunta: ¿qué lugar del cuerpo produce los pensamientos? Los estudios del cerebro tienen mucho tiempo y el tema quizá ha sido la primera controversia científica de la historia.

Numerosos textos de actualidad se refieren al cerebro como la base de conocimientos, de comportamientos conductuales y de la estructura psicológica humana. El cerebro ha pasado de ser una caja negra en la que entraban determinados datos sensoriales para salir transformados en hechos conductuales a ser un sustrato propio del conocimiento científico y la base de la función mental. Nos hemos alejado de los modelos estrictos de conducta (psicoanálisis, conductismo) para adentrarnos en el estudio de la función cerebral como base de esa conducta. En la actualidad las neurociencias de la conducta sostienen que los procesos mentales, emocionales y de comportamiento nacen de la actividad neuronal.

Sin embargo, ¿es posible reducir la actividad del hombre al resultado de conexiones neuronales? Nos situamos ante la incógnita del hombre, que es la de un ser que con su inteligencia es capaz de transformar el medio donde vive, modificándolo; la de un ser hábil para la creación artística y que penetra en la naturaleza descubriendo sus leyes.

El porqué del hombre es el objeto de la filosofía. Durante siglos se ha intentado dar una explicación al ser humano, la cual es objeto de la filosofía, que estudia los porqués de lo real; en cambio, la ciencia se pregunta por el cómo de ese ser humano. No obstante, el cómo ha resultado ser tan complejo y apasionante que nos ha alejado del porqué. Ha llegado un momento en que la gran cantidad de árboles (datos científicos) no nos ha dejado contemplar el bosque (la realidad humana). Así, los descubrimientos del último siglo han llevado a científicos como Cajal a expresar asertos como el siguiente: "La época de la filosofía dogmática ha pasado. O mucho me equivoco o la filosofía del porvenir se reducirá a una síntesis luminosa de las magnas teorías científicas..."

Es cierto que los filósofos necesitan conocimientos de la ciencia y en particular de neurología, pero la filosofía no puede reducirse a la ciencia. Como veremos más adelante, la neurología no puede explicar la compleja realidad humana; de hecho, cuanto más estudiamos el funcionamiento cerebral, mejor comprendemos que existe algo que se nos escapa. La visión cientifista del hombre y del mundo reduce todo a la materia; empero, cuanto más estudiamos la anatomía y la fisiología del cuerpo humano, más pronto llegamos a puntos donde comienza lo inexplicable, el problema que plantea un ser capaz de regir su propio destino, un ser que puede conocerse a sí mismo, lo cual es en definitiva el problema de la conciencia humana.

Historia de las funciones cerebrales

En la cultura griega, Pitágoras (580-489 a.C.) fue aparentemente el primero en describir el cerebro humano como un órgano central que controla las actividades superiores, y localiza el alma en el cerebro. Poseidonius, que vivió en Bizancio en el siglo IV a.C., tuvo algunas ideas acerca de la función del cerebro: creyó que la imaginación se localizaba en su zona anterior, la razón en la zona media y la memoria en su parte posterior. A su vez, Alcmeón considera que el cerebro es el asiento de los sentidos y el centro de la inteligencia.

Para Hipócrates (460-377 a.C), el cerebro es el órgano más perfecto del cuerpo, asiento de placeres y penas y mensajero del conocimiento y del movimiento. El médico griego describe los síntomas contralaterales en los traumatismos y recomienda la trepanación en diversas situaciones: traumatismo craneal, epilepsia y cefaleas. Por esa época, Hipócrates hizo una observación en sus enfermos: cuando traían un golpe en la cabeza no era nada raro que desarrollaran epilepsia. En aquellos tiempos se hablaba de la epilepsia como de la enfermedad sagrada porque se consideraba que las convulsiones eran debidas a la visita de un dios que se metía a los enfermos y los hacía moverse desordenadamente. El médico nacido en la isla de Cos estimó que eso era una fantasía y sostenía que todas las enfermedades se deben a alguna descompostura del cuerpo, y en particular la epilepsia a una del cerebro. Así, si el cerebro gobierna los movimientos, también debe gobernar las sensaciones y los pensamientos. Después de Hipócrates, el centro del saber pasó a Alejandría, donde destacaron Celso y Galeno.

Galeno (130-200 d.C.) refiere al respecto: "El cerebro es el centro del movimiento y las sensaciones, y el cuerpo es el instrumento del alma"; además, reconoce la existencia del líquido cefalorraquídeo y describe el cerebro como un órgano bañado en este líquido y encerrado en la cavidad craneana. Hace 1900 años, Galeno decidió hacer un experimento y seleccionó regiones específicas del sistema nervioso hasta que encontró que cada parte del cerebro estaba especializada en producir alguna función motora o sensitiva. El planteamiento para estudiar el cerebro no ha sido sencillo: primero se observó en el siglo XIV que hay una parte donde está cifrada la información sobre fascinación, fantasía, conocimiento, memoria y se dijo que el cerebro estaba especializado.

En la antigua Grecia, los primeros anatomistas habían encontrado que en el cuerpo hay dos órganos que podían ser candidatos por la función de pensar y sentir: tanto el cerebro como el corazón tienen en particular que están conectados con todo el cuerpo. Si hay que tener un órgano de comando que gobierne los movimientos y sensaciones en todo el cuerpo, se necesita que esté conectado a todo el organismo, y sólo había el cerebro y el corazón pero ninguna manera a priori de decidir cuál de los dos generaba los sentimientos y los pensamientos.

Ante ello, Aristóteles, padre de la lógica, decidió hacer un experimento, el cual consistía en abrir el cráneo a un animal, picarle el cerebro y observar si se le movía algo. La sorpresa es que no ocurrió nada y por eliminación, un procedimiento lógico aceptable, decidió que tenía que ser el corazón. "Entonces Aristóteles dice en su libro *Historia de los animales*: el cerebro es un órgano blandengue, caliente, de contextura parecida a los excrementos y es imposible que sea el sustrato de una función tan noble como es el pensamiento humano; por tanto, el corazón debe estar a cargo de esa función".

Durante la Edad Media se detiene el conocimiento médico al no realizarse disecciones humanas. En el Renacimiento, los trabajos de Vesalio reinician las disecciones humanas y comienza a estudiarse de nuevo el cerebro. Posteriormente, Descartes define que la conexión entre cuerpo y espíritu se sitúa en el nivel de la glándula pineal. Thomas Willis enuncia que el cerebro controla movimientos voluntarios y sensaciones, y el cerebelo los movimientos involuntarios de corazón y pulmón. René Descartes hizo una contribución: el cerebro analiza la información del medio exterior y en una forma refleja reacciona o reproduce lo que hay afuera; entonces debe considerarse que es un mapa donde están cifrados el medio externo y las respuestas que se dan.

La era moderna del estudio de la relación entre cerebro y conducta empezó a mitad del siglo XIX con el neurólogo, cirujano y antropólogo Paul Broca. En estudios de pacientes que habían perdido el habla, Broca encontró que "una lesión de la tercera circunvolución frontal izquierda da lugar a la pérdida de la facultad del lenguaje".

En ese momento, la idea despertó un gran entusiasmo, quizá impulsada por la competencia con los populares frenologistas, que llevó a los neurólogos a postular "centros" cerebrales que pudieran ser independientemente responsables de habilidades mentales particulares (como memoria, lenguaje y música). El frenólogo pretendía conocer la personalidad por la palpación del cráneo, con la idea de que si el cerebro tenía regiones especializadas, por ejemplo: la ira, ésta debía sobresalir del cráneo y, una vez sabiendo donde está, podía curarse.

Sin embargo, a los neurólogos no les bastaba eso sino que producían mapas donde podían encontrar la alegría, la justicia, el amor, la amistad y otros. Los naturalistas hicieron una pregunta, la cual seguimos planteando: "ustedes científicos dicen que los pensamientos se producen en el cerebro y en los sentimientos. Bueno, muchos animales tienen cerebro, lo cual quiere decir que todos los individuos que tienen cerebro piensan, o ¿qué clase de cerebro se necesita para pensar y sentir?, ¿qué debe tener de diferente el cerebro de los animales al del humano?" Con esto se han realizado experimentos con animales para averiguar qué clase de cerebro tienen y qué facultades, además de saber qué hay en común con el ser humano.

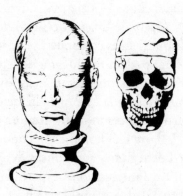

En el siglo XIX, el cerebro de Phineas Gage, un obrero que tuvo un accidente con una barreta –pues ésta se le enterró en el cráneo–, sirvió para entender la estructura de ese órgano. "Como Galeno lo había estipulado, el cerebro es un mapa y al estimularlo en ciertos lugares se mueven partes del cuerpo. Es un mapa que re-

El cráneo de Phineas Gage atravesado por una barreta, tal como se exhibe en el museo de la Facultad de Medicina de Harvard.

presenta el cuerpo y para mover la mano se necesita más cerebro que para patear un balón de futbol, y así hay muchos lugares específicos para cambiar las conductas de cualquier tipo".

A principios del siglo pasado, Santiago Ramón y Cajal propuso que el cerebro estaba constituido por unidades, las cuales son conocidas como neuronas (cerca de 100 000 millones), cada una conectada con 10 000, aproximadamente el número de estrellas de la galaxia. Se habla de un aparato muy complejo, en el cual hay dos lenguajes: el primero eléctrico y el segundo químico, pero aún falta mucho por descubrir y eso le toca a los nuevos científicos.

Sin embargo, otros médicos, entre ellos Sigmund Freud en sus años iniciales como neurólogo, observaron que lesiones en distintas áreas cerebrales, diferentes del área de Broca, podían producir trastornos del lenguaje. Se produce un retroceso contra la localización y se llega a concluir que había poca organización intrínseca cerebral y que distintas áreas encefálicas eran equipotentes e intercambiables entre sí en términos de las funciones cognitivas que desempeñaban.

En la década de 1930, Penfield y Jaspers en Montreal, al estudiar pacientes epilépticos tratados con cirugía, determinaron áreas en las que están representados los músculos del organismo y los movimientos que éstos pueden realizar; asimismo, describieron áreas sensitivas en el cerebro.

Durante los años sesenta, el desarrollo de métodos de trazado de las vías nerviosas permitió a los neurocientíficos estudiar las intrincadas conexiones entre las diversas áreas del cerebro en animales. Igualmente importantes fueron las observaciones clínicas realizadas por neurólogos conductuales como Norman Geschwind en Boston.

A raíz de diversas observaciones clínicas en pacientes con lesiones en distintas áreas cerebrales, se postuló que lesiones en áreas concretas del encéfalo podían dar lugar a déficits neuropsicológicos específicos, ya que las lesiones desconectaban áreas interactivas del encéfalo. Una lesión cerebral, correlacionada con una alteración conductual, había sido previamente interpretada como identificadora del centro responsable para esa conducta.

Ahora una lesión era reconocida sólo como un registro en la hipotética red de regiones anatómicas designadas para cooperar en una función específica. Tanto estudios experimentales como clínicos nos han llevado, en la actualidad, a concebir el encéfalo como un compendio de múltiples, altamente complejas y muy específicas redes neuronales que interactúan y se modulan unas a otras, dando soporte a la riqueza de nuestra vida mental y a las interacciones con el mundo exterior.

Descripción de las estructuras cerebrales

El cerebro es la estructura más voluminosa del encéfalo, ya que pesa aproximadamente 1.350 kg en el hombre y 1 kg en la mujer; además, tiene forma ovoide, ocupa casi la totalidad de la cavidad craneana y se origina a partir del prosencéfalo o cerebro anterior, que después, en una nueva división, dará lugar al telencéfalo y al diencéfalo. El telencéfalo está formado principalmente por los hemisferios cerebrales (corteza cerebral y ganglios basales), que ocupan la mayor parte del cerebro humano y suponen cerca de 85% del peso cerebral. Su gran superficie y su complejo desarrollo justifican el nivel superior de inteligencia del hombre si es comparado con el de otros animales.

En el embrión, el cerebro se origina a partir de las protuberancias localizadas en la extremidad anterior del tubo neural (estructura proveniente del pliegue de la placa neural, cuyas paredes forman el SNC), visibles alrededor de la cuarta semana de gestación. Estas protuberancias dan lugar, en todos los vertebrados, a las estructuras que forman los cerebros anterior, medio (mesencéfalo) y posterior. El canal interior del tubo neural del ser humano forma de abajo hacia arriba (y de atrás hacia adelante en los animales) el canal medular, los ventrículos cerebrales cuarto y tercero (situados en la línea media) y los ventrículos laterales, uno por cada hemisferio cerebral. En el interior de éstos se forma, circula y elimina el líquido cefalorraquídeo (LCR). Cuando existe algún tipo de bloqueo de la circulación del LCR, en los niños pequeños, se presenta la hidrocefalia.

Una fisura longitudinal lo divide en hemisferio derecho y hemisferio izquierdo, que son simétricos, como una imagen vista en un espejo. El cuerpo calloso es un conglomerado de fibras nerviosas blancas que conectan estos dos hemisferios y transfieren información de uno a otro.

Los ventrículos son dos espacios bien definidos y llenos de líquido que se encuentran en cada hemisferio. Los ventrículos laterales se conectan con un tercer ventrículo, localizado entre ambos hemisferios, a través de pequeños orificios que constituyen el agujero de Monroe. El tercer ventrículo está formado en su parte posterior por los pedúnculos cerebrales y el techo, una lámina triangular llamada fórnix o trígono cerebral, y desemboca en el cuarto ventrículo, localizado delante de la médula y el cerebelo, a través de un canal fino conocido como acueducto de Silvio.

El cuarto ventrículo está limitado en su piso por la parte dorsal del bulbo raquídeo y protuberancia y en su techo por los pedúnculos cerebelosos superiores y es una de las cavidades craneales. En sus paredes se observan ciertas estructuras, llamadas plexos coroideos, donde se forma el líquido cefalorraquídeo. Dicho ventrículo se conecta en la parte superior con el tercer ventrículo por medio del acueducto cerebral y en la parte inferior con el canal de la médula espinal.

El cerebro es el órgano principal del sistema nervioso central y posee dos hemisferios unidos por el cuerpo calloso (un denso conjunto de fibras nerviosas que conectan bidireccionalmente los dos hemisferios); además, como queda recogido en el gráfico, el sistema nervioso central incluye el diencéfalo, conformado por una serie de núcleos situados en la línea media, hundidos bajo los hemisferios; entre estos órganos, que tienen una especial importancia en la actividad superior del ser humano, encontramos el tálamo y el hipotálamo y más abajo el mesencéfalo, el tallo cerebral, el cerebelo y la médula espinal.

La parte interna del cerebro está constituida por los núcleos grises centrales, rodeados de sustancia blanca, las formaciones comisurales que conectan ambos hemisferios y las cavidades ventriculares. Los núcleos grises del cerebro son formaciones de sustancia gris situadas en la proximidad de la base del cerebro y representan relevos en el curso de las vías que van a la corteza cerebral y de las que, desde la corteza, descienden a otros segmentos del neuroeje (sobre todo a los núcleos del mesencéfalo). Para cada hemisferio, los núcleos se dividen en: tálamo óptico, núcleo caudado, putamen, *pallidum* (los dos últimos constituyen juntos el núcleo lenticular) y antemuro o *claustrum*. Entre estos núcleos se encuentran interpuestas dos láminas de sustancia blanca, llamadas cápsula interna y cápsula externa; una tercera lámina, la cápsula extrema, está interpuesta entre el antemuro y la corteza cerebral del lóbulo de la ínsula.

Hemisferios cerebrales

Los hemisferios cerebrales son responsables de la inteligencia y del razonamiento y están divididos por una serie de cisuras en cinco lóbulos. Cuatro de los lóbulos se denominan como los huesos del cráneo que los cubren: frontal, parietal, temporal y occipital. El quinto lóbulo, la ínsula, no es visible desde fuera del cerebro y está localizado en el fondo de la cisura de Silvio.

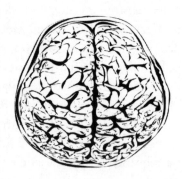

Los lóbulos frontal y parietal están situados delante y detrás, respectivamente, de la cisura de Rolando; a su vez, la cisura parieto-occipital separa el lóbulo parietal del occipital, y el lóbulo temporal se encuentra por debajo de la cisura de Silvio.

El examen morfológico de los hemisferios cerebrales muestra que éstos son muy parecidos; sin embargo, sabemos que la actividad nerviosa en relación con determinadas destrezas es predominante en un hemisferio respecto del otro, por ejemplo: la capacidad para generar lenguaje hablado es realizada por un hemisferio conocido como dominante. Por otro lado, la capacidad de percepción espacial, la de reconocimiento de rostros y la de expresión musical son realizadas por el hemisferio no dominante. Se estima que 90% de las personas adultas son diestras, por lo cual su hemisferio dominante en la tarea de escribir es el izquierdo. Cifra similar se reporta para la producción de lenguaje hablado.

Trabajos realizados en neonatos han demostrado que el número de axones del haz córtico-espinal es mayor en el lado izquierdo, lo cual explicaría la dominancia del hemisferio izquierdo. Otros investigadores han demostrado que el área del lenguaje en la corteza cerebral adulta es más grande en el lado izquierdo que en el derecho.

Se cree que en el neonato ambos hemisferios (en relación con el lenguaje) tienen capacidades similares y que durante la infancia uno de los hemis-

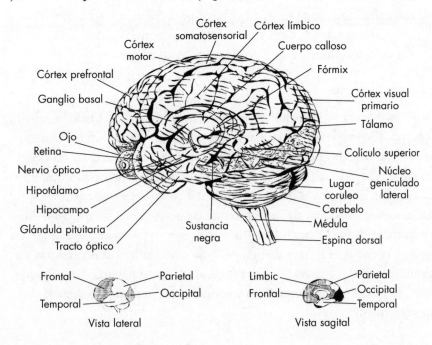

ferios predomina sobre el otro. Esto explicaría por que un niño de cinco años con una lesión en el hemisferio dominante puede aprender a usar su mano izquierda eficientemente y hablar bien cuando es adulto. Esto no es posible si la lesión ocurre en un adulto.

Hemisferio izquierdo

- Parece que esta mitad es la más compleja y que está relacionada con la parte verbal.
- En él se encuentran dos estructuras muy relacionadas con la capacidad lingüística del hombre, el área de Broca y el área de Wernicke (especializadas en el lenguaje y exclusivas del ser humano).
- La función específica del área de Broca es la expresión oral, la zona que produce el habla.
- Por consiguiente, un daño en esta zona produce afasia, es decir, imposibilita al sujeto para hablar y escribir.
- El área de Wernicke tiene como función específica la comprensión del lenguaje, ya que es la región receptiva del habla.
- Si esta zona se daña, se produce una dificultad para expresar y comprender el lenguaje.
- Además de la función verbal, el hemisferio izquierdo tiene otras como capacidad de análisis, capacidad para hacer razonamientos lógicos y abstracciones, para resolver problemas numéricos, para aprender información teórica y para hacer deducciones.

Hemisferio derecho

El hemisferio cerebral derecho controla los movimientos del lado izquierdo del cuerpo. Dependiendo de su severidad, una embolia que afecte el hemisferio cerebral derecho puede producir pérdida funcional o afectar las destrezas motoras del lado izquierdo del cuerpo; además, puede causar alteración de la atención normal a la parte izquierda del cuerpo y sus alrededores.

Diversos estudios han demostrado que las personas en las que su hemisferio dominante es el derecho estudian, piensan, recuerdan y aprenden en imágenes, como si se tratara de una película sin sonido. Estas personas son bastante creativas y tienen muy desarrollada la imaginación. Por ejemplo, durante el proceso de aprendizaje y memoria, los hemisferios actúan de la manera siguiente:

Funciones de los hemisferios

a. Hemisferio izquierdo: ordena toda la información que se necesita, investiga el tema a tratar y prepara el material, como hojas en blanco, crayones, lápices, marcadores, reglas, libros, y todo lo necesario para su elaboración.

b. Hemisferio derecho: visualiza la idea central, crea las imágenes clave, combina colores y observa la estructura de mapas conceptuales, asociaciones y conexiones. La imaginación es una de las habilidades que el alumno puede aprender a desarrollar, pues así estimula su creatividad y esto ocurre a través del hemisferio derecho.

Hemisferio izquierdo	Hemisferio derecho
La parte derecha está relacionada con la expresión no verbal.	Control de los movimientos del lado izquierdo del cuerpo.
Está demostrado que en él se ubican la percepción u orientación espacial, la conducta emocional (facultad para expresar y captar emociones), la facultad para controlar los aspectos no verbales de la comunicación, la intuición, el reconocimiento y el recuerdo de caras, voces y melodías, habilidades numéricas, lenguaje escrito, razonamiento lógico, lenguaje hablado, habilidades científicas y manejo de la mano derecha. Es el asiento de la función cerebral lógico-analítica.	Aspectos simbólicos del lenguaje.
	Perspicacia, percepción tridimensional, sentido artístico, imaginación, sentido musical y control de la mano izquierda.
	El cerebro derecho piensa y recuerda en imágenes.
	Es el asiento anatómico de la función cerebral intuitivo-integrativo-comprensiva.

El hemisferio más estudiado ha sido el izquierdo, pues la mayoría de los estudios apuntan a que se trata del hemisferio dominante. Parece que en los diestros domina el hemisferio izquierdo y en los zurdos el derecho, pero esto no quiere decir que tanto zurdos como diestros no puedan desarrollar mejor el hemisferio no dominante, ya que, como se ha dicho, ambos están conectados; de hecho, las personas que tienen el cerebro muy desarrollado utilizan simultáneamente los dos hemisferios. Los hemisferios cerebrales ocupan la mayor parte del cerebro humano y suponen cerca de 85% del peso cerebral. Ambos hemisferios están conectados entre sí por una estructura denominada cuerpo calloso, formado por millones de fibras nerviosas que recorren todo el cerebro. Gracias a estas fibras, los dos hemisferios están conectados continuamente.

Cada hemisferio está especializado en funciones diferentes, de ahí que uno de los aspectos fundamentales en la organización del cerebro lo sean las diferencias funcionales que existen entre los dos hemisferios, pues se ha descubierto que cada uno de ellos se especializa en conductas distintas. Conviene saber también que existe una relación invertida entre los dos hemisferios y nuestro cuerpo; por consiguiente, el hemisferio derecho se encarga de coordinar el movimiento de la parte izquierda de nuestro cuerpo, y el hemisferio izquierdo coordina la parte derecha.

Las neuronas y las células gliales forman el tejido nervioso, pero fundamentalmente la distribución de las neuronas determina la existencia de dos formas principales de tejido nervioso: la sustancia blanca y la sustancia gris. La primera está constituida principalmente por axones, mientras que la segunda se integra por la agrupación de cuerpos neuronales, formando núcleos o ganglios y capas o columnas de neuronas. En las diferentes regiones del sistema nervioso, la distribución de esos subtipos de tejidos determina complejas relaciones anatómicas.

Al examinar un cerebro intacto se aprecia que la sustancia gris constituye una envoltura de alrededor de 5 mm de grosor: la corteza cerebral, que es muy accidentada pues presenta numerosos pliegues y surcos. Si hacemos un corte coronal que pase por el tallo hipofisiario, observaremos que la sustancia gris envuelve cada hemisferio cerebral encerrando a la sustancia blanca, la cual, sin embargo, rodea a diferentes núcleos ubicados en el interior de cada hemisferio: tálamo, ganglios basales y núcleos hipotalámicos.

Si observamos el borde superior en cada hemisferio, encontraremos que la envoltura de sustancia gris también penetra en la cara interna del hemisferio y enfrenta a la del hemisferio opuesto. Ambas caras internas están separadas por la cisura interhemisférica. Si descendemos un poco hasta la altura del tronco cerebral y practicamos un corte transversal, notaremos que la distribución del tejido nervioso cambia. Ahora la sustancia gris se encuentra en el interior, rodeada de sustancia blanca. Si descendemos más aún hasta la médula espinal y practicamos cortes transversales a diferentes alturas, veremos que la sustancia gris se organiza como una estructura bien definida, en forma de H, ubicada en el centro y rodeada casi completamente de sustancia blanca.

Diferencias anatómicas entre los hemisferios

Tradicionalmente se ha demotrado que existe gran similitud anatómica entre ambos hemisferios cerebrales; sin embargo, estudios de sus funciones, de las conductas, del daño cerebral y de su separación quirúrgica sugieren diversos tipos de diferencias entre ambos hemisferios. Esos estudios han demostrado ubicación preferencial de determinadas funciones en uno o en otro hemisferio (lateralización), pero también los esfuerzos tendientes a demostrar dicotomías cerebrales en relación con ciertas funciones (por ejemplo, que el cerebro izquierdo sea analítico y el derecho integrador, o el izquierdo verbal y el derecho conceptual, etcétera) no han dado aún resultados concluyentes. En todo caso hay diferencias anatómicas que sugieren diferencias funcionales, a saber:

a. Existen asimetrías anatómicas en el lóbulo temporal, en la cisura de Silvio y en el girus de Heschl, por ejemplo: el *planum* del lóbulo temporal del lado izquierdo es mayor que el del lado derecho, mientras que la cisura de Silvio del hemisferio izquierdo es más larga en los individuos en quienes predomina el uso de la mano derecha.

b. Áreas relacionadas con el lenguaje hablado muestran asimetrías, por ejemplo: el área Tpt, ubicada en la circunvolución temporal superior (en su tercio superior) es mayor en el hemisferio izquierdo.

Habilidades visuales y hemisferios

Los hemisferios cerebrales difieren en sus capacidades de manejo y de procesamiento de la información visual, igual que en sus habilidades en relación con el lenguaje. En cerebros cuyos hemisferios han sido separados se ha estudiado la atención y la capacidad de percepción. Al separar los hemisferios no hay paso de información entre ellos, por lo cual no es posible lograr una integración cruzada con la información visual, y el hemisferio que no recibe información no participa en la percepción. Lo mismo ocurre con la información relacionada con la esterognosia pero no con la referida a las localizaciones espaciales.

En los humanos hay una pequeña área del campo visual, de no más de dos grados, desde la cual la información llega a ambos hemisferios, aunque estén separados. En efecto, en experimentos de atención espacial se ha visto que la atención se puede fijar en cualquier hemicampo y, tanto en sujetos normales como con hemisferios separados, ambas estructuras participan en el proceso de atención. Ambos hemisferios parecen compartir los procesos y mecanismos relacionados con el fenómeno de la atención cuando se trata de tareas cognitivas y de percepción, pero cuando esos recursos se aplican a determinada tarea, son muy reducidos los que se aplican simultáneamente a otra.

Así, en estudios con hemisferios separados se ha encontrado que mientras uno de ellos trabaja en el procesamiento de la información relacionada con cierto tipo de estímulo, el otro trabaja mejor, recordando la condición en que fue presentado dicho estímulo. Si ambos hemisferios trabajan simultáneamente en el procesamiento de tres estímulos distintos, la ejecución de cada hemisferio se bloquea.

Normalmente el tiempo que toman los hemisferios de un sujeto normal en procesar la información visual depende del número de objetos o ítems sometidos a análisis, en cambio, en los hemisferios separados ese tiempo se reduce a la mitad. Sin embargo, cada hemisferio usa una estrategia diferente para examinar el contenido de su campo. El hemisferio izquierdo, dominante, utiliza una estrategia cognitiva, es decir, guiada para ese proceso.

Los hemisferios difieren en el proceso de codificación de las formas visuales: el izquierdo almacena categorías de ellas (tal vez prototipos), mientras que el derecho usa ejemplos específicos (por ejemplo: imagen de un perro específico); no obstante, esas diferencias también han tratado de explicarse como debidas a la forma de manejo de la información codificada. Estas hipótesis se han explorado experimentalmente; así, para estudiar el almacenamiento de prototipos se usan sistemas de rectángulos cuadriculados (cinco cuadrados por cinco cuadrados), de los cuales hay cuatro cuadrados de otro color, que se distribuyen en formas especiales para configurar dos prototipos, los que a su vez se pueden cambiar moviendo a otras ubicaciones los cuadrados de color.

Posteriormente, los prototipos y sus variaciones son presentados a los sujetos a fin de que éstos puedan moverlos en una de dos categorías. Se ha encontrado que los sujetos pueden categorizar correctamente los prototipos originales sin que los conozcan previamente y lo hacen con mayor seguridad que cuando deben enfrentar variaciones de ellos.

Mediante estos tipos de experimentos también se vio que los hemisferios procesan en forma diferente prototipos y ejemplos específicos. Dicho fenómeno también se comprobó con otros tipos de tests (completar filas de raíces de palabras) mediante los cuales se encontró, además, que en los sujetos sometidos a estas tareas se pone en juego el fenómeno de *priming*, es decir, una forma de aprendizaje o memoria basada en el uso de ciertas pistas o rastros (como palabras o derroteros visuales) mostrados previamente. Este fenómeno está más facilitado en el hemisferio derecho que en el izquierdo lo cual ha sugerido que dicho hemisferio procesa preferentemente ejemplos específicos. En cuanto a las categorías visuales, los tests utilizados han demostrado que el hemisferio izquierdo es mejor que el derecho para almacenar información de categorías visuales.

Otro tipo de información hacia la cual el comportamiento de los hemisferios parece ser diferencial es la relacionada con las llamadas frecuencias espaciales, las cuales corresponden al número de figuras (barras y tiras) oscuras y luminosas que se alternan regularmente en una unidad de espacio (por ejemplo, un grado de ángulo visual). El hemisferio izquierdo parece estar más capacitado para codificar en la memoria modelos de alta frecuencia espacial, mientras que el derecho lo está para las de baja frecuencia espacial. El hemisferio izquierdo es relativamente bueno para categorizar (definir) relaciones espaciales (arriba-abajo e izquierda-derecha), mientras que el derecho lo es para codificar relaciones espaciales métricas.

El lenguaje y los hemisferios

El lenguaje es la forma típicamente humana como se transmite información compleja entre personas, y las conductas relacionadas con este proceso son muy complejas. Las personas suelen utilizar en una conversación común alrededor de 180 palabras por minuto, sin esfuerzo y con gran perfección. Las palabras empleadas se obtienen de un diccionario mental, léxicón que contiene de 60 000 a 120 000 palabras. Hay un lenguaje de generación de palabras y otro de comprensión de ellas. La forma como está organizado el lenguaje es la gramática y los sonidos de las palabras son los fonemas, los cuales no debemos confundir con las letras, que son sólo representaciones de sonidos, sin significado mayor. Los hemisferios cerebrales muestran diferentes capacidades frente al lenguaje y ambos manejan un lenguaje, pero el lenguaje del hemisferio izquierdo tiene una estructura distinta de la del derecho.

En sujetos con hemisferios separados, el hemisferio izquierdo es capaz de comprender todos los aspectos del lenguaje, mientras que el derecho parece más limitado en este aspecto; sin embargo, la capacidad del lexicón de ambos hemisferios parece similar; pero, por otra parte, se ha demostrado que en la población general el léxicon usado es el del hemisferio izquierdo.

El fenómeno de *priming* no parece existir en el hemisferio derecho separado, el cual también parece tener deficiencias para evaluar antónimos. En sujetos normales se ha aplicado el método del campo visual dividido a la tarea de identificar, lo más rápidamente posible, si una fila de letras constituye una palabra. Cuando dicha fila se presentó en el campo visual derecho (analizado por el hemisferio izquierdo), la identificación correcta fue más frecuente. Ello se ha interpretado como debido a la existencia en ese hemisferio de los procesos necesarios para el cumplimiento de esas tareas; además, en estos estudios las palabras son reconocidas más fácilmente si los sujetos conocen antes palabras semánticamente similares.

Aunque en sujetos con hemisferios separados se ha demostrado que el hemisferio derecho tiene su propio lexicón y es capaz de realizar juicios gramaticales, dichos hemisferios trabajan en forma errática en relación con otras propiedades del lenguaje, como en la comprensión de las formas verbales, las pluralizaciones, el uso de los posesivos, la distinción entre activo y pasivo, y el empleo del orden de las palabras. En los sujetos diestros, el hemisferio izquierdo parece importante en procesos sintácticos, por ejemplo: descomponer una palabra en componentes más simples con su propio significado o la representación de la raíz de una palabra. Esto concuerda con que la producción del habla y su comprensión se dañan o se interrumpen luego de una lesión en el hemisferio izquierdo. El hemisferio derecho es inapropiado para el pensamiento asociativo, por ejemplo: como se indica en la imagen, cuando se pide a cada hemisferio relacionar dos de los cuatro cuadros y elegir cuáles de ellos se relacionan más entre sí, el hemisferio izquierdo lo hace fácilmente, no así el derecho.

El cerebro o encéfalo puede dividirse en tres porciones: anterior, que incluye los hemisferios cerebrales, media (mesencéfalo) y posterior; esta última comprende también al cerebelo. La médula espinal se divide en regiones: cervical, torácica, lumbar y sacra.

El cerebro posterior contiene estructuras que regulan las funciones autónomas, donde se origina gran parte del sistema nervioso autónomo parasimpático. El tallo cerebral, localizado en la parte más alta de la médula espinal, contiene los centros que regulan la respiración, la temperatura y la frecuencia cardiaca. De ahí proceden los pares craneales, nervios que intervienen en la deglución, la salivación, los sentidos del gusto y el olfato, los movimientos oculares y faciales, de la cabeza, del cuello y de los hombros.

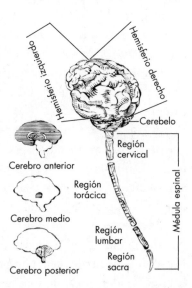

También por el tallo (o tronco) cerebral pasan los nervios que provienen de las porciones más altas del SNC y que conectan al cerebro con la médula espinal.

Los nervios originados en la corteza cerebral pasan por el tallo cerebral, se cruzan al lado opuesto (o sea, nuestro hemisferio cerebral derecho controla la mitad izquierda de nuestro organismo y viceversa) y llegan a las motoneuronas espinales para mediar el control voluntario del músculo esquelético.

Los ganglios basales son centros primarios para el control motor involuntario relacionado, entre otras funciones, con la postura y el tono muscular; además, son un grupo de núcleos localizado en las partes profundas de los hemisferios cerebrales (entre la corteza y el tálamo), que incluyen el núcleo caudado, el putamen, el globo pálido, el núcleo lentiforme y la sustancia negra, entre otros.

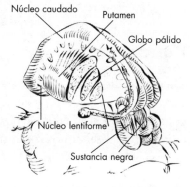

Las alteraciones de los ganglios basales dan lugar a patologías del movimiento, como la enfermedad de Parkinson (caracterizada por temblor, rigidez y lentitud de movimientos) o la de Huntington (que se manifiesta por movimientos involuntarios progresivos de tipo danzístico y demencia). Varios fármacos del grupo de los tranquilizantes mayores (o antipsicóticos) ejercen su acción en este nivel.

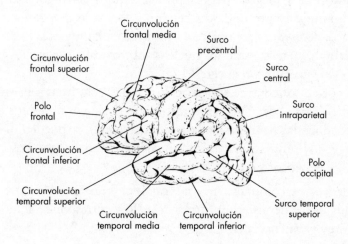

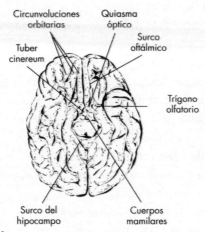

Circunvoluciones orbitarias

Quiasma óptico

Surco oftálmico

Tuber cinereum

Trígono olfatorio

Surco del hipocampo

Cuerpos mamilares

Corteza cerebral

El cerebro dispone sus células en su parte externa en lo que denominamos corteza (córtex cerebral) y en acúmulos más profundos que constituyen los ganglios basales. Cuando realizamos un corte a través del cerebro, inmediatamente observamos zonas mate de sustancia gris y zonas más brillantes de sustancia blanca. Los cuerpos de las células nerviosas forman la sustancia gris, que se encuentra en la superficie externa o córtex cerebral, y en grupos o núcleos en la profundidad del cerebro. La sustancia blanca consta de haces de fibras nerviosas que viajan entre diferentes regiones de la sustancia gris y hacia la médula espinal.

Distinguimos la superficie cerebral o neocórtex, que constituye la parte más desarrollada y plegada del cerebro: el arqui o paleo córtex, que es la parte más antigua y profunda del cerebro y forma lo que llamamos sistema límbico, de *limbus*, que quiere decir borde en latín y es la superficie interna cerebral; además, están los núcleos subcorticales o ganglios basales y el tronco del encéfalo con el cerebelo.

En la corteza cerebral se sitúan las funciones más finas sensitivas, motoras y psicológicas. Según su arquitectura (es decir, el número de capas en que se disponen las neuronas en la corteza cerebral), se pueden diferenciar claramente dos zonas: el paleo y arquicórtex, formada por tres capas de neuronas, y el neocórtex.

a. Paleocórtex: compuesto por tres capas neuronales, es la parte más antigua de los hemisferios; forma su suelo y corresponde al bulbo olfatorio y el rinéncéfalo.

b. Arquicortex: está también formado por tres capas neuronales y lo componen el hipocampo y la amígdala.

c. Neocórtex. Toda la superficie cerebral externa se desarrolla muy tardíamente y ocupa la mayor parte de la superficie cerebral. En su parte ventral rodea un territorio de transición al neocórtex que se halla encima del estriado y es la ínsula, compuesta por seis capas neuronales. Según el mayor o menor desarrollo de estas capas, se pueden observar diferentes áreas en la corteza.

La investigación de la arquitectura cortical, que se inició con el psiquiatra vienés Meynert (1868), culminó a principios del siglo XX con la publicación de numerosos mapas de la corteza cerebral. Uno de los más famosos es el de Brodman, publicado en 1909: cada campo de Brodman es un sector especializado en distintas funciones, por ejemplo: en la corteza motora están más desarrolladas unas células denominadas piramidales, que son neuronas con un cuerpo celular muy evolucionado para nutrir a los grandes axones motores que recorren todo el SNC hasta llegar a la médula espinal.

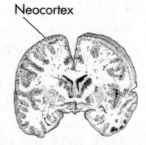
Neocortex

La corteza está conformada por una capa de células nerviosas que rodea completamente al resto del cerebro (excluido el cerebelo, que tiene su propia corteza) y que diferencia al ser humano de los animales. La corteza cerebral es responsable de la interpretación de la información que llega del mundo exterior y del medio interno, así como del inicio de movimientos voluntarios. Los centros del lenguaje y las áreas de percepción de las sensaciones de todas partes del cuerpo se encuentran en la corteza cerebral.

La estructura donde parecen residir las funciones superiores es la corteza cerebral: es como un amplio manto que recubre todas las superficies del cerebro. El grosor de este manto multicapa es de 3 mm y las capas son paralelas entre sí y a la superficie del cerebro.

La materia gris situada debajo de la corteza se denomina subcortical, la parte evolutivamente más moderna se llama neocórtex o neocorteza y la más antigua corteza límbica. La función mental podemos caracterizarla por lo siguiente:

a. Su variedad estructural, funcional y molecular: Encontramos diversas estructuras y órganos, que cumplen varias funciones y que poseen distintos tipos de neuronas, agrupadas de formas diferentes.

b. Su plasticidad: el cerebro es un órgano creado en la ontogénesis del individuo, es decir, aumenta conforme crece y se desarrolla el organismo. Su crecimiento depende de los encuentros del individuo con el medio que reforzarán unas conexiones y podarán otras.

c. Esta plasticidad permite el aprendizaje; visto así, no hay dos cerebros iguales, sino que cada individuo, dependiendo de su experiencia, desarrollará unas habilidades más que otras, lo cual provoca la gran diversidad de personas respecto a su inteligencia, personalidad, carácter, etcétera.

Esta área del cerebro se ha desarrollado de tal manera que, para acomodarse en el reducido espacio intracraneal, ha ido plegándose sobre sí misma y formando las circunvoluciones. Estos pliegues, a pesar de ser variables entre cada cerebro, tienen ciertos elementos comunes, por ejemplo: todos tienen una cisura interhemisférica (el canal que divide al cerebro en dos hemisferios y que va de adelante hacia atrás, por la línea media) y todos muestran una cisura (hendidura) central y otra lateral, que divide a cada hemisferio en lóbulos: frontal, parietal, temporal (este último incluye, por dentro, la ínsula) y occipital.

Otra posible división de la corteza cerebral es por sus funciones; así, podemos considerar las áreas de recepción, de salida y de asociación. Por delante de la cisura o surco central se encuentra la circunvolución precentral, donde se localizan los centros responsables del control voluntario y consciente de los movimientos (área de salida).

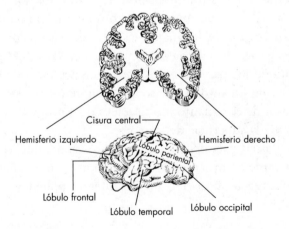

Aspecto lateral del hemisferio cerebral izquierdo, que muestra las principales regiones corticales. La corteza cerebral es la parte más superficial de los hemisferios, que representan los últimos 6 a 8 mm de tejido nervioso. En la sección coronal (parte superior de la figura) podemos apreciar el grosor del tejido cortical.

Todas las áreas del organismo desde los pequeños músculos de la cara –que permiten expresar emociones–, hasta los de la mano del violinista, por mencionar un ejemplo, tienen una representación en esta área de la corteza. Grupos de neuronas se encargan de dirigir estos movimientos en forma precisa y cambiante.

En conjunción con la corteza somatosensorial (localizada atrás del giro central), las neuronas corticales hacen mapas de movimientos y sensaciones que generan los patrones conductuales. Estos mapas varían con la edad y el uso. Su tamaño corresponde a los complejos circuitos neuronales necesarios para efectuar movimientos finos (o para el canto). En la corteza auditiva, los sonidos se descomponen en diferentes frecuencias para ser interpretados mejor, de acuerdo con la experiencia anterior del sujeto. En la corteza visual, las formas, los colores, los movimientos de las imágenes y la memoria de ellos se componen para informar a las áreas de asociación (las más desarrolladas del ser humano) que integran la información para dar a la conciencia los datos necesarios que le permiten planificar y organizar las ideas (funciones de áreas prefrontales y parietales). Estas funciones son, quizá, las de más reciente aparición evolutiva del reino animal.

Embriológicamente la corteza se deriva del telencéfalo: es una capa de sustancia gris que cubre los hemisferios cerebrales, con un espesor aproximado que varía de 1.4 a 4.5 mm. Al respecto se reconocen seis capas en la corteza:

- Capa molecular: consta de muchas fibras y de las células de Cajal.
- Capa granular externa: compuesta de las células granulares o estrelladas y las piramidales pequeñas.
- Capa de células piramidales: consta de las células piramidales de tamaño mediano y algunas grandes en la zona profunda.
- Capa granular interna: abundan las células granulares tipo Golgi II y pocas piramidales de tamaño pequeño.
- Capa ganglionar o con células piramidales grandes: consta de células piramidales grandes. En el área motora se hallan las células gigantes de Betz, que conducen impulsos a las motoneuronas localizadas en la médula espinal.
- Capa poliforme o multiforme: está constituida por células de diferentes formas (triangulares y redondas).

Se ha calculado que el área cerebral tiene entre 200 000 y 240 000 mm^2. Los surcos y las circunvoluciones de la corteza logran compactar esta cantidad de superficie, pero la corteza cerebral de dos individuos no es igual.

Parece que cada cerebro es tan personal para su poseedor como su rostro, aunque hay ciertas características comunes.

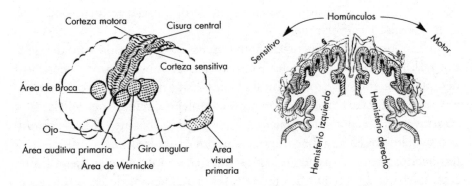

Función de la corteza cerebral. Esta estructura también puede dividirse de acuerdo con la representación funcional. En la porción superior de la figura se ilustra el área de Broca –relacionada con el lenguaje hablado–, el área de Wernicke –concerniente a la comprensión del lenguaje–, la corteza motora, la sensitiva, la visual y la auditiva. En la porción inferior de la figura se muestra un corte del hemisferio cerebral en dos niveles: la corteza motora (porción derecha) y la sensorial (mitad izquierda), las cuales corresponden a las áreas anterior y posterior de la cisura central. Se ilustran los homúnculos (las representaciones del cuerpo en la corteza cerebral) motor y sensorial, respectivamente.

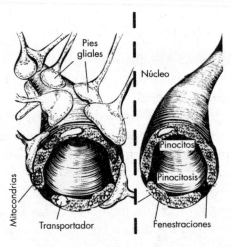

La barrera hematoencefálica es una separación funcional entre el cerebro y el resto del organismo, y uno de sus componentes se encuentra en los capilares sanguíneos cerebrales, los cuales son menos permeables que los del resto del cuerpo a sustancias que circulan en la sangre. Los pies gliales, extensiones astrocíticas que rodean los vasos capilares, también son parte de la barrera hematoencefálica. A la izquierda se muestra un capilar cerebral y a la derecha un capilar no cerebral.

Barrera hematoencefálica (BHE)

Este término es más bien funcional que anatómico y se refiere a la filtración selectiva de compuestos que pasan de la sangre al SNC; en otras palabras, no todo lo que llega a la sangre puede pasar hacia el sistema nervioso. La BHE bien podría representar un órgano, con una maduración y funciones específicas, aunque sin una localización, por el momento, definida. Tanto sustancias como algunos virus pueden atravesar la BHE del feto y provocar malformaciones congénitas.

Lóbulos cerebrales

El desarrollo enorme de la corteza cerebral se consigue mediante plegamientos; a su vez, la corteza está dividida en cuatro lóbulos, en los cuales las cisuras sirven de demarcaciones. Los plegamientos son denominados circunvoluciones cerebrales, mientras que las circunvoluciones forman los lóbulos, separados entre sí por las cisuras y surcos.

Lóbulo frontal

Dicho lóbulo está situado en la porción anterior del cerebro, separado por la cisura de Rolando del lóbulo parietal, y por la de Silvio del temporal. La porción posrolándica es, como hemos visto, la que lleva en sí el homúnculo de Penfield y el córtex motor. La porción anterior, denominada región prefrontal, tiene gran importancia en el hombre y constituye una de las principales áreas asociativas.

Funciones del lóbulo frontal. Hipótesis de Fuster

E. Fuster, español afincado en Los Ángeles, director del Instituto para la Investigación Cerebral de la Universidad de California en Los Ángeles y tomando ideas de otros autores, sitúa el nivel más alto de integración neuronal en la parte más anterior del lóbulo frontal: en la región prefrontal. Postula al respecto que la corteza prefrontal tiene un papel clave en la organización del comportamiento.

La función clave que representa el lóbulo frontal es la unificación temporal del comportamiento con un único propósito o meta, es decir, la estructuración de aquel comportamiento que implica una novedad, además de ser creativo y la base del comportamiento inteligente. El comportamiento innato e instintivo, que es por definición invariable y común a todas las especies, resulta excluido de las categorías del comportamiento estructurado hacia un fin y, por tanto, no está regulado por la región prefrontal.

El hombre se distingue del animal en el increíble desarrollo de la región prefrontal, que es la región del cerebro que modula los comportamientos unidos a una meta y hacia la consecución de objetivos. Así, las estructuras de comportamiento para las cuales la corteza prefrontal es necesaria tienen dos características: su novedad y su complejidad. La primera es suficiente y necesaria, mientras que la segunda no. Es decir, para que una acción esté regulada fundamentalmente por la corteza frontal ha de ser novedosa y compleja, pero la novedad es más importante que la complejidad en la activación del sistema frontal. Por ejemplo, acciones complejas como la ocupación de conducir un vehículo, al ser realizadas repetidamente, pueden convertirse en automáticas e instintivas, en cuyo caso pasan a estar reguladas por otras áreas corticales, distintas del lóbulo frontal. La complejidad se determina por el número y variedad de elementos sensoriales, motores y cognitivos que la constituyen. Aunque en los actos automáticos o instintivos existe complejidad, no hay novedad, ni estos actos están bajo el control frontal.

Novedad y complejidad son dimensiones relativas y no cuantificables fácilmente. La corteza prefrontal es esencial para realizar actos cuya complejidad y novedad no puede ser especificada con claridad. Por otro lado, patrones de conducta bien establecidos y simples pueden ser ejecutados sin una activación frontal.

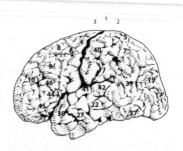

En ese sentido, la hipótesis que plantea Joaquín Fuster es que la característica primordial de la región frontal tiene relación con el tiempo, pero éste por sí mismo no es una característica imprescindible si la acción resulta instintiva y estereotipada.

Lo anterior no ocurre, por ejemplo, en la migración de las aves, las cuales realizan una conducta compleja y de larga duración en el tiempo que es estereotipada, y no necesitan la activación de un sistema tan complejo como el prefrontal humano. No obstante, el tiempo es el único factor crítico que determina la afectación de la corteza prefrontal en la síntesis de una estructura de comportamiento novel. La función del lóbulo frontal parece ser sintética, basada en su capacidad para hacer de puente entre discontinuidades temporales de elementos con la misma estructura de comportamiento. La lógica de la función de puente temporal del lóbulo frontal se expresa en el pensamiento de esta manera: "Si ahora ocurre esto, después haré lo otro y si no lo de más allá".

Tres funciones son específicas para la región frontal: *a*) una memoria a corto plazo, que permite una función retrospectiva; *b*) un set o conjunto preparatorio que facilita una función prospectiva o anticipatoria, y *c*) una función protectora o de control de interferencias, es decir influencias internas y externas, entre las que se incluyen recuerdos y datos de memoria que interfieren con la formación de estructuras de comportamiento. Las dos primeras funciones se localizan ampliamente en la región dorsolateral, mientras que la tercera se ubica en la región orbitaria interna de la corteza frontal. Por eso, las lesiones del lóbulo frontal en humanos se caracterizan por tener distinta semiología clínica. Los trastornos de atención son una característica prominente de los síndromes clínicos prefrontales. Tales desórdenes son responsables parcialmente de déficits cognitivos, entre los que se incluye distorsión de percepciones. Las lesiones de la corteza prefrontal y dorsolateral pueden resultar en apatía y falta de movimiento espontáneo, mientras que las lesiones orbitarias pueden conducir a hipercinesia, euforia y desinhibición. El resultado más común y característico del daño frontal en el humano es el fallo para organizar nuevos y deliberados esquemas de comportamiento secuencial.

Este fallo se acompaña de un cambio concretamente temporal, una cualidad de inmediatez y falta de perspectiva en tiempo –prospectiva a la vez que retrospectiva– que invade en todas las formas de comportamiento y especialmente en el lado izquierdo el lenguaje hablado. El lóbulo frontal, al guardar una relación tan directa con la capacidad de creación y el manejo de las novedades de conducta está relacionado de manera indudable con la inteligencia, considerada una capacidad de creación. Esto no quiere decir que la inteligencia sea una función del lóbulo frontal, sino únicamente que para realizar una actividad creativa –que en definitiva es una actividad propiamente humana– se necesita el funcionamiento adecuado de las estructuras frontales: la capacidad para orientar la actuación hacia una meta, para evitar la distorsión por otras actividades que descentran la atención y para generar un comportamiento estable.

El lóbulo frontal se encuentra por delante del surco central o cisura de Rolando y por encima del surco lateral, donde se halla lo siguiente:

- Vías piramidales y extrapiramidales.
- El centro de la palabra articulada.

- Sensibilidad al tacto, dolor y temperatura.
- La zona 8 de Broadman u oculogira.

Lóbulo parietal

El lóbulo parietal es el lóbulo peor demarcado del resto. Detrás del surco central y encima de la fisura de Silvio no tiene límites con el lóbulo temporal y occipital; además, la corteza parietal es un área silente.

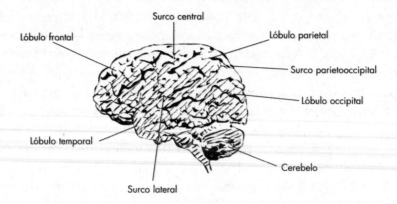

Ahora no hay duda en concluir que la corteza parietal anterior contiene el mecanismo para la percepción táctil. Pero la parte más importante de las funciones del lóbulo parietal componen un centro para la integración de la información somatosensorial, con la auditiva y la visual, con el fin de construir el denominado esquema corporal y su relación con el espacio exterior. Las actividades construccionales implican fundamentalmente el lóbulo parietal izquierdo. La comprensión de los aspectos gramaticales y sintácticos del lenguaje es una función del lóbulo parietal dominante; en cambio, el reconocimiento y utilización de números, principios aritméticos y cálculo se sitúa en el lóbulo parietal no dominante.

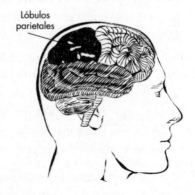

Las alteraciones más curiosas del lóbulo parietal son las agnosias, que constituyen la incapacidad para reconocer determinados aspectos de la visión, la audición o la percepción corporal.

El lóbulo parietal en la parte anterior está limitado por el surco central y atrás por el surco parietooccipital, en la zona inferior de la cisura lateral, donde se encuentran:

- El centro de la sensibilidad profunda o gnóstica.
- La sensibilidad al gusto.
- Las zonas 5 y 7 de Broadman, como parte del origen de las vías sinergistas.

Los lóbulos parietales se pueden dividir en las regiones funcionales: uno implica la sensación y la opinión y el otro se refiere a integrar la entrada sensorial, sobre todo con el sistema visual. La primera función integra información sensorial para formar una sola percepción (cognición), mientras que la segunda construye un sistema coordinado espacial para representar el mundo alrededor de nosotros. Los individuos con daño a los lóbulos parietales demuestran a menudo déficits llamativos, como anormalidades en imagen del cuerpo y relaciones espaciales (Kandel, Schwartz y Jessel, 1991).

El daño al lóbulo parietal izquierdo puede resultar en lo que se llama síndrome de Gerstmann, que incluye la confusión de derecha a izquierda, la dificultad con la escritura (agrafia) y la dificultad con las matemáticas (acalculia); también puede producir desórdenes de la lengua (afasia) e inhabilidad para percibir objetos normalmente (agnosia). El daño al lóbulo parietal derecho puede hacer que descuidemos la parte del cuerpo en el espacio (negligencia contralateral), que puede deteriorar muchas habilidades del autocuidado, como vestirse y lavarse.

El daño del derecho puede también causar dificultad en la fabricación de cosas (apraxia construccional), negación del déficit (anosagnosia) y disminuir la capacidad para dibujar. El daño bilateral (lesiones grandes a ambos lados) puede causar el síndrome de Balint, una atención visual y el síndrome del motor. Esto es caracterizado por la inhabilidad para integrar componentes de una escena visual (simultanagnosia) y la inhabilidad para alcanzar exactamente un objeto con la dirección visual (la ataxia óptica) (Westmoreland y cols., 1994). Déficits especiales (primariamente a la memoria y a la personalidad) podrán ocurrir si hay daños al área entre los lóbulos parietales y temporales; a su vez, las lesiones parietales temporales-izquierda pueden afectar la memoria verbal y la capacidad para recordar cadenas de dígitos (Warrington y Weiskrantz, 1977). El lóbulo parietal-temporal derecho se refiere a memoria no verbal, mientras que las lesiones parietales-temporales derechas pueden producir cambios significativos en la personalidad.

Lóbulo temporal

El lóbulo temporal se separa del frontal por la gran cisura de Silvio, donde se sitúan el lenguaje auditivo y la memoria, y por sus grandes conexiones con el sistema límbico se generan alteraciones emocionales. Dicho lóbulo se encuentra limitado por el surco lateral y la línea que lo continúa hasta el lóbulo occipital, donde se ubica lo siguiente:

- Zonas 41, 42 y 52 de los impulsos acústicos y vestibulares.
- Zonas 21 y 22 de origen extrapiramidal y psicoauditivas.
- Núcleo amigdalino del cuerpo estriado.

Entre los fenómenos afectivos que se producen en las crisis del lóbulo temporal, la sensación de miedo es la más frecuente y suele asociarse a una sensación visceral, generalmente a nivel del abdomen, que es muy típica. Otros fenómenos afectivos que pueden aparecer al estimular el lóbulo temporal son: sensación de tristeza, soledad, vergüenza, culpa, enfado o ira, excitación anticipatoria, placer, excitación sexual y sensación de contento o felicidad. En los fenómenos perceptivos a nivel temporal (generalmente visuales o auditivos) no se produce con un tiempo real, excepto la música: las escenas son estáticas.

Kolb y Wishaw (1990) han identificado ocho síntomas del daño en el lóbulo temporal:

- Disturbio de la sensación auditiva y percepción.
- Disturbio de la atención selectiva de la entrada auditiva y visual.
- Desórdenes de la percepción visual.
- Organización y clasificación deterioradas del material verbal.
- Disturbio de la comprensión de la lengua.
- Memoria a largo plazo deteriorada.
- Personalidad alterada y comportamiento afectivo.
- Comportamiento sexual alterado.

La atención selectiva a la entrada visual o auditiva es común con daño a los lóbulos temporales (Milner, 1968). Las lesiones del lado izquierdo dan lugar a memoria disminuida del contenido verbal y visual, incluida la percepción de discurso, mientras que las lesiones del derecho dan lugar al reconocimiento disminuido de las secuencias del tonal y de muchas capacidades musicales. A su vez, las lesiones del lado derecho pueden también afectar el reconocimiento de memoria visual del contenido (por ejemplo, memoria de caras). Los individuos con lesiones temporales del lóbulo tienen dificultad en clasificar palabras o cuadros en categorías.

La lengua se puede afectar por daño temporal de lóbulo y las lesiones temporales izquierdas disturben el conocimiento de palabras. El daño-temporal derecho puede causar una pérdida de inhibición del habla, en tanto que los lóbulos temporales se asocian altamente con habilidades de la memoria. Las lesiones temporales izquierdas dan lugar a memoria de la materia no verbal, como música y dibujos. La epilepsia temporal del lóbulo puede causar discurso perseverativo, paranoia y rabias agresivas, mientras que el daño severo a los lóbulos temporales pueden también alterar el comportamiento sexual (por ejemplo: aumento en actividad) (Blumer y Walker, 1975).

Las pruebas comunes para la función temporal son: figura Rey-compleja (memoria visual) y Escala de la Memoria de Wechsler Revisada (memoria verbal).

Lóbulo occipital

Los lóbulos occipitales son el término de las vías geniculocalcarinas y resultan esenciales para la percepción y reconocimiento visual. El lóbulo occipital está dividido por el surco parietooccipital y la muesca preoccipital (entre estas dos cisuras existe una línea arbitraria), donde se encuentra lo siguiente:

- Las zonas visuales y las psicovisuales.
- El origen de la vía extrapiramidal.

Los lóbulos occipitales son el centro del sistema visual de la percepción, pero no son particularmente vulnerables a lesión debido a su localización en la parte posterior del cerebro, aunque cualquier trauma significativo al cerebro podría producir cambios sutiles al sistema visual-perceptivo, con defectos y escotomas del campo de visión. Los desórdenes del lóbulo occipital pueden causar alucinaciones e ilusiones visuales. Las ilusiones visuales pueden tomar la forma de objetos que aparecen más grandes o más pequeños de lo que son realmente, los cuales carecen de color o que tienen colorante anormal. Las lesiones en el área parietal-temporal-occipital de la asociación pueden causar ceguera de la palabra, con manifestaciones en la escritura.

Lóbulo de la ínsula

Situado en la profundidad de la cisura de Silvio, su función primordial es vegetativa y controla funciones autonómicas, es decir, la temperatura, la tensión arterial, la frecuencia cardiaca, y el grado de dilatación de los vasos sanguíneos que va a guardar relación con la expresión de las emociones en la cara. La ínsula no es visible desde fuera del cerebro y está localizada en el fondo de la cisura de Silvio, por lo cual es preciso separar las opérculas frontales y parietales para estudiarla. Aquí se encuentran zonas con funciones autónomas.

Función de los lóbulos cerebrales

Esta función es como sigue:

Funciones	Problemas observados cuando el área es lesionada
Regula funciones como el pensamiento abstracto, el juicio, la capacidad de concentración y las actividades motoras y asociativas	Pérdida del movimiento simple de varias partes del cuerpo (parálisis)
Nos permite saber lo que hacemos dentro de nuestro ambiente (conciencia)	Inhabilidad para planear una secuencia de movimientos complejos que son necesarios para terminar actividades con tareas múltiples, como hacer café (secuencia)
Nos facilita saber cómo iniciamos una actividad en respuesta a nuestro ambiente y tomar decisiones acerca de lo que ocurre en nuestras actividades diarias	Pérdida de la espontaneidad al interactuar con otros
Controla nuestras respuestas emocionales y nuestro lenguaje expresivo	Pérdida de la flexibilidad en el pensamiento, persistencia en un solo pensamiento (perseverancia) e inhabilidad para concentrarnos en una tarea (atención)
Asigna significado a las palabras que elegimos e incluye asociaciones de palabras	Cambios de humor (emocionalmente lábil o inestable)
Memoria para los hábitos y actividades motoras	Cambios de comportamiento social y de personalidad y dificultades al solucionar problemas
	Inhabilidad para expresarnos con lenguaje (afasia de Broca)

(Lóbulo frontal)

Funciones	Problemas observados cuando el área es lesionada
Lóbulo parietal Actúa como mediador de estímulos sensoriales cuya área se sitúa en la zona posterior de la cisura de Rolando, mostrando un elevado nivel de lateralización Desde el hemisferio dominante se regula la orientación en el espacio y localización de la atención visual Localización de la percepción táctil y movimientos voluntarios dirigidos a una meta Manipulación de objetos Integración de diversos sentidos que permite entender un solo concepto	Inhabilidad para atender a más de un objeto a la vez y para nombrar un objeto (anomia) Inhabilidad de localizar las palabras para la escritura (agrafia) y problemas con la lectura (alexia) Dificultad para dibujar objetos y para distinguir la izquierda de la derecha Dificultad con las operaciones matemáticas (discalculia) Carencia de reconocimiento de ciertas partes del cuerpo o del espacio que las rodea (apraxia), lo cual lleva a tener dificultades al cuidarse Inhabilidad para enfocar la atención visual y dificultad con la coordinación de los ojos y las manos

Funciones	Problemas observados cuando el área es lesionada
Lóbulo temporal En él se halla la región auditiva. La estimulación del lóbulo temporal puede evocar recuerdos pasados • Capacidad de oír • Adquisición de memorias • Algunas percepciones visuales • Categorización de objetos	Dificultad en reconocer caras (prosopagnosia) Dificultad en entender palabras habladas (afasia de Wernicke) Disturbios con la atención selectiva a lo que vemos y oímos Pérdida de la memoria a corto plazo. Interferencia con la memoria a largo plazo Interés creciente o disminuido en comportamientos sexuales

☞ continúa

☞ continuación

	Inhabilidad para categorizar objetos (categorización)
	El daño al lóbulo derecho puede causar el hablar persistentemente
	Comportamiento agresivo creciente

Funciones	Problemas observados cuando el área es lesionada
Localización de la atención visual	Defectos en la vista (cortes del campo visual)
Integración de diversos sentidos que permite entender un solo concepto	Dificultad para localizar objetos en el medioambiente y para identificar colores (agnosia del color)
	Producción de alucinaciones, e ilusiones visuales (ver objetos con inexactitud)
	Ceguera de la palabra (inhabilidad para reconocer palabras)
	Dificultad para reconocer objetos dibujados y para leer y escribir
	Inhabilidad para reconocer el movimiento de un objeto (agnosia del movimiento)

Lóbulo occipital

Ínsula de Reil

Controla funciones autonómicas, es decir, la temperatura, la tensión arterial, la frecuencia cardiaca, y el grado de dilatación de los vasos sanguíneos que va a guardar relación con la expresión de las emociones en la cara. La ínsula no es visible desde fuera del cerebro y está localizada en el fondo de la cisura de Silvio, con incidencias en lo siguiente:

- La respiración
- El ritmo cardiaco
- Tragar
- Reflejos al ver y al oír (respuesta sorpresiva)
- Controla la sudoración, la presión arterial, la digestión y la temperatura (sistema nervioso autónomo)
- Afecta el nivel de atención
- La capacidad para dormir
- El sentido del balance (función vestibular)

Los problemas observados cuando se lesiona son:

- Capacidad vital disminuida para respirar e importante en el hablar
- Tragar el alimento y el agua (disfagia)
- Dificultad para organizar o percibir el medioambiente
- Problemas con el balance y el movimiento
- Vértigo y náusea
- Dificultad para dormir (insomnio y apnea del sueño)

Ínsula de Reil
Hemisferio izquierdo

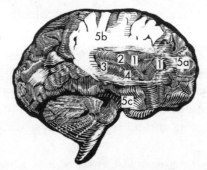

1. Giros cortos de la ínsula
2. Surco central de la ínsula
3. Surco circular de la ínsula
4. Giro largo de la ínsula
5. Opérculos (seccionados)
   5a. Frontal
   5b. Parietal
   5c. Temporal

La ínsula es una porción de corteza cerebral que forma el piso de una fosa que se expone resecando los labios del surco lateral y sus ramas. Esos labios se conocen como opérculos frontal, parietal y temporal. La ínsula aparece como una eminencia triangular conformada por giros y surcos. El surco central es el más prominente y profundo de ellos.

Integración neural: áreas de asociación

La organización de las conexiones del encéfalo permite que múltiples impulsos excitatorios e inhibitorios sean integrados en una experiencia mental. Cuando experimentamos un objeto del entorno –por ejemplo; la imagen de un café de noche– existe una imagen con visual con el color, la forma de las mesas y yuxtaposición de las figuras, y captamos el movimiento de las personas y el ruido de los coches, así como, por ejemplo, el complejo de olores de las cervezas en las mesas, y la sensación de frío o calor ambiental. No sólo hay estas percepciones inmediatas sin un surtido de asociaciones de recuerdos que esta imagen suscita.

De alguna forma, integramos todas esas múltiples aferencias en una experiencia con sentido y nos movemos hacia la mesa para saludar a la persona sentada o para pedir algo de comer porque estamos hambrientos. Cada aspecto del entorno excita distintas poblaciones de neuronas en diferentes áreas geográficas del encéfalo, de modo que el cerebro se organiza en una experiencia mental única y controla la ejecución de la acción apropiada. Para comprender cómo tiene lugar la integración, debemos tener una apreciación de las vías neuroanatómicas mediante las cuales se procesa la información.

Brodman (1909) realizó una carta en la cual dividió la corteza cerebral en 52 áreas; esta carta es la más utilizada en la actualidad. Las partes de la corteza que han llegado a especializarse para la recepción de mensajes sensoriales y para el envío de órdenes motoras se conocen como áreas de proyección y el resto de la corteza cerebral corresponde a las áreas de asociación.

En las cortezas de asociación visuales más primarias (áreas 18 y 19) apreciamos el color básico, la forma, la profundidad y la textura. A medida que los impulsos excitan otras áreas de asociación de orden superior más anteriores, en las vías de conexión hacia el lóbulo temporal y la región hipocampal (áreas 20, 21 y 37) empezamos a atribuir significado a la percepción visual. Las lesiones en la región occipitotemporal pueden causar una agnosia visual, en la que el individuo puede ver un objeto pero no reconocerlo. Por ejemplo, podemos no distinguir visualmente un cerdo de un perro o a menudo ser incapaces de reconocer visualmente la identidad específica de nuestra cara en el espejo. Cada modalidad sensitiva tiene un área cortical primaria y un sistema de conexiones para el procesamiento sensorial. Una característica importante de las cortezas primarias visual, auditiva y somatosensorial es su organización topográfica.

En el sistema somatosensorial, el córtex primario está organizado somatotópicamente, de tal forma que partes específicas de la corteza cerebral reciben las aferencias de partes concretas del organismo, mientras que el córtex calcarino está organizado retinotópicamente, y el córtex auditivo organizado tonotópicamente.

Cada región sensitiva primaria tiene conexiones con áreas de asociación de modalidad específica, donde tiene lugar la convergencia e integración de diferentes atributos de la experiencia sensorial. En puntos sucesivos, los axones de diversas áreas sensitivas de asociación de modalidad específica empiezan a converger en lo que se denomina áreas de asociación multimodal. En estas áreas se ha demostrado que existen neuronas que, por ejemplo, se activan en respuesta al estímulo visual, encontrándose entremezcladas con neuronas que responden a estímulos auditivos y con otras que responden a estímulos sensitivos múltiples.

Las áreas de asociación multimodal son tres:

- El sistema límbico.
- El área temporoparietal, que incluye el lóbulo témporoparietal inferior y las zonas laterales del surco temporal superior.
- El área prefrontal, que incluye vastas expansiones del córtex por delante de las cortezas motoras del lóbulo frontal.

Región prefrontal

Las cortezas prefrontal y frontal son un mundo desconocido en el cerebro, pero durante años se consideraron "zonas mudas" o un cerebro desaprovechado, sin una función clara; sin embargo, existen diversos datos en la literatura médica que permiten evaluar su importancia, por ejemplo: la corteza frontal incrementa su tamaño con el desarrollo filogenético.

El sector cortical, llamado por Brodman *regio frontalis*, constituye –según sus cálculos– 29% de la corteza total en el humano, 17% en el chimpancé, 11% en el gibón y en el macaco, y 8.5% en el lémur. Para el perro y el gato, la proporción es de 7 y 3.5%, respectivamente. Aunque el uso de tales valores tiene sus pasos en falso y sus limitaciones, la magnitud más grande de estas zonas ha hecho presuponer desde hace tiempo que esta corteza es el sustrato de la actividad neural de orden más alto. Esta noción, que puede ser esencialmente correcta, no ha sido probada.

La historia del estudio clínico del lóbulo frontal es larga y rica. Un caso citado frecuentemente en la literatura médica es el de Phineas Gage, un obrero de la construcción de ferrocarriles, quien a mediados del siglo XIX fue herido accidentalmente por una barra de hierro puntiaguda que penetró en su frente de manera oblicua y desde abajo, atravesando la base del cráneo e infligiéndole un daño masivo en el lóbulo frontal izquierdo (Harlow, 1848). Aparte del aspecto curioso de la herida y de la increíble supervivencia de la víctima, lo interesante del caso es la notable descripción clínica que Harlow realizó describiendo los cambios de personalidad que el paciente presentaba a consecuencia de la herida. Estos cambios eran tan importantes que, tras el accidente y a los ojos de sus amigos, Gage "ya no era él". De modo diferente a su conducta previa, Gage mostraba una conducta caprichosa, con pobre capacidad para planear acciones y una impulsividad incontrolada. Veinte años después, en 1868, Harlow escribió: "Es un niño en su capacidad intelectual y manifestaciones, pero tiene las pasiones animales de un hombre fuerte".

La corteza frontal es una región cardinal en la convergencia de las tres vías transcorticales que proceden de las vías visuales, auditivas y somestésicas primarias. En resumen, las conexiones del lóbulo frontal están al frente de todas las conexiones sensoriales y del sistema mnémonico-emocional límbico.

Área de asociación temporal

Otra gran área de asociación desarrollada de modo mucho más importante en humanos que en los animales es el lóbulo temporal. Junto con el área prefrontal, ya descrita, contiene muchas funciones específicamente humanas; en él se sitúa una amplia representación de contenidos de memoria y de lenguaje y se produce una relación directísima con el sistema emocional. Así, los estudios de las conexiones del neocórtex del lóbulo temporal, realizados en animales, han demostrado que esta zona del cerebro está conectada ampliamente con el resto de estructuras cerebrales, pero fundamentalmente con el lóbulo temporal más profundo y el sistema límbico o cerebro emocional.

En el hombre conocemos las funciones del lóbulo temporal humano gracias al estudio de los pacientes epilépticos; así, dos tercios de las epilepsias focales —es decir, con un inicio en un punto del cerebro— tienen su origen en el lóbulo temporal. Se ha comprobado que las crisis epilépticas del lóbulo temporal se relacionan con la identidad personal. Tras estimulación eléctrica del lóbulo temporal se induce la aparición de experiencias previas que, en realidad, forman parte del pasado del paciente. Estos fenómenos recrean en la mente del paciente experiencias del pasado personal que tienen similitud con elementos del pasado, e incluso son más vívidos que los fenómenos de la vida real.

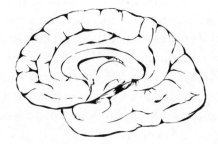

Áreas de Brodman
Vista medial del hemisferio derecho

Dichos fenómenos combinan cuatro elementos: una percepción más o menos compleja, elementos de memoria, sensación de familiaridad y sensaciones afectivas. La formación de una experiencia depende de una red de neuronas excitadas o inhibidas en grandes áreas de la corteza temporal y conectadas con el sistema límbico, el hipocampo y la amigdala. Lo que lleva una información específica no es la actividad de una célula única, sino un patrón específico de conexiones que enlazan neuronas y crean cierto patrón de excitación e inhibición. Estos circuitos componen la memoria.

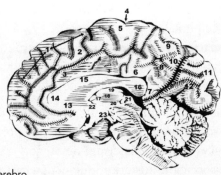

Superficie medial del cerebro
Se han resecado las estructuras vasculares

1. Giro frontal medial
2. Surco cingulado
3. Giro cingulado
4. Surco central
5. Lóbulo paracentral
6. Surco del cuerpo calloso
7. Istmo del giro cingulado
8. Surco subparietal
9. Precúneo
10. Surco parieto-occipital
11. Cúneo
12. Surco calcarino
13. Rostrum del cuerpo calloso
14. Rodilla del cuerpo calloso
15. Cuerpo del cuerpo calloso
16. Rodete del cuerpo calloso
17. Plexo coroideo en agujero interventricular
18. Adhesión Intertalámica
19. Trígono habenular
20. Surco hipotalámico
21. Glándula pineal
22. Comisura anterior
23. Cuerpo mamilar

A medida que descendemos en la escala filogenética, la proporción de las áreas de proyección es mayor y las áreas de asociación menor. En el hombre, más de las tres cuartas partes de la corteza cerebral están ocupadas por las áreas de asociación, las cuales no se hallan bien definidas y se localizan sobre todo en la parte frontal de la corteza; además, están involucradas en funciones del pensamiento y emocionales y relacionan los estímulos recibidos desde los diferentes sentidos. Las áreas del lenguaje son una excepción: tanto el área de Wernicke, asociada con la comprensión del lenguaje hablado, como el área de Broca, que gobierna la producción del habla, han sido localizadas de forma precisa en la corteza.

Fisiólogos y neurólogos han cartografiado zonas de la corteza cerebral para localizar y definir las regiones responsables de los movimientos motores, procesos sensoriales, la memoria y otras funciones cognitivas; así, se tiene la zona motora (movimiento muscular), la sensitiva y la de asociación. La zona motora se encuentra en la sustancia gris, por delante de la cisura de Rolando, en el lóbulo frontal; las zonas sensitivas se hallan por detrás de la cisura de Rolando en el lóbulo parietal, de tal manera que a cada región motora corresponde una sensitiva; el área para el sentido del gusto se localiza en la profundidad de la cisura de Silvio; el área para el sentido del olfato y el gusto se ubica en el lóbulo temporal; y para el sentido de la vista, en el lóbulo occipital.

Las zonas de asociación establecen relaciones entre todas las áreas mencionadas y constituyen los verdaderos órganos del pensamiento. Las principales son:

- El centro de asociación anterior, que comprende el lóbulo frontal.
- El centro de asociación medio, que se extiende por las circunvoluciones situadas en el fondo de la cisura de Silvio.
- El centro de asociación posterior, que ocupa casi todo el lóbulo parietal y parte del lóbulo occipital.

Los centros del lenguaje, por su parte, se encuentran en el hemisferio cerebral izquierdo si la persona es manidextra y viceversa, entendiendo por lenguaje tanto la palabra hablada como la escrita. Así, observamos lo siguiente:

- El centro de la memoria auditiva de las palabras se encuentra en la parte posterior de la primera circunvolución temporal izquierda. Su lesión determina la sordera verbal (parafasia), es decir, los individuos no comprenden el sentido de las palabras, habladas por otro o por ellos, pero pueden hablar, leer y escribir.

- El centro de la memoria visual de las palabras se halla entre la primera y la segunda circunvolución parietal izquierda. Su lesión impide leer las palabras escritas (ceguera verbal o alexia), pero la persona puede escribir o hablar.
- El centro de la escritura se ubica en la segunda circunvolución frontal izquierda y su lesión impide escribir (agrafia), aunque el individuo puede leer o hablar.
- El centro de la articulación de la palabra se localiza en la tercera circunvolución frontal izquierda y su lesión produce la afasia, caracterizada por la abolición de la palabra articulada.
- Los enfermos pueden tener afasia expresiva (dificultad para hablar o escribir), o afasia receptiva (con dificultad para comprender la palabra escrita o hablada) o afasia amnésica, que consiste en la incapacidad para recordar las palabras correctas.

Aspectos funcionales de la corteza

La corteza se subdivide en distintas áreas funcionales que en realidad están interconectadas entre sí, por ejemplo: el área somatomotora, localizada delante de la cisura central, es responsable de todos los movimientos voluntarios de los músculos del cuerpo. A su vez, las células nerviosas que controlan el movimiento de los dedos del pie están en la parte superior de la cisura, mientras que los movimientos faciales se controlan desde la parte inferior del *girus angularis*.

La zona de la corteza relacionada con la audición (el área auditiva) se encuentra en la parte superior del lóbulo temporal; el área relacionada con la vista (la corteza visual) se localiza en la parte posterior o lóbulo occipital, y el área olfativa se halla en la parte anterior, en la parte interna del lóbulo temporal.

Una sola zona controla el lenguaje, el área de Broca, situada debajo del área motora y es la responsable de los movimientos musculares de la región faríngea y de la boca implicados en el habla.

El entendimiento del lenguaje, hablado y escrito, es delegado a regiones situadas entre el área auditiva y el área visual. Detrás de la cisura

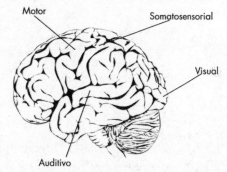

central está el área somatosensorial, que recibe impulsos desde la superficie cutánea, así como de las estructuras que se encuentran debajo de la piel.

Áreas sensitivas

La corteza somatosensorial primaria incluye la circunvolución poscentral y su extensión medial en el lobulillo paracentral (áreas 1, 2 y 3); además, recibe las proyecciones del núcleo ventral posterior del tálamo ordenadas somatotópicamente, es decir, el homúnculo sensitivo tiene la cabeza representada en la región ventral cerca de la cisura lateral, luego el miembro superior, el tronco y el miembro inferior hacia el lobulillo paracentral. La representación tiene diferente tamaño y es más grande para la cara, la lengua y la mano. El área sensitiva secundaria se localiza en el extremo inferior de la circunvolución poscentral y también está somatotópicamente organizada respecto a las modalidades de tacto, sentido de posición, presión y dolor.

La información somatosensorial es procesada luego en áreas de asociación del lobulillo parietal superior (áreas 5 y 7) y el giro supramarginal (área 40). En estos niveles se produce la integración de la información, lo cual permite la percepción de la forma, textura y tamaño y la identificación de un objeto al tocarlo con las manos. Estas áreas tienen abundantes y desarrolladas conexiones recíprocas con el pulvinar del tálamo. Por otro lado, las lesiones del área 40 producen agnosia táctil.

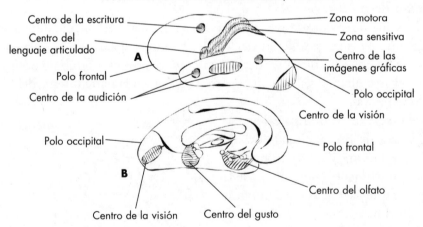

Localizaciones cerebrales A externa, B interna

La corteza visual primaria corresponde, como se mencionó anteriormente, a las circunvoluciones pericalcarinas superior e inferior (área 17), las cuales reciben la radiación óptica del núcleo geniculado lateral del tálamo. La función principal de estas áreas es fusionar la información que proviene de ambos ojos (visión binocular) y analizar la información respecto a la orientación de los estímulos en el campo visual.

En estas áreas existen neuronas detectoras de líneas rectas con cierta orientación en el espacio. La corteza visual secundaria o extraestriada corresponde a las áreas 18 y 19. Además, existen otras áreas de asociación como la circunvolución angular –la corteza del lóbulo temporal (20 y 21)–, que analiza aspectos más complejos de la información. La lesión del área 17 produce ceguera completa de una zona del campo visual, cuya extensión dependerá del tamaño del área lesionada. Por otro lado, sabemos que la lesión de la circunvolución angular del hemisferio dominante produce en el individuo la incapacidad para comprender los símbolos y expresarse a través de ellos. Esta área es fundamental para comprender una imagen visual.

La corteza auditiva primaria se localiza en las circunvoluciones transversas (Heschl) de la corteza temporal (área 41), donde termina la radiación auditiva proveniente del núcleo geniculado medial del tálamo, la cual está tonotópicamente organizada. En esta área, los tonos graves están representados lateralmente en la corteza, mientras que los tonos agudos se hallan representados en la zona medial. La función de esta área es detectar los cambios de frecuencia y de localización de la fuente sonora.

Luego la información se dirige al área auditiva secundaria (área 42), donde sigue procesándose la información auditiva; después pasa a un área asociativa superior (área 22), que es fundamental para interpretar los sonidos asociados a la comprensión del lenguaje hablado. Por lo tanto, una lesión del área 22 hace que el paciente escuche sin dificultad una conversación pero no entiende lo que en ella se dice, lo cual es una afasia auditiva receptiva. La corteza del polo temporal ha sido llamada corteza psíquica porque al estimularla experimentalmente se evocan recuerdos relacionados con experiencias vividas anteriormente, por ejemplo: podemos obtener recuerdos de objetos que hemos visto o de música que hemos escuchado. También podemos obtener alucinaciones visuales y auditivas o ilusiones similares a lo visto, sentido u oído en la experiencia cotidiana.

Pueden surgir también sentimientos de temor, por ejemplo: pacientes con tumores del lóbulo temporal suelen tener alucinaciones auditivas y visuales en las que ven escenas que parecen reales de personas no presentes o que escuchan sonidos no existentes. Asimismo, el paciente suele tener conciencia de sus alucinaciones y, por lo tanto, puede expresar sentimientos de temor.

Áreas motoras

La corteza motora primaria se localiza en la circunvolución precentral, mientras que la estimulación eléctrica directa de ella produce movimientos de los músculos esqueléticos. Este procedimiento ha permitido saber que existe una representación de los músculos del cuerpo humano en la circunvolución precentral organizada somatotópicamente. En ésta, la cabeza se halla representada en la zona inferior, luego está el miembro superior, después el tronco y, por último, el miembro inferior en el lobulillo paracentral.

El área de la corteza dedicada a cada región mencionada es proporcional a la delicadeza del control fino del movimiento realizado por cada parte del cuerpo. A su vez, la lesión de la corteza motora primaria produce marcada paresia contralateral, flacidez, reflejos tendinosos exagerados y signo de Babinski positivo. La corteza motora primaria participa en la iniciación del movimiento voluntario, siendo muy destacados la acción y el control que ejerce sobre los músculos distales de las extremidades contralaterales. Simultáneamente, la corteza motora suplementaria tiene una importante función en la programación de patrones de secuencias de movimientos que comprometen a todo el organismo.

La corteza prefrontal o del polo frontal (9, 10, 11 y 12) está muy desarrollada en el hombre y tiene extensas conexiones recíprocas con el núcleo dorsomediano del tálamo y con otras áreas corticales del sistema límbico e hipotálamo. La lesión bilateral de esta corteza produce cambios permanentes en la personalidad del individuo, quien se vuelve menos excitable y menos creativo y desaparecen las inhibiciones. Un individuo que era ordenado, limpio y cuidadoso se transforma en desordenado, sucio y descuidado.

Durante un tiempo se practicó la lobotomía (desconexión bilateral del polo frontal en un paciente con dolor insoportable). Lo que pasaba realmente era que la angustia asociada a la percepción del dolor se liberaba, por lo cual la parte afectiva asociada al dolor desaparece y el dolor sigue, pero el paciente le otorga poca importancia o lo ignora, debido a que los sentimientos asociados con la intensidad del dolor se pierden.

La corteza cerebral presenta una capa superficial denominada sustancia gris, de unos 2 o 3 mm de espesor, formada por capas de células amielínicas (sin vaina de mielina que las recubra) que envuelven una sustancia interior de fibras mielínicas (con vaina blanca) denominada sustancia blanca. Las fibras mielínicas unen la corteza cerebral con otras partes del cerebro: la parte anterior del cerebro con la posterior, las diferentes zonas de la misma cara de la corteza cerebral y un lado del cerebro con el otro.

La corteza del cerebro presenta hendiduras de profundidad variable, como las siguientes:

- Cisuras: las más profundas.
- Surcos: los más superficiales.
- Circunvoluciones: las prominencias situadas entre los surcos.

Cisuras

Las cisuras pueden ser diversas, a saber:

a. Interhemisférica: longitudinal y media, que se extiende de la parte anterior a la posterior y divide al cerebro en dos hemisferios, unidos por el cuerpo calloso.
b. Transversal: se encuentra situada entre el cerebro y el cerebelo.
c. De Silvio: nace en la cara inferior del cerebro, de donde se dirige hacia arriba y hacia atrás, recorriendo de 8 a 9 cm.
d. De Rolando: nace en el tercio anterior de la cisura de Silvio y se dirige hacia arriba, hasta el borde superior del hemisferio.
e. Perpendicular externa u occipitoparietal: nace en la parte posterior del borde superior del hemisferio y se dirige hacia abajo y adelante para terminar en el borde externo del hemisferio.

Cuerpo estriado

Dicho cuerpo tiene esa denominación por no poseer coloración ni textura homogénea. Ocupa la parte externa de los núcleos grises centrales y está formado por los núcleos caudado, lenticular y amigdalino y en relación con el antemuro y el núcleo subtalámico. Existe simetría entre el sistema sensorial y el sistema motor debido a la existencia de los ganglios basales, donde hay tres núcleos que forman el cuerpo estriado: núcleo caudado, putamen y globo pálido.

Las funciones del cuerpo estriado son las siguientes:

- Relación con los impulsos olfatorios e hipotalámicos.
- Recibir impulsos del tálamo.
- Conducta instintiva.
- Movimientos rítmicos de propósito definido.
- Inhibe la actividad bioeléctrica de la corteza cerebral, la motilidad y el tono.
- Regulación del carácter y de la conducta sexual.

- Al estímulo presenta respuestas vegetativas.
- Está en relación con el sistema de proyección difuso tálamo-estrio-cortical.

Prosencéfalo

Diencéfalo: tálamo e hipotálamo

En el extremo rostral del tallo cerebral se localiza el diencéfalo, que es un complejo nuclear compuesto de varias subdivisiones y que se extiende rostralmente desde la región de la comisura posterior hasta la región del agujero interventricular. Lateralmente está limitado por el brazo posterior de la cápsula interna, la cola del núcleo caudado y la estría terminal. El tercer ventrículo separa al diencéfalo en dos mitades simétricas, excepto en la masa intermedia, donde las caras internas de los tálamos se hallan en continuidad.

El diencéfalo se forma de cuatro partes a cada lado, que son epitálamo, subtálamo, tálamo e hipotálamo.

1. El epitálamo está localizado en dirección dorsomedial al tálamo, en la pared dorsal de la porción posterior del tercer ventrículo, y comprende el órgano endocrino (la glándula pineal) y estructuras relacionadas con respuestas reflejas, afectivas y olfatorias (complejo habenular y comisura posterior).

2. El subtálamo se ubica en sentido ventral al tálamo y posterolateral al hipotálamo; además, está constituido por núcleos motores (núcleos subtalámicos), fibras de tractos sensoriales que terminan en el tálamo y haces de fibras que se originan en el cerebelo y cuerpo estriado y van al tálamo. La formación reticular, el núcleo rojo y la sustancia negra del mesencéfalo se prolongan dentro del subtálamo.

3. El tálamo es una voluminosa masa de sustancia gris que se subdivide en varios núcleos y consiste en dos masas ovales (una a cada lado de la línea media) encerradas en la parte más profunda de cada hemisferio cerebral. Estas masas son agrupaciones de varios núcleos celulares en los que se distribuyen diferentes funciones. Todas las modalidades sensoriales —excepto el olfato, el cual envía señales directamente a las áreas corticales sin pasar por el tálamo—, incluida la visión, la audición, el gusto y el tacto, además del dolor, la temperatura y la presión, pasan por aquí. En el tálamo las señales sensoriales se integran y pasan a la corteza cerebral para un análisis

ulterior y también se integran las señales corticales, sensitivas y motoras, que constituyen la conducta.

Los núcleos talámicos pueden clasificarse en tres grupos, de acuerdo con sus conexiones:

a. Núcleos de relevo específico: comprenden el grupo nuclear anterior, el grupo nuclear ventral y el metatalámico. cada núcleo recibe aferentes de una sola modalidad sensorial o de una función motora particular y proyecta a un área localizada de la corteza cerebral. Cada núcleo recibe a su vez conexiones recurrentes de la región de la corteza cerebral a la cual proyecta.

b. Núcleos de asociación: estos núcleos (grupos nuclear lateral, nuclear medial y pulvinar) reciben aferentes de varias áreas corticales y subcorticales y proyectan a la corteza de asociación parietal-temporal y occipital, a la corteza de asociación prefrontal y a la corteza de asociación límbica.

c. Núcleos no específicos: en este grupo se incluyen los núcleos de la línea media, los intralaminares y el núcleo reticular. Los patrones de conexión de estos núcleos son difusos y están dirigidos especialmente a otros núcleos talámicos y a diferentes áreas de la corteza cerebral.

4. El hipotálamo parte del cerebro, que cumple una función importante en la regulación de la homeostasis (funciones vitales que mantienen constante el medio corporal interno), el comportamiento sexual y las emociones.

Aunque el hipotálamo constituye menos de 1% del volumen total del cerebro humano, ejerce efectos importantes sobre el sistema endocrino (centros productores de hormonas), sobre el sistema nervioso autónomo (que controla las acciones involuntarias) y sobre un sistema neuronal mal definido que se denomina sistema límbico (relacionado con la motivación y los instintos). Está ubicado a los lados de la prolongación inferior del tercer ventrículo, por abajo de los tálamos y en la parte superior de la silla turca del esfenoides, donde se encuentra la hipófisis, en la parte superior y dorsal del quiasma óptico y superior y ventral al mesencéfalo.

El hipotálamo, a pesar de su pequeño tamaño (como el de un frijol), regula y controla funciones tan importantes como las de la frecuencia cardiaca y el paso de comida a través del estómago e intestino, además de recibir información de esas áreas. El hipotálamo es también el encargado de regular uno de los más importantes órganos endocrinos: la hipófisis.

El hipotálamo elabora sustancias que estimulan o inhiben las células de la hipófisis, para que éstas liberen hormonas, las cuales actúan, al verterse en la sangre, en las glándulas endocrinas de la periferia. El hipotálamo es el órgano que responde primero a cambios corporales para iniciar respuestas hormonales. Reacciones emocionales como el miedo, la ira, el placer o la excitación estimulan las estructuras hipotalámicas (el hipotálamo está formado, a su vez, por una docena de "núcleos" diferentes, esto es, acúmulos de cuerpos celulares) para producir los cambios fisiológicos ligados a estas emociones, por medio del SNA y de la secreción hormonal. El hipotálamo contiene también los centros del hambre y de la sed. Si en animales de experimentación se lesiona el primero de ellos, éstos pueden morir (por falta de hambre) aunque tengan la comida al alcance. La lesión del centro de la saciedad producirá animales extremadamente obesos.

En esta región del cerebro se localiza también un grupo de fibras nerviosas que participa en funciones relacionadas con el placer y la recompensa: el haz del cerebro medio anterior. Las drogas que inducen dependencia y adicción probablemente actúan, al menos en parte, en esta región hipotalámica. En seres humanos con tumores o focos epilépticos, en los que se han insertado electrodos para destruir eléctricamente la lesión, se han observado reacciones parecidas.

Encontrar un tratamiento para la depresión endógena mediante sustancias que actúen en este nivel se vuelve una posibilidad terapéutica,

Vista lateral del tallo cerebral y el mesencéfalo, donde se localiza el tálamo y abajo el hipotálamo, el cual se relaciona estrechamente con la hipófisis, que regula la secreción de las hormonas de sus dos porciones o lóbulos: la adenohipófisis (o hipófisis anterior) y la neurohipófisis (o hipófisis posterior).

así como la de entender el potencial adictivo de ciertas drogas. El hipotálamo recibe un rico suplemento de sangre, de manera que cuando un fármaco llega a la sangre, esta región puede recibir rápidamente una alta concentración de aquél.

En muchas ocasiones, los primeros efectos de una droga se aprecian en el SNA, como respuesta hipotalámica a la droga. Los efectos posteriores aparecen cuando las concentraciones del fármaco alcanzan niveles suficientes en otras áreas del cerebro.

La hipófisis (o pituitaria) y la pineal (o epífisis) son un par de glándulas localizadas en la línea media (o sea, sólo hay una de cada una), que funcionan estrechamente con el hipotálamo. La hipófisis responde a señales provenientes del hipotálamo para producir una serie de hormonas que regulan la actividad de otras glándulas: la hormona estimulante de la tiroides, la hormona adrenocorticotrópica (que estimula la secreción de adrenalina en casos de estrés), la prolactina (relacionada con la producción y secreción de leche), hormonas sexuales como la hormona estimulante del folículo y la luteinizante (que regulan el desarrollo del huevo y de esperma, así como la ovulación).

La hipófisis también produce hormonas con efectos más generalizados: la hormona del crecimiento, la hormona estimulante de los melanocitos (las células que producen el pigmento de la piel, los ojos y el cabello) y la dopamina (neurotransmisor del que hablaremos en detalle más adelante).

La glándula pineal es el sitio donde se produce la melatonina, otra hormona que se relaciona con funciones hipotalámicas y cíclicas; en efecto, esta glándula, considerada por Descartes el asiento del alma por su localización central y por su forma esférica, muestra niveles elevados de melatonina en la noche y niveles bajos durante el día. Este ritmo circadiano (es decir, cercano a un día), se relaciona a nivel hormonal con el ciclo luz-oscuridad.

El hipotálamo puede ser dividido en cuatro grandes regiones:

a. Región anterior: a la que pertenecen los núcleos preópticos medial y lateral, el área hipotalámica anterior, los núcleos supraópticos y el núcleo paraventricular.

b. Región media: a la que pertenecen la región hipotalámica dorsal, el núcleo dorsomedial, el núcleo ventromedial y el núcleo tuber.

c. Región posterior: a la que pertenecen el área hipotalámica posterior y los núcleos mamilares medial, lateral e intercalado.

d. Región hipotalámica lateral: formada por gran cantidad de pequeños núcleos relacionados funcionalmente.

El hipotálamo humano pesa unos 4 g, forma parte del diencéfalo, está situado en torno al tercer ventrículo y en su base, por debajo del tálamo y por encima de la hipófisis, a la cual se halla unido por el tallo hipofisario, y está dividido en varios núcleos diferentes (agregados de cuerpos neuronales); además, existen nervios que lo conectan con todas las regiones del cerebro. También recibe nervios que proceden de las zonas erógenas (los genitales y los pezones), de las vísceras (órganos internos) y del sistema límbico. Asimismo, el hipotálamo es capaz de detectar cambios en la osmolaridad de la sangre y se ve afectado por las concentraciones de las distintas hormonas presentes en el torrente sanguíneo. De este modo, el hipotálamo puede integrar señales físicas y emocionales procedentes de todo el cuerpo y poner en marcha las respuestas corporales adecuadas.

El hipotálamo tiene conexiones vasculares con el lóbulo anterior de la hipófisis. Estos capilares sanguíneos se conocen como sistema portal hipotálamo-hipofisario y conectan los lechos capilares del hipotálamo con los lechos del lóbulo anterior de la hipófisis. También hay nervios que conectan el hipotálamo con el lóbulo posterior de la hipófisis. Las hormonas que segrega el hipotálamo descienden por estas neuronas (células de los nervios) hasta el lóbulo posterior de la hipófisis, antes de ser liberadas al torrente sanguíneo. Los nervios que salen del hipotálamo también están conectados con nervios del interior de la médula espinal, que controlan las regiones del cuerpo responsables del apetito, la sed, la regulación de la temperatura y el funcionamiento cardiovascular (los latidos del corazón y el grado de constricción de los vasos sanguíneos). Asimismo, hay conexiones externas con la corteza cerebral y con el sistema límbico, de manera que el hipotálamo puede actuar sobre las regiones del cerebro responsables de los cambios emocionales y del humor.

Las funciones más importantes en las que está implicado el hipotálamo se relacionan con el control del sistema nervioso autónomo y el control de la secreción de hormonas hipofisiarias; constituye también una parte central de los circuitos límbicos implicados en la regulación de emociones y de los sistemas de regulación de la excitabilidad de la corteza (formación reticular activadora ascendente). El hipotálamo produce efectos sobre el sistema cardiovascular y el resto del sistema nervioso autónomo y su acción es vital para mantener la coordinación entre el cuerpo y la mente, por ejemplo: es responsable de los cambios que deben producirse en el organismo antes de realizar ejercicio físico o en una situación de peligro. El hipotálamo puede ser considerado el termostato que mantiene constante y regula la temperatura corporal.

Dicha región del encéfalo es capaz de poner en marcha los mecanismos que controlan la temperatura del cuerpo y puede iniciar los escalofríos, la contracción o dilatación de los capilares sanguíneos periféricos y comportamientos como quitarse o ponerse ropa, encender la calefacción central o moverse hacia la sombra; además, es responsable del control de las hormonas liberadas por los lóbulos anterior y posterior de la hipófisis.

Las hormonas segregadas por el hipotálamo que afectan al lóbulo anterior de la hipófisis son:

a. Hormona liberadora de corticotropina, que estimula la liberación de hormona adrenocorticotropina.

b. Hormona liberadora de tirotropina, que estimula la liberación de hormona estimulante del tiroides.

c. Hormona liberadora de la hormona del crecimiento y somatostatina, que estimula e inhibe la liberación de hormona del crecimiento, respectivamente.

d. Hormona liberadora de gonadotropina, que controla la liberación de hormona estimulante del folículo y de hormona luteinizante.

e. Factor inhibidor de la liberación de prolactina y factor liberador de prolactina, que controlan la liberación de esta hormona.

Cuando se recibe un estímulo nervioso, estos gránulos descargan su contenido en la hipófisis posterior y las hormonas alcanzan el torrente sanguíneo. Además de sus efectos como hormonas, la vasopresina y la oxitocina también pueden actuar como neurotransmisores. Se ha demostrado la existencia de conexiones entre el hipotálamo y el sistema límbico y la médula espinal; en ellas, estas hormonas son responsables de la transmisión de impulsos nerviosos. La disfunción en el hipotálamo puede resultar como consecuencia de una operación quirúrgica, de traumas como un accidente de tráfico o un golpe, de la degeneración debida al envejecimiento o a alguna enfermedad, o de un tumor.

Las consecuencias pueden ser muy variadas y dependen de la región del hipotálamo afectada. Una lesión del hipotálamo o del tracto hipofisario-hipotalámico puede producir diabetes insípida. Otros síntomas pueden incluir anomalías sexuales (como una pubertad prematura), desequilibrios psíquicos, obesidad, anorexia, alteraciones en la regulación de la temperatura, desórdenes del sueño y alteración de los ritmos circadianos normales.

Mesencéfalo

El término tronco o tallo cerebral se refiere, en general, a todas las estructuras que hay entre el cerebro y la médula espinal, esto es, el mesencéfalo o cerebro medio, el puente de Varolio o protuberancia y el bulbo raquídeo o médula oblongada. El mesencéfalo o cerebro medio es la porción menos diferenciada del tallo cerebral y se ubica entre el puente y el diencéfalo. En su cara ventral se observan dos prominencias que forman una V: son los pedúnculos cerebrales, constituidos por fibras del sistema motor piramidal y fibras córticopotinas. Entre los dos pedúnculos se encuentra la fosa interpeduncular.

Además de contener parte de los centros vitales que enumeramos anteriormente (pues éstos se distribuyen a lo largo del cerebro posterior y medio), el mesencéfalo contiene la formación reticular, estructura responsable de los estados de vigilia y sueño. Este sistema participa en fenómenos relacionados con la atención, o sea, cuando se selecciona información o, inversamente, cuando se inhiben señales consideradas irrelevantes. Esto quiere decir que aquellas sustancias que deprimen la formación reticular (por ejemplo, anestésicos generales e hipnóticos) producirán sueño o inconsciencia, mientras que las que la estimulen (como café y anfetaminas) producirán estados de despertar o de agitación.

Las intoxicaciones con drogas depresoras de la formación reticular (por ejemplo, barbitúricos) pueden producir estados de coma, en ocasiones fatales. La superficie dorsal del mesencéfalo tiene cuatro salientes redondas: un par de folículos inferiores que forman un relevo en la vía auditiva y un par de folículos superiores que son un centro reflejo para movimientos de los ojos y la cabeza en respuesta a estímulos visuales.

Un corte transversal a nivel del folículo superior permite identificar las estructuras siguientes:

- Núcleos del nervio oculomotor situados en la sustancia gris periacueductal.
- Fascículo longitudinal medial que rodea a los núcleos oculomotores.
- Núcleo rojo y sustancia negra.
- Acueducto cerebral, lemnisco medio, pedúnculos cerebrales, formación reticular mesencefálica y decusación de las fibras rubroespinales.

Un corte a nivel del folículo inferior permite distinguir las estructuras siguientes: lemnisco lateral, brazo del folículo inferior, acueducto cerebral, sustancia gris periacueductal, lemnisco medio, tracto tegmental central y núcleo del nervio troclear.

Romboencéfalo

Metencéfalo: protuberancia anular o puente de Varolio

Este órgano, junto con el bulbo y el mesencéfalo, forma el tallo cerebral. El puente de Varolio recibe este nombre porque está constituido por numerosos tractos, fibras longitudinales y transversales y por grupos de células nerviosas que lo hacen un puente de conexión o enlace entre las estructuras con que limita.

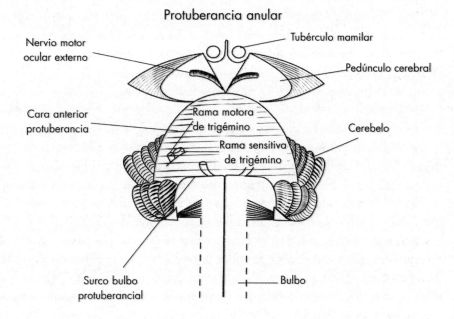

En una sección transversal, el puente se observa dividido por fibras –las ascendentes del lemnisco medial, lateral, espinal y trigeminal– en una parte
ventral y otra dorsal. Veamos:

a. La parte ventral del puente contiene fibras longitudinales entremez-
    cladas con pequeñas masas de materia gris: los núcleos pontinos.
        Los axones de estas células pasan transversalmente a través de la lí-
    nea media para llegar a los pedúnculos cerebelosos medios, los cua-
    les establecen conexiones cerebro-pontinas-cerebelosas.
c. La parte dorsal del puente contiene los núcleos de los pares cranea-
    les abducentes (VI), facial (VII) y coclear (VIII), además del cuerpo
    trapezoide.

El tronco encefálico está constituido por el mesencéfalo, la protuberancia
y el bulbo raquídeo, centros nerviosos que poseen una estructura similar:
sustancia blanca en la parte externa, con islotes de sustancia gris esparcidos
por toda su superficie. La sustancia blanca está compuesta por fibras nerviosas que van y vienen del cerebro. El núcleo rojo del mesencéfalo es una
de las masas de sustancia gris más prominentes. Además de estas zonas
–más bien discretas– de sustancia gris y blanca, el tallo cerebral contiene
una mezcla de ambas que recibe el nombre de formación reticular.

Dicho tronco contiene numerosos centros reflejos, los más importantes de los cuales son los vitales, que son esenciales para la vida, pues controlan la actividad respiratoria, cardiaca y vasomotora. Además de estos centros vitales, el tallo cerebral contiene otros centros que controlan la tos, el estornudo, el hipo, el vómito, la succión y la deglución.

La formación reticular ejerce dos efectos contrarios sobre la actividad motora: por un lado facilita o estimula tal actividad y por el otro la deprime. Estudios llevados a cabo en el laboratorio muestran que la formación reticular del tallo cerebral y estructuras adyacentes cerebrales (hipotálamo) son necesarias para el inicio y mantenimiento del estado de vigilia y conciencia.

El tronco encefálico contiene núcleos correspondientes a nervios craneales, y al considerar la función del tallo no debe olvidarse la función de estos nervios. Finalmente, ésta es una estructura por la que pasan las fibras ascendentes que proceden de la médula espinal y las descendentes que se dirigen a ésta. Muchas de estas fibras establecen conexiones en distintos niveles con las neuronas de la formación reticular y, en algunos casos, con las neuronas de otros núcleos del tallo, facilitando el funcionamiento de los reflejos.

Mielencéfalo: bulbo raquídeo o médula oblongada

Bulbo raquídeo

Este bulbo es la continuación superior de la médula espinal, limita hacia arriba con el puente y hacia abajo con la médula espinal y tiene una compleja estructura interna en la parte superior de la decusación piramidal, que es inversa a la de la médula espinal en cuanto a la ubicación de las fibras que lo conforman.

El bulbo raquídeo es el órgano donde las zonas cortical (sustancia gris) y medular (sustancia blanca) cambian de ubicación, de tal forma que a nivel de médula espinal la sustancia gris se encuentra en la parte central, mientras que la sustancia blanca se halla en la periferia. Esta zona de intercambio se conoce

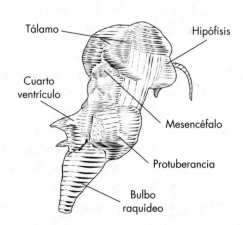

Tálamo

Hipófisis

Cuarto ventrículo

Mesencéfalo

Protuberancia

Bulbo raquídeo

como decusación piramidal; además, es importante porque fibras del hemisferio derecho pasan por ahí al lado izquierdo y viceversa.

Llamamos bulbo raquídeo o médula oblongada a la parte del neuroeje, intercalada entre el encéfalo y la médula, de la cual es su continuación. En este órgano se encuentran distintos elementos que corresponden al cerebro, al cerebelo, a la médula espinal y a una cantidad abultada de nervios bulbares. Aunque el bulbo, en el conjunto de los centros nerviosos, es relativamente pequeño, sus funciones hacen de él un elemento indispensable para la vida. Su supresión causa la muerte inmediata. Su configuración morfológica lo presenta como un pequeño integrante del aparato nervioso, que pesa entre 6 y 7 g y que mide alrededor de 3 cm de largo, formando parte específica de la médula espinal, de la que es su porción superior. Su forma es la del cono truncado invertido y su ubicación topográfica está en el área inmediata inferior al agujero occipital, entre ambos sectores de la cavidad craneal y el canal raquídeo.

Entre las estructuras más importantes que pueden observarse en un corte transversal alto está el núcleo olivar, parte de la formación reticular y que contiene núcleos que controlan los centros respiratorios, el centro regulatorio de los movimientos peristálticos del tubo digestivo y el vasoconstructor que regula el diámetro de los vasos sanguíneos. Del bulbo emergen los siete últimos pares de los nervios craneales y contiene los núcleos de los pares craneales XII, XI y YX.

El bulbo tiene funciones de conducción sensoriales y motoras entre el encéfalo y la médula espinal. El movimiento cardiaco es modificado por el bulbo raquídeo en función de las necesidades energéticas de los tejidos.

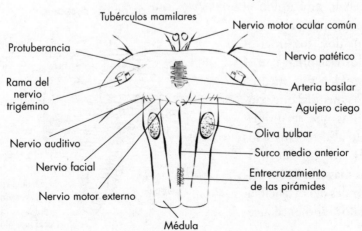

Vista exterior del bulbo raquídeo

Tubérculos mamilares
Nervio motor ocular común
Protuberancia
Nervio patético
Rama del nervio trigémino
Arteria basilar
Agujero ciego
Nervio auditivo
Oliva bulbar
Surco medio anterior
Nervio facial
Entrecruzamiento de las pirámides
Nervio motor externo
Médula

Cerebelo

El cerebelo se encuentra situado en la parte posterior del cráneo, detrás del tallo cerebral y debajo de los hemisferios cerebrales. Su nombre es diminutivo latino de la palabra cerebro y, por tanto, significa cerebro menor, aunque es claro que se trata de un término incorrecto. La región medial del cerebelo es conocida como vermis y el resto lo conforman los hemisferios.

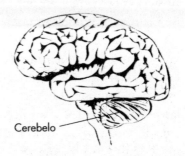

Cerebelo

Dicho centro nervioso es la segunda estructura, en tamaño, después de la corteza cerebral y está formado por dos hemisferios y una parte central: el vermis cerebeloso. Cada hemisferio se conecta con la médula espinal del mismo lado y con el hemisferio cerebral del lado opuesto del organismo.

La función del cerebelo consiste en seleccionar y procesar las señales necesarias para mantener el equilibrio y la postura (mediante mecanismos vestibulares) y llevar a cabo movimientos coordinados.

El cerebelo recibe continuamente las señales de los músculos y las articulaciones, así como de la corteza cerebral para realizar movimientos controlados. Esta estructura es capaz de almacenar secuencias de instrucciones frecuentemente utilizadas y de movimientos finos que se repiten y contribuyen a la automatización del movimiento. El cerebelo recibe y envía señales de la formación reticular, para integrar señales sensoriales y motoras inconscientes; además, frecuentemente se ve afectado por fármacos que alteran su función. En esos casos, se pueden observar trastornos del equilibrio y la coordinación.

El cerebelo está unido al tallo cerebral por tres pares de pedúnculos: los inferiores, que lo relacionan con el bulbo raquídeo y la médula espinal; los medios, que contienen fibras que se dirigen del puente al cerebelo, y los superiores, que conducen fibras en su mayoría de los núcleos centrales del cerebelo al mesencéfalo y al diencéfalo.

Ubicación del cerebelo

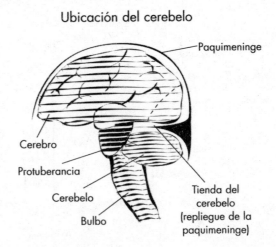

Paquimeninge

Cerebro

Protuberancia

Cerebelo

Bulbo

Tienda del cerebelo (repliegue de la paquimeninge)

Los pedúnculos cerebelosos están constituidos por fibras tanto aferentes como eferentes. Al igual que el cerebro, el cerebelo está integrado por una delgada capa de materia gris y corteza que forma repliegues finos (folias), separados por surcos de diferente profundidad.

Si cortamos el cerebelo por la mitad, los pliegues forman una figura que asemeja un árbol, por lo que antes era llamado "árbol de la vida".

Filogenéticamente, el cerebelo puede "dividirse" en tres lóbulos:

a. El arquicerebelo, que es el más antiguo, está relacionado con el sistema vestibular y desempeña un papel importante en el mantenimiento del tono muscular, el equilibrio y la postura. Las lesiones del arquicerebelo se manifiestan por alteraciones del equilibrio, marcha oscilante, ataxia del tronco que es muy evidente en la postura erecta y ocasionalmente nistagmus.

b. El paleocerebelo, que abarca la mayor parte del vermis y de la cara superior de los hemisferios cerebelosos por delante de la cisura primaria; está asociado con la entrada de estímulos propioceptivos y exteroceptivos de la cabeza y el cuerpo y con cierta información procedente del sistema vestibular; además, tiene un papel importante en la regulación del tono muscular. Las lesiones del paleocerebelo se caracterizan por aumento de las reacciones de apoyo y de los reflejos posturales y ocasionalmente se presenta rigidez de descerebración y trastornos de la coordinación motora.

c. El neocerebelo, que incluye la porción mayor de los hemisferios cerebelares y parte del vermis; es una estructura propia de los mamíferos y está asociado con la neocorteza y con los núcleos pontinos y principal de la oliva del bulbo raquídeo; además, es esencial en la coordinación muscular de los movimientos básicos. Las alteraciones del neocerebelo originan manifestaciones ipsilaterales a la lesión, que afectan en mayor grado los movimientos distales: hay asinergia, dismetría, ataxia y hipotonía adiadococinesia, los reflejos tendinoso están disminuidos y frecuentemente se observa temblor.

En cada hemisferio cerebeloso se encuentran cuatro núcleos: cerca de la línea media está el núcleo fastigiado; por fuera de éste el núcleo globoso; después el núcleo emboliforme y lateral a éste, el núcleo dentado. Filogenética y embriológicamente, el núcleo fastigiado es el más primitivo y el dentado el de desarrollo más reciente.

Los axones que se originan en esos núcleos abandonan el cerebelo para terminar en el tallo cerebral, el diencéfalo y el mesencéfalo. El cerebelo recibe impulsos conducidos por fibras que se originan en la médula espinal (fascículos espinocerebelosos dorsal y ventral) y en el tallo cerebral (fibras olivocerebelosas, vestibulocerebelosas, pontocerebelosas, reticulcerebelosas y tectocerebelosas). Las fibras aferentes terminan en la corteza, con excepción de algunas que llegan al núcleo fastigiado; a su vez, las fibras que llegan a la corteza se clasifican en dos grupos de acuerdo con su disposición anatómica: las fibras musgosas y las fibras trepadoras.

La corteza cerebelosa presenta el mismo modelo estructural y los mismos tipos de conexiones sinápticas en todas sus regiones. Histológicamente se definen en ella tres capas: una externa o molecular, una intermedia, ganglionar o de células de Purkinje y una interna o granular. Hay cinco tipos de neuronas en la corteza cerebelosa células de Purkinje, de Golgi, estrelladas externas, en cesta y granulosas.

Los pedúnculos cerebelosos son seis gruesos cordones, tres de cada lado, que unen a las distintas estructuras que forman el tronco del encéfalo con el cerebelo. Dichos pedúnculos están constituidos por las fibras que conectan al cerebelo con las partes restantes del SNC (sistema nervioso central). Los pedúnculos cerebelosos se denominan, en dirección de arriba hacia abajo: superior, medio e inferior.

a. Pedúnculo cerebeloso superior: en número de dos, derecho e izquierdo, se dirigen desde la escotadura anterior del cerebelo (parte más anterior del mismo) hasta el mesencéfalo, por debajo de los tubérculos cuadrigéminos inferiores. Por dentro de ambos pedúnculos, en el nivel mesencefálico se encuentra la válvula de Vieussens (por donde emergía el origen aparente del IV par, el patético) y dichos pedúnculos forman el límite externo del triángulo superior del IV ventrículo, que comprende dos estructuras:

   • Aferencias: haz espinocerebeloso ventral o cruzado (haz de Gowers): trae la sensibilidad profunda inconsciente de los miembros desde la médula espinal.
   • Eferencias: fascículo dentorrubrotalámico: trae información del núcleo dentado del cerebelo y la retrasmite hacia el tálamo para luego llegar a la corteza cerebral, principalmente frontal. Este fascículo forma parte del circuito neocerebeloso.

b. Pedúnculo cerebeloso medio: une al cerebelo con la protuberancia y tiene dos relaciones macroscópicas importantes: primero con el nervio trigémino, V par craneal, que marca el límite con la protuberancia, y segundo, junto al cerebelo forma el ángulo pontocerebeloso.

c. Pedúnculo cerebeloso inferior: también llamado cuerpo restiforme. Macroscópicamente continúa en el bulbo raquídeo con los cordones posteriores, une al cerebelo con el bulbo raquídeo, forma el límite externo del triángulo inferior del IV ventrículo y comprende las estructuras siguientes:

- Aferencias: fibras olivocerebelosas: salen de la oliva bulbar (conocidas como fibras trepadoras); fibras vestibulocerebelosas, relacionadas con el equilibrio y que nacen de los núcleos vestibulares ubicados en bulbo, y haz espinocerebeloso ventral, directo (haz de Fleschig), que transmite la informacion de la postura de los miembros inferiores. Otros haces son el cuneocerebeloso y las fibras reticulocerebelosas.

- Eferencias: fascículo cerebelooolivar (que regula el tono), y fascículo cerebelovestibular (que participa en el equilibrio).

Médula espinal

Esta médula es la parte del sistema nervioso contenida dentro del canal vertebral o neural; en el ser humano adulto, se extiende desde la base del cráneo hasta la segunda vértebra lumbar. Por debajo de esta zona empieza a reducirse hasta formar una especie de cordón llamado *filum terminale*, delgado y fibroso y que contiene poca materia nerviosa. Por encima del *foramen magnum*, en la base del cráneo está situado el bulbo raquídeo. Igual que el cerebro, la médula se halla encerrada en una funda triple de membranas, las meninges, y dividida de forma parcial en dos mitades laterales por un surco medio hacia la parte dorsal y por una hendidura ventral hacia la parte anterior De cada lado de la médula surgen 31 pares de nervios espinales, cada uno de los cuales tiene una raíz anterior y otra posterior. Los últimos pares de nervios espinales forman la llamada cola de caballo al descender por el último tramo de la columna vertebral. La médula espinal transmite los impulsos ascendentes hacia el cerebro y los impulsos descendentes desde el cerebro hacia el resto del cuerpo.

La médula espinal transmite la información que le llega desde los nervios periféricos procedentes de distintas regiones corporales, hasta los centros superiores. El cerebro actúa sobre la médula y envía impulsos, mientras que la médula espinal también transmite impulsos a los músculos, los vasos sanguíneos y las glándulas a través de los nervios que salen de ella, ya

sea en respuesta a un estímulo recibido o en respuesta a señales procedentes de centros superiores del sistema nervioso central.

El aspecto general de la sustancia gris es el de una H o mariposa y consta de las regiones siguientes: dos astas dorsales, dos astas laterales, dos astas
ventrales y la comisura, que une ambos lados de la sustancia gris. En la parte central de la comisura se encuentra el conducto ependimario, por donde circula el líquido cefalorraquídeo. Las astas dorsales contienen cuerpos
celulares a partir de los cuales las fibras aferentes pasan a niveles más altos
de la médula espinal dentro del cerebro, después de haber hecho sinapsis
con fibras sensitivas de los nervios espinales. Las astas ventrales están cons-
tituidas por motoneuronas que inervan la musculatura del cuello hacia
abajo.

En las astas laterales se encuentran los
cuerpos neuronales, cuyos axones dan origen a las fibras preganglionares autónomas;
a su vez, la sustancia gris también contiene
un gran número de neuronas que conectan
las raíces dorsales a las ventrales, de los nervios espinales de un lado de la médula a
otro y de un nivel de la médula a otro.

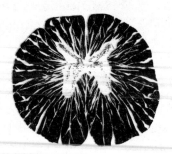

La médula espinal es una estructura que
consta de 31 segmentos, cada uno de los cuales está en relación con un par
de nervios espinales, cuya distribución es: ocho cervicales, 12 torácicos,
cinco lumbares, cinco sacros y un coccígeo.

La médula espinal es una estructura cilíndrica y aplanada en sentido
anteroposterior, alojada dentro del conducto raquídeo. En sentido topo-
gráfico, dicha médula se limita hacia arriba a nivel de la primera vértebra
cervical y se extiende hacia abajo más o menos a la altura de la segunda vértebra lumbar, donde toma el nombre de cono terminal por la forma cóni-
ca de su extremo inferior. Es el nervio más largo en el cuerpo. Los nervios,
compuestos de fibras nerviosas, son estructuras similares a un cordón, en
tanto que las fibras nerviosas son las responsables de los sistemas de comunicación del cuerpo que incluyen funciones sensoriales, motoras y autonómicas.

Las fibras nerviosas dentro de la médula espinal transportan mensajes
entre el cerebro y el resto del cuerpo. Debido a que la médula espinal es
una parte muy importante del sistema nervioso, se encuentra rodeada de
segmentos de hueso con fines de protección, llamada columna vertebral,
conocida también como columna espinal y compuesta de siete vértebras

cervicales, 12 vértebras dorsales, cinco vértebras lumbares y cinco vértebras sacras. En realidad, las vértebras sacras están fusionadas en un solo hueso. El número de nervios espinales cervicales (ocho) varía en número de las vértebras cervicales (siete) y el número de segmentos vertebrales y nervios espinales es igual en las regiones dorsal, lumbar y sacra.

A medida que el cuerpo va creciendo, la columna vertebral crece más en longitud que la médula espinal, que normalmente termina entre las vértebras L-1 y L-2. Desde este punto, las raíces de los nervios se ramifican fuera de la médula espinal y descienden dentro del canal espinal antes de salir de la columna vertebral en la vértebra a que corresponden. Esto causa una diferencia entre la situación de los segmentos de la médula espinal y los segmentos de la columna vertebral, particularmente en la parte baja del sistema espinal. Por esta razón, es muy frecuente una diferencia entre el nivel del hueso o esqueleto de una fractura vertebral y el nivel neurológico de una lesión en la médula espinal.

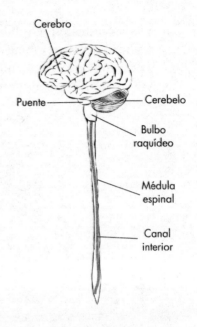

Cerebro

Puente

Cerebelo

Bulbo raquídeo

Médula espinal

Canal interior

Los nervios que yacen dentro de la médula espinal son las neuronas motoras superiores, que transportan los mensajes de ida y vuelta desde el cerebro hacia los nervios espinales a lo largo de la región espinal. Los nervios espinales que se ramifican fuera de la médula espinal hacia las otras partes del cuerpo son las neuronas motoras inferiores (LMN).

Estos nervios espinales (LMS) salen y entran a la altura de cada vértebra y se comunican con áreas específicas del cuerpo. La parte sensorial de las LMN transporta mensajes de sensibilidad al cerebro desde la piel y otras partes y órganos del cuerpo, mientras que la parte motora de las LMN envía mensajes desde el cerebro hacia las diferentes partes del cuerpo para iniciar acciones como el movimiento muscular.

En un corte transversal de la médula espinal se distinguen: en el centro la sustancia gris y en la periferia la sustancia blanca. La sustancia gris actúa como un centro nervioso que transforma la sensibilidad en movimiento, quedando limitada su acción a los actos reflejos del tronco, extremidades superiores e inferiores y la vejiga.

La sustancia blanca se encuentra dispuesta alrededor y entre las astas de la sustancia gris. Cada mitad de la sustancia blanca está constituida por tres cordones: el anterior, el lateral y el posterior, cada uno de los cuales a su vez está dividido en segmentos más pequeños denominados haces o fascículos, algunos de ellos ascendentes o sensitivos y otros descendentes o motores.

a. Vías ascendentes: sensibilidad vital: tacto, dolor y temperatura. Sensibilidad gnóstica: vibración del diapasón, peso de los objetos, forma y posición de los segmentos del cuerpo y consistencia de los objetos.
b. Vías descendentes: motoras y sinergistas.

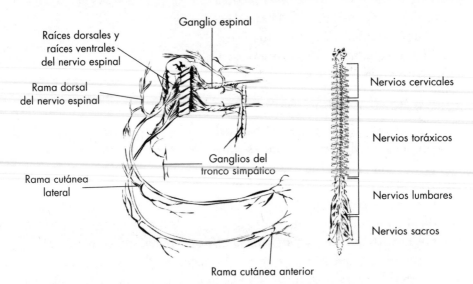

Disposición de los haces de fibras nerviosas

En la médula hay varios surcos longitudinales que sirven como límites a los haces de fibras nerviosas que la atraviesan. Entre estos surcos se incluyen: el surco medio anterior, que es profundo y el surco medio posterior, que es superficial. También están el surco lateral anterior y el lateral posterior, cada uno de los cuales sirve como punto de referencia para localizar los haces conocidos como anterior, lateral y posterior.

La disposición de los haces de fibras nerviosas de la médula espinal se ha deducido como resultado de experimentos realizados en animales y del estudio de la médula espinal humana en casos de presencia de fibras nerviosas degenerativas como consecuencia de lesiones o enfermedades. Aun-

que algunos haces nerviosos se concen-
tran en ciertas áreas de la sustancia
blanca, en general se acepta en la actualidad la existencia de una considerable
superposición.

Haces ascendentes

Haces del cordón posterior

Los haces delgado (grácil) y cuneiforme
son dos grandes tractos ascendentes separados por un tabique y conducen información tanto de la sensibilidad propioceptiva y vibratoria como de la discriminación táctil.

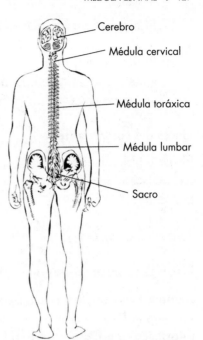

Cerebro

Médula cervical

Médula torácica

Médula lumbar

Sacro

Haces del cordón lateral

a. El haz espinocerebeloso posterior es una banda aplanada de fibras situada en la periferia del cordón lateral y conduce información propioceptiva y contribuciones adicionales desde los receptores para el
tacto y la presión. Esta información permite la participación del cerebelo en el control de los movimientos voluntarios.

b. El haz espinocerebeloso anterior es una banda aplanada de fibras situada en la periferia del cordón lateral. Como el haz cerebeloso posterior, conduce información propioceptiva y contribuciones desde
los receptores para el tacto y la presión. Esta información facilita la
participación del cerebelo en el control de los movimientos voluntarios.

c. El haz espinotalámico lateral se localiza dentro del haz espinocerebeloso anterior en el cordón lateral y conduce información vinculada
con la sensibilidad dolorosa y térmica.

d. El haz espinotectal se halla dentro del haz espinocerebeloso anterior
y por delante del haz espinotalámico lateral y proporciona una vía
ascendente para los reflejos espinovisuales.

e. El haz posterolateral (haz de Lissauer) se ubica entre la punta del asta gris posterior y la superficie de la médula espinal próxima a las raíces posteriores. Comprende las fibras de la parte lateral de las raíces
posteriores, que se dividen en ramos ascendentes y descendentes.

f. El haz espinorreticular está mezclado con el haz espinotalámico lateral.

g. El haz espinoolivar se localiza en la unión de los cordones anterior y lateral y conduce información procedente de órganos cutáneos y propioceptivos.

Haces del cordón anterior

El haz espinotalámico anterior se localiza dentro de las raíces nerviosas anteriores y está relacionado con la conducción de las sensaciones del tacto y la presión.

Haces descendentes

Haces del cordón posterior

Algunos haces pequeños han sido descritos por investigadores cuyas observaciones se han basado en estudios de material clínico. En espera de más información, no se profundizará más al respecto.

Haces del cordón lateral

El haz corticoespinal lateral se sitúa delante del asta gris posterior y dentro del haz espinocerebeloso posterior. En las regiones lumbar y sacra, donde el haz espinocerebeloso posterior no se encuentra presente, el haz corticoespinal lateral se extiende hacia afuera hasta la superficie de la médula espinal y es una importante vía motora vinculada con el movimiento voluntario. A su vez, el haz rubroespinal forma una pequeña banda situada delante del haz corticoespinal lateral y conduce impulsos vinculados con la actividad muscular. El haz reticuloespinal lateral existe en el ser humano casi con certeza, pero su localización no se ha determinado; en animales se encuentra dentro de los haces rubroespinal y corticoespinal. Se cree que este haz desempeña un papel importante en la actividad muscular.

Se estima que las fibras autónomas descendentes se localizan principalmente en el cordón lateral. Algunos autores consideran que se encuentran cerca del haz corticoespinal lateral, mientras otros creen que se hallan difusamente dispersas en todas los cordones de la médula. Las fibras autónomas están asociadas con el control de las funciones viscerales.

El haz olivoespinal se sitúa por fuera de las raíces nerviosas anteriores y se encuentra presente sólo en los segmentos cervicales superiores; además, se desconoce su función precisa, aunque puede estar vinculada con la actividad muscular. El haz corticoespinal anterior es pequeño, se localiza junto al surco medio anterior y está limitado a la región cervical y a la mitad superior de la región dorsal de la médula espinal. Aunque no se conoce su función exacta, puede afirmarse que forma una vía importante vinculada con el movimiento voluntario. Por otra parte, el haz vestibuloespinal es una banda aplanada de fibras situada en la periferia del cordón anterior, conduce información relacionada con el control del equilibrio hacia las células del asta gris anterior y, en consecuencia, concierne al control del tono muscular.

El haz tectoespinal es pequeño, se encuentra por fuera del borde del surco medio anterior y forma parte de una vía nerviosa refleja relacionada con la rotación de la cabeza y el movimiento de los brazos en respuesta a estímulos visuales.

Haces intersegmentarios

Haces del cordón posterior

El haz intersegmentario posterior es una delgada banda de fibras situada por detrás de la comisura gris. Como su nombre lo indica, sus fibras corren de un segmento de la médula a otro y establecen importantes reflejos espinales intersegmentarios.

Haces del cordón lateral

El haz intersegmentario lateral es una delgada banda de fibras situada inmediatamente por fuera de la sustancia gris de la médula espinal. Su función es similar a la del haz intersegmentario posterior, pero se cree que también contiene algunas fibras reticuloespinales y autónomas descendentes.

Haces del cordón anterior

El haz intersegmentario anterior es una delgada banda de fibras situada inmediatamente por delante de la sustancia gris de la médula espinal. Se cree que sus funciones son idénticas a las de los haces intersegmentarios posterior y lateral.

Meninges

La médula espinal, como el encéfalo, está rodeada por tres meninges: duramadre, aracnoides y piamadre.

Duramadre

La duramadre es una membrana fibrosa densa y fuerte que rodea a la médula espinal y la cola de caballo, tiene continuidad hacia arriba a través del agujero occipital con la capa meníngea de la duramadre que cubre el encéfalo y hacia abajo termina en el filum terminale en el borde inferior de la segunda vértebra sacra.

La vaina dural ocupa una situación laxa en el conducto vertebral y está separada de sus paredes por el espacio extradural, el cual contiene tejido areolar laxo y el plexo venoso vertebral interno. La duramadre se extiende a lo largo de cada raíz nerviosa y adquiere continuidad con el tejido conectivo que circunda a cada nervio espinal (epineuro). La superficie interna de la duramadre está en contacto con la aracnoides.

Aracnoides

La aracnoides es una delicada membrana impermeable que cubre a la médula espinal y se localiza entre la piamadre por el lado interno y la duramadre por el externo; además, está separada de la piamadre por un amplio espacio, el subaraenoideo, ocupado por el líquido cefalorraquídeo. El espacio subaracnoideo está atravesado por cierto número de finas bandas de tejido conectivo.

La aracnoides continúa hacia arriba a través del agujero occipital con la aracnoides que cubre el encéfalo, por debajo termina en el filum terminale a nivel del borde inferior de la segunda vértebra sacra y sigue a lo largo de las raíces de los nervios espinales, formando pequeñas extensiones laterales del espacio subaracnoideo.

Piamadre

La piamadre, una membrana vascular que reviste a la médula espinal, se engruesa en cada lado entre las raíces nerviosas para formar el ligamento dentado, que pasa lateralmente para adherirse a la aracnoides y la duramadre. De esta forma, la médula espinal se encuentra suspendida en el medio de la vaina dural, mientras que la piamadre se extiende a lo largo de cada raíz nerviosa y tiene continuidad con el tejido conectivo que rodea a cada nervio espinal.

Líquido cefalorraquídeo

Este líquido es producido principalmente por los plexos coroideos de los ventrículos laterales, tercero y cuarto del encéfalo; cantidades pequeñas producen las células del epéndimo que tapizan los ventrículos, y provienen del encéfalo a través de los espacios perivasculares. Dicho líquido sale del sistema ventricular del encéfalo por los tres agujeros del techo del cuarto ventrículo e ingresa al espacio subaracnoideo.

El líquido circula en la parte superior sobre la superficie de los hemisferios cerebrales y en la inferior alrededor de la médula espinal. La parte espinal del espacio subaracnoideo se extiende hacia abajo hasta el límite inferior de la segunda vértebra sacra y, finalmente, el líquido ingresa a la circulación sanguínea, pasando a las vellosidades aracnoideas y difundiéndose a través de sus paredes. Además de eliminar productos de desecho asociados con la actividad neuronal, el líquido cefalorraquídeo proporciona un medio que rodea a la médula espinal.

Asimismo, dicho líquido, junto con las paredes óseas y ligamentosas del conducto vertebral, protege de manera efectiva a la médula espinal de los traumatismos.

Irrigación

La médula espinal recibe su irrigación sanguínea de tres pequeñas arterias: las dos espinales posteriores y la espinal anterior. Estas arterias, que corren en forma longitudinal, están reforzadas por pequeñas arterias dispuestas de manera segmentaria que ingresan al conducto vertebral a través de los agujeros intervertebrales. Estos vasos se anastomosan en la superficie medular y emiten ramas a las sustancias blanca y gris; a su vez, existen considerables variaciones en cuanto al tamaño y los niveles segmentarios de las arterias de refuerzo.

Arterias espinales posteriores

Las arterias espinales posteriores se originan directamente en las arterias vertebrales dentro del cráneo o indirectamente en las arterias cerebelosas posteroinferiores. Cada arteria desciende por la cara posterior de la médula espinal en proximidad a las raíces nerviosas posteriores y da origen a ramas que ingresan al tejido medular. Las arterias espinales posteriores irrigan el tercio posterior de la médula espinal. Cabe observar que las arterias espinales posteriores son pequeñas en la región dorsal superior y que los primeros tres segmentos dorsales de la médula espinal son especialmente vulnerables a la isquemia en caso de oclusión de las arterias segmentarias o radiculares de esta región.

La arteria espinal anterior está formada por la unión de dos arterias, cada una de las cuales se origina en la arteria vertebral dentro del cráneo. La arteria espinal anterior desciende entonces por la cara anterior de la médula espinal por el surco medio anterior, en tanto que ramas de la arteria espinal anterior ingresan al tejido medular e irrigan los dos tercios anteriores de la médula espinal. En caso de oclusión de las arterias segmentarias o radiculares de estas regiones, el cuarto segmento dorsal y el primero lumbar tienen particular susceptibilidad a la necrosis isquémica.

En cada agujero intervertebral, las arterias espinales anteriores y posteriores que corren en forma longitudinal son reforzadas por pequeñas arterias segmentarias en ambos lados, las cuales son ramas de arterias exteriores a la columna vertebral (arterias cervicales profundas, intercostales y lumbares). Luego de su ingreso al conducto vertebral, cada arteria espinal segmentaria da origen a arterias radiculares anterior y posterior que acompañan a las raíces anteriores y posteriores de la médula espinal.

Por otra parte, arterias nutricias adicionales ingresan al conducto vertebral y se anastomosan con las arterias espinales anteriores y posteriores; sin embargo, el número y el tamaño de estas arterias varían de manera considerable entre los individuos. Una arteria nutricia grande e importante, la arteria espinal magna anterior de Adamkiewicz, se origina en la aorta en los niveles vertebrales dorsales inferiores o lumbares superiores, es unilateral y en la mayoría de las personas ingresa a la médula espinal por el lado izquierdo. La importancia de esta arteria radica en el hecho de que puede ser la principal fuente irrigatoria de los dos tercios inferiores de la médula espinal.

Las venas de la médula espinal drenan en seis canales longitudinales tortuosos que se comunican en la parte superior dentro del cráneo con las venas del encéfalo y los senos venosos, a la vez que drenan principalmente en el plexo venoso vertebral interno.

Capítulo 5

Sistema nervioso periférico

La función primordial del sistema nervioso periférico consiste en conducir la información que recoge por medio de los receptores periféricos: temperatura, presión, tacto, etcétera, hacia el sistema nervioso central y proporcionar la información procesada hacia los músculos y vísceras. Dicho sistema ayuda a la comunicación entre el sistema nervioso central y el medio ambiente y está compuesto por todos los nervios que se hallan fuera del sistema nervioso central (cerebro y médula espinal); además, forman parte del sistema nervioso periférico los nervios craneales que conectan el cerebro directamente con la cabeza y la cara, los cuales a su vez lo conectan con los ojos y la nariz, y los nervios que conectan la médula espinal con el resto del organismo.

Circuito cerebro-músculo

Los nervios están conectados entre sí y sus señales se comunican a través de las sinapsis.

El movimiento de un músculo implica dos complejas vías nerviosas: la del nervio sensitivo al cerebro y la del nervio motor al músculo. Los pasos básicos que constituyen este circuito y que se indican a continuación son 12:

1. Los receptores de los nervios sensitivos en la piel detectan las sensaciones y transmiten una señal al cerebro.

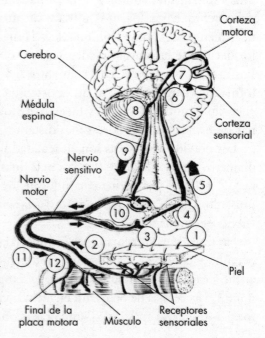

2. La señal recorre el nervio sensitivo hasta la médula espinal.

3. Una sinapsis en la médula espinal conecta el nervio sensitivo a un nervio de la médula espinal.

4. El nervio cruza el lado opuesto de la médula espinal.

5. La señal asciende por la médula espinal.

6. Una sinapsis en el tálamo conecta la médula espinal a las fibras nerviosas que llevan la señal a la corteza sensorial.

7. La corteza sensorial percibe la señal e impulsa a la corteza motora a generar una señal de movimiento.

8. El nervio que lleva la señal cruza al otro lado en la base del cerebro.

9. La señal desciende por la médula espinal.

10. Una sinapsis conecta la médula espinal al nervio motor.

11. La señal sigue a lo largo del nervio motor.

12. La señal alcanza el final de la placa motora, donde estimula el movimiento muscular.

El cerebro se comunica con la mayor parte del organismo a través de 31 pares de nervios espinales que salen de la médula espinal. Cada par de nervios espinales consta de un nervio en la cara anterior de la médula espinal, que conduce la información del cerebro hasta los músculos, y de un nervio en su cara posterior, que lleva la información de las sensibilidades al cerebro. Los nervios espinales se conectan entre sí y forman los llamados plexos, que existen en el cuello, hombros y pelvis, y luego se dividen nuevamente para proporcionar los estímulos a las partes más distantes del cuerpo.

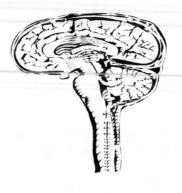

Los nervios periféricos son en realidad haces de fibras nerviosas con un diámetro que oscila entre 0,4 (las más finas) y 6 milímetros (las más gruesas). Las fibras más gruesas conducen los mensajes que estimulan a los músculos (fibras nerviosas motoras) y la sensibilidad táctil y de la posición (fibras nerviosas sensitivas).

Las fibras sensitivas más finas conducen la sensibilidad al dolor y a la temperatura y controlan las funciones automáticas del organismo, como la frecuencia cardiaca, la presión arterial y la temperatura (sistema nervioso autónomo). Las células de Schwann envuelven cada una de las fibras nerviosas y forman muchas capas de aislante graso conocidas como vaina de mielina.

La disfunción de los nervios periféricos puede deberse a lesiones de las fibras nerviosas, del cuerpo de la célula nerviosa, de las células de Schwann o de la vaina de mielina. Cuando se produce una lesión en la vaina de mielina que ocasiona la pérdida de esta sustancia (desmielinización), la conducción de los impulsos es anormal; sin embargo, la vaina de mielina suele regenerarse con rapidez, lo cual permite el restablecimiento completo de la función nerviosa.

A diferencia de la vaina de mielina, la reparación y nuevo crecimiento de la célula nerviosa lesionada se produce muy lentamente o incluso no ocurre en absoluto. En ocasiones el crecimiento puede generarse en una dirección errónea, ocasionando conexiones nerviosas anormales, por ejemplo: un nervio puede conectarse a un músculo equivocado y causar contracción y espasticidad, o, si se trata del crecimiento anormal de un nervio sensitivo, la persona no sabrá reconocer dónde la tocan ni dónde se origina un dolor.

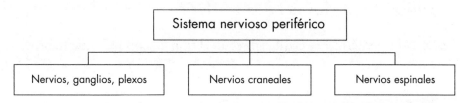

El sistema nervioso periférico está constituido por el conjunto de nervios y ganglios nerviosos. Se llaman nervios los haces de fibras nerviosas que se encuentran fuera del neuroeje, y ganglios unas agrupaciones de células nerviosas intercaladas a lo largo del recorrido de los nervios o en sus raíces.

Los ganglios están formados por corpúsculos de dimensiones variables, del volumen de una alubia o de una lenteja e incluso más pequeños, hasta llegar a dimensiones microscópicas, como los que se encuentran a lo largo del curso de determinados nervios y en las mallas de las redes nerviosas. Cabe distinguir entre ganglios espinales y ganglios simpáticos o del sistema neurovegetativo.

Casi todos los nervios del cuerpo son pares y están distribuidos de manera simétrica sobre cada lado del cuerpo. Existen 31 pares de nervios espinales y 12 de nervios craneales, a los cuales se deben añadir los dos troncos del simpático.

Las fibras sensitivas contenidas en los nervios craneales y espinales son prolongaciones de de-

terminadas células nerviosas (células en T), agrupadas en pequeños cúmulos situados fuera del neuroeje: los ganglios cerebroespinales.

Los ganglios anexos a los nervios espinales son iguales entre sí en forma, dimensiones y posición; de ellos parte la raíz posterior de cada nervio, siempre en la proximidad del agujero intervertebral que recorre el nervio para salir de la columna vertebral.

Por el contrario, los ganglios de los nervios craneales tienen una forma, dimensiones y posición mucho más variables; sin embargo, las funciones y la constitución histológica son muy similares para ambos tipos de ganglios.

En el nivel de las extremidades, las ramas anteriores de los nervios espinales forman complejas redes nerviosas, llamadas plexos, en las cuales se intercambian fibras nerviosas. De cada uno de estos plexos resultan los troncos nerviosos, que se extienden luego periféricamente y que poseen fibras nerviosas que derivan de diferentes nervios espinales

Clasificación de los nervios periféricos

Los nervios periféricos se clasifican según el tipo de impulsos que transportan, como sigue:

- Nervio sensitivo somático: nervio que recoge impulsos sensitivos relativos a la llamada "vida de relación", es decir, no referentes a la actividad de las vísceras.
- Nervio motor somático: nervio que transporta impulsos motores a los músculos voluntarios.
- Nervio sensitivo visceral: nervio que recoge la sensibilidad de las vísceras.
- Nervio elector visceral: nervio que transporta a las vísceras impulsos motores, secretores, etcétera.

Además, los nervios que desarrollan una sola de las cuatro funciones relacionadas más arriba se llaman nervios puros, mientras que los simultáneamente sensitivos somáticos y motores somáticos (o que son también simultáneamente somáticos y viscerales) se llaman nervios mixtos. Sin embargo, la nomenclatura de los nervios se ha establecido en función del territorio donde se distribuyen: así, habrá nervios musculares y nervios cutáneos.

Nervios sensitivos	Nervios motores
Craneales	**Craneales**
Olfatorio: proviene del epitelio olfatorio	Motor ocular común: inerva parte de los músculos del ojo
Óptico: proviene del ojo	Patético: inerva el músculo oblicuo del ojo
Trigémino: es mixto y recibe sensaciones de la cabeza	Trigémino: inerva los músculos mandibulares
Facial: es mixto y recibe sensaciones de la cara	Motor ocular externo: inerva el músculo que le da nombre
Auditivo: proviene del oído	Facial: inerva los músculos de la cara
Glosofaríngeo: es mixto y recibe sensaciones de la lengua y la faringe	Glosofaríngeo: inerva la lengua y la faringe
Vago: es mixto y recibe sensaciones de la cabeza y las vísceras	Vago: inerva la cabeza y las vísceras
	Espinal: accesorio del vago
	Hipogloso: inerva la lengua
Espinales	**Espinales**
Discurren junto a los nervios motores y provienen de todo el cuerpo	Motores somáticos: inervan los músculos esqueléticos y entran en la médula junto a los motores viscerales. Estos nervios estimulan o no el músculo pero no lo inhiben y están relacionados con los estímulos ambientales
	Motores viscerales: controlan los músculos lisos, el cardiaco y las glándulas
	Están formados por dos neuronas: una preganglionar, que tiene su cuerpo neuronal en la médula; y la posganglionar, cuya acción estimula o inhibe el órgano, con estímulos internos
	Parasimpático: forma parte de las zonas craneal y sacra, donde se establece la sinapsis entre las dos neuronas; además, está relacionado con la digestión y el reposo
	Simpático: forma parte de las zonas cervical, torácica y lumbar de la médula espinal y está relacionado con las reacciones de lucha o huida

Los nervios musculares penetran en los músculos estriados, llevando esencialmente fibras motoras, cada una de las cuales se divide, en el interior del músculo, en muchas ramitas y cada una de ellas llega a la placa motriz de una fibra muscular. El conjunto de fibras musculares inervadas por una sola fibra nerviosa se denomina unidad motora de Sherrington; por su parte, los nervios cutáneos llegan a la piel y recogen la sensibilidad de ésta. Cada nervio cutáneo se distribuye en cierta zona de la piel, llamada *dermatoma*.

Principales fibras aferentes y eferentes de los núcleos nerviosos

Fibras eferentes

Núcleos de Edinger-Westphal: las fibras de células de este ganglio salen con las del III para terminar en el ganglio ciliar. De éste salen fibras posganglionales que pasan al globo ocular, haciendo parte de los nervios ciliares cortos, y terminan en el músculo ciliar y en el músculo constrictor de la pupila.

Núcleo salivatorio superior: situado en la formación reticular pontobulbar, sus fibras salen con el intermediario de Wrisberg, pasan luego a la cuerda del tímpano y al nervio lingual y terminan en el ganglio submaxilar. Estas fibras se distribuyen en las glándulas submaxilar y sublingual.

Núcleo lacrimal: aproximadamente con la misma localización que el núcleo salivatorio superior se encuentra este núcleo, cuyos axones salen con las fibras del intermedio. Las fibras eferentes de este ganglio se unen a la división maxilar del trigémino y siguen sus ramas zigomáticas orbitaria, de la que se desprenden para unirse a la rama lacrimal del oftálmico y llegar a la glándula lacrimal.

Núcleo salivatorio inferior: también situado en la región pontobulbar, sus fibras salen con las del glosofaríngeo, se desprende de él el nervio timpánico, atraviesan el plexo timpánico y salen del temporal como el nervio petroso superficial menor, que termina en el ganglio ótico, cuyas fibras posganglionares llegan a la parótida a través del nervio aurículo temporal, rama del V par.

Núcleo motor dorsal del vago: situado en el piso de la fosa romboidal, sus fibras dan la inervación parasimpática a las vísceras torácicas y a la mayoría de las vísceras abdominales. Son fibras preganglionares que terminan haciendo sinapsis con las células de los ganglios terminales existentes en contacto con las vísceras incluidas en el interior de ellas.

Nervios cardíacos: situado en el epicardio de la aurícula izquierda y de los apéndices auriculares y con los nervios cardiacos del simpático, forman los plexos cardiacos. Las fibras posganglionares terminan en la musculatura auricular y en las fibras del seno y del nodo del sistema de conducción cardiaca.

Ramos pulmonares: presentes en la pared bronquial, cuyos axones, fibras posganglionares, terminan en contacto con la musculatura lisa bronquial.

Ramos esofágicos y gástricos: provienen de ambos vagos.

Ramos intestinales: se originan especialmente en el vago derecho y llegan al intestino delgado y a la porción proximal del grueso. Las fibras posganglionales de estos plexos regulan tanto la contractilidad de la musculatura lisa intestinal como la secreción de sus glándulas.

Ramos para la vesícula biliar y los conductos biliares: fibras del neumogástrico que hacen parte del plexo celíaco, llegan a los órganos biliares a través del ligamento gastrohepático. Inerva la musculatura lisa de estos conductos.

Fibras aferentes

Facial: se cree que este nervio conduce la sensibilidad profunda y visceral general de la cara, el oído medio, la trompa de Eustaquio, la pared faríngea y las glándulas salivares. Los axones forman la raíz sensitiva del facial o nervio intermedio de Wrisberg.

Glosofaríngeo: las fibras sensitivas viscerales generales de este nervio reciben los estímulos de la porción posterior de la lengua, las amígdalas, la pared faríngea y las trompas de Eustaquio, todas las cuales constituyen ramas faríngeas, linguales y timpánicas de las neuronas del ganglio petroso.

Neumogástrico: el X par craneal tiene numerosísimas fibras sensitivas que recogen distintos tipos de sensibilidad; muchas de ellas se distribuyen a lo largo del tubo digestivo y de la raíz de la lengua hasta la parte media del colon transverso, otras al árbol respiratorio desde la laringe hasta los alveolos pulmonares y otras más al arco de la aorta y la pared de la aurícula derecha. Estas fibras llevan hasta los centros superiores de integración noticia del estado funcional de los aparatos digestivo, respiratorio y vascular para lograr la acomodación funcional a las exigencias del momento.

Fibras preganglionares: los axones de la células de la columna mediolateral de los segmentos S2, S3 y S4 salen de la médula y constituyen los llamados nervios pélvicos, se juntan con las ramas de los últimos nervios de la cadena simpática (nervio presacro) y forman el plexo hipogástrico, que controla el funcionamiento de los órganos genitales, de la vejiga, de la uretra y de la parte distal del colon.

Nervios espinales

Los nervios espinales son aquellos que tienen su origen aparente en la médula espinal y atraviesan los orificios vertebrales para distribuirse a los territorios orgánicos a los cuales están destinados; son 31 pares, todos ellos nervios mixtos, es decir, sensitivos y motores. De éstos, ocho pares son cervicales, 12 dorsales, cinco lumbares, cinco sacros y uno coccígeo. Cada nervio espinal está formado por dos raíces, una anterior y otra posterior; la anterior o motora tiene su origen real en la sustancia gris espinal (parte en el asta gris anterior y parte en el tramo anterior de la zona intermediolateral) y todos ellos emergen por el surco lateral anterior de la médula espinal, que representa su origen aparente.

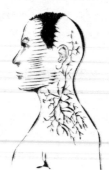

La raíz posterior o sensitiva tiene su origen real en el ganglio espinal y penetra en la médula espinal a través del surco lateral posterior, que constituye su origen aparente. Termina en parte en el asta gris posterior, en parte en el tramo posterior de la zona intermedio-lateral y en parte en los núcleos de Goll y de Burdach del bulbo. En su curso se encuentra el ganglio espinal, el cual, en el tramo cérvico-dorso-bulbar de la columna vertebral, está colocado en el canal de conjunción y en el tramo sacro en el canal sacro.

En cada raíz, anterior y posterior, se distinguen dos porciones: la primera está contenida en el saco de la duramadre y la segunda se encuentra fuera, pero envuelta en una vaina propia que se halla en dependencia de la duramadre. Esta última porción se denomina nervio radicular.

Ramas del tronco espinal

Justo por fuera del ganglio espinal, la raíz anterior y la posterior se unen para constituir el tronco del nervio espinal, el cual se divide luego en cuatro ramas:

a. Rama anterior: muy voluminosa y mixta, que inerva los músculos y la piel de los miembros, así como los músculos y la piel de las regiones centrales del tronco y de las regiones anterior y lateral del cuello.

b. Rama posterior: más fina, también mixta, que se distribuye en la piel y en los músculos de la nuca y de la parte posterior del tronco.

c. Rama comunicante: de ésta se distinguen dos variedades: una rama comunicante blanca y una rama comunicante gris, que pueden estar fusionadas en un único. Son pequeños nervios que se encuentran entre el nervio espinal y el correspondiente ganglio de la cadena laterovertebral del ortosimpático. Los ramos comunicantes blancos existen sólo en el tórax, pero no para todos los nervios espinales, aunque los ramos comunicantes grises existen en todo el tronco.

El ramo comunicante blanco es la expresión de una correlación entre la zona intermedia-lateral de la sustancia gris espinal y los ganglios vertebrales y está constituido por fibras viscerales eferentes que van desde la médula hasta el ganglio latero-vertebral correspondiente y por fibras viscerales aferentes que llegan de los territorios esplácnicos a la zona intermedio lateral de la médula. La rama comunicante gris constituye una conexión entre los ganglios de la cadena laterovertebral y los nervios espinales y está formada por fibras viscerales eferentes que desde el ganglio laterovertebral pasan al nervio espinal, con el cual llegan al territorio somático correspondiente.

d. Rama meníngea: está representada por un filete nervioso de naturaleza visceral, el cual parte tanto del tronco del nervio espinal como del correspondiente ramo comunicante o del ganglio de la cadena laterovertebral o de ambos, recorriendo el canal de conjunción y distribuyéndose en la duramadre, en las paredes del canal vertebral y en los vasos.

De todo lo mencionado resulta que el nervio espinal está constituido por fibras motoras somáticas, por fibras efectoras viscerales, por fibras sensitivas somáticas, por fibras motoras somáticas, por fibras efectoras viscerales, por fibras sensitivas somáticas, por fibras efectoras viscerales, por fibras sensitivas somáticas y por fibras sensitivas viscerales. Las fibras motoras somáticas son las neuritas de las neuronas motoras somáticas de la cabeza y 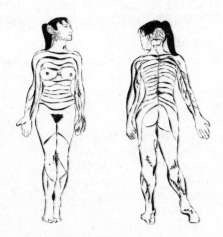 de la base del asta gris anterior de la médula espinal, participan en la constitución de la raíz anterior y dan inervación para los músculos esqueléticos. A su vez, las fibras efectoras viscerales son las neuritas de las neuronas viscesoefectoras de las zonas intermedio-lateral de la sustancia gris espinal y participan en la formación de la raíz anterior.

Dichas fibras pueden seguir dos vías: algunas pasan de la raíz posterior al nervio espinal, siguiendo al cual alcanzan el territorio de inervación; otras, desde la raíz anterior, a través del ramo comunicante blanco, van al correspondiente ganglio de la cadena simpática laterovertebral, donde se conexionan con otras neuronas, las cuales, a través del ramo comunicante gris, llegan al nervio espinal y con éste alcanzan a su vez el territorio de distribución.

Por su parte, las fibras efectoras viscerales del nervio espinal proveen de tono y trofismo a la piel, a la secreción de las glándulas anexa a ella (sudoríparas y sebáceas) y a los huesos, las articulaciones, los músculos y los vasos de los miembros y de las paredes del tronco.

Las fibras sensitivas somáticas nacen de neuronas en forma de T del ganglio espinal. Los ramos periféricos de estas neuronas, siguiendo el curso del nervio, llegan a los territorios somáticos, mientras que los ramos centrales pasan a la raíz posterior si son neuronas esteroceptivas, o en la base del asta gris posterior o en los núcleos de Goll y Burdach del bulbo si son neuronas propioceptivas. Las fibras sensitivas somáticas proveen la sensibilidad propioceptiva y esteroceptiva de los territorios somáticos, en tanto que las fibras sensitivas viscerales nacen de las neuronas del ganglio espinal, que con el ramo periférico, siguiendo al nervio espinal, llegan al territorio de distribución; luego, con el ramo central, a través de la raíz posterior, terminan en la parte posterior de la zona intermedio-lateral de la médula espinal y se encargan de la sensibilidad estereoceptiva de las zonas somáticas.

Ramas anteriores

Las ramas anteriores de los nervios espinales cervicales, lumbares, sacros y coccígeos se reagrupan de diferente manera entre sí para formar distintos plexos, que son los siguientes:

- Cervical
- Braquial
- Lumbar
- Sacro
- Pudendo
- Coccígeo

Plexo cervical

Este plexo es la formación nerviosa constituida por las ramas anteriores de los primeros cuatro nervios cervicales, que se unen y forman tres arcos superpuestos en sentido vertical por delante de las apófisis transversas de las primeras tres vértebras cervicales. Dicho plexo está situado entre los músculos prevertebrales medialmente y los orígenes del músculo esplenio y del elevador de la escápula lateralmente. Por delante del plexo existen nódulos linfáticos y más superficialmente se halla la parte superior del músculo esternocleidomastoideo.

Del plexo cervical se originan los nervios siguientes:

- El occipital menor o nervio mastoideo, con un curso ascendente, que se distribuye a la piel de la región mastoidea.
- El auricular, ascendente, que alcanza la piel del pabellón auricular.
- El cutáneo del cuello, con curso transversal y destinado a la piel de la región suprahioidea y subhioidea.
- El supraclavicular, descendente, que inerva la piel de la parte superolateral del tórax.
- El supraacromial, que inerva la piel del muñón del hombro.

Por lo tanto, el plexo cervical superficial está formado por ramas de naturaleza sensitiva. Las ramas profundas del plexo cervical constituyen el plexo cervical profundo y son motoras, con excepción del nervio frénico, que contiene en su espesor algunas fibras sensitivas. Las ramas del plexo cervical profundo son 10, divididas en cuatro grupos: ramas mediales, para el músculo largo de la cabeza y el músculo largo del cuello; cuatro ramas laterales, para los músculos esternocleidomastoideo, trapecio, elevador de la escápula y romboides; dos ramas ascendentes, para el músculo recto anterior menor y el músculo recto lateral; y ramas descendentes, como el nervio cervical descendente y el nervio frénico. Por su parte, el nervio cervical descendente del nervio hipogloso inerva los músculos de la región subhioidea (homohioideo y esternotiroideo).

Plexo braquial

El plexo braquial está formado por las anastomosis que intercambian entre sí las ramas anteriores del V, VI, VII, VIII nervios cervicales y el I nervio torácico. En la mayoría de los individuos se encuentra la siguiente disposición: el V nervio cervical se une al VI y forma el tronco primario superior, el VII ramo cervical constituye por sí solo el tronco primario medio y el VIII cervical se une al I torácico e integra el tronco primario inferior. Cerca de la clavícula, cada uno de los tres troncos primarios se divide a su vez en dos ramas: una anterior y otra posterior. Las ramas posteriores de los troncos primarios se funden en un único tronco nervioso y constituyen el tronco secundario posterior, las ramas ventrales de los troncos primarios superior y medio se unen para formar el tronco secundario lateral, y la rama ventral del tronco primario anterior forma por sí solo el tronco secundario medial.

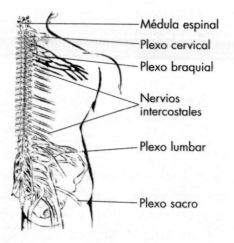

Cajas de la unión nerviosa: los plexos

Un plexo nervioso es una red de nervios entrecruzados semejante a una caja de distribución eléctrica de una vivienda.

En el tronco del cuerpo existen cuatro plexos nerviosos: el plexo cervical aporta las conexiones nerviosas a la cabeza, el cuello y el hombro; el plexo braquial, al pecho, el hombro, el brazo, el antebrazo y la mano; el plexo lumbar, a la espalda, el abdomen, la ingle, el muslo, la rodilla y la pierna, y el plexo sacro, a la pelvis, las nalgas, los órganos genitales, el muslo, la pierna y el pie. Debido a la interconexión de los plexos lumbar y sacro, a veces se les denomina plexo lumbosacro; a su vez, los nervios intercostales están localizados entre las costillas.

El plexo braquial considerado en su conjunto tiene la forma de un triángulo, cuya base corresponde a la columna vertebral y el vértice a la cavidad axilar; a su vez, la clavícula cruza el plexo en la parte de delante y lo divide en tres partes:

a. Porción supraclavicular: está situada por delante del músculo escaleno posterior y superiormente a la arteria subclavia.

b. Porción clavicular: se encuentra por detrás de la clavícula y el músculo subclavio.

c. Porción subclavicular: está cubierta por la fascia coracoclavicular, el músculo pectoral menor, el músculo pectoral mayor y la piel; en la parte superior y en relación con la clavícula y el músculo subclavio, por detrás con las primeras dos costillas, con las digitaciones del músculo serrato mayor, y lateralmente con el tendón del músculo subescapular y la articulación del hombro. La arteria axilar está situada delante del plexo, colocándose luego entre las dos raíces del nervio mediano y, por último, se hace medial y posterior respecto a él.

El plexo braquial se anastomosa con el plexo a través de una rama colocada entre el IV y el V nervios cervicales, con los nervios dorsales o torácicos a través de una rama situada entre el I y el II nervios torácicos y con el ortosimpático por medio de ramas comunicantes con los ganglios cervicales medio e inferior. Dicho plexo da ramas colaterales y terminales.

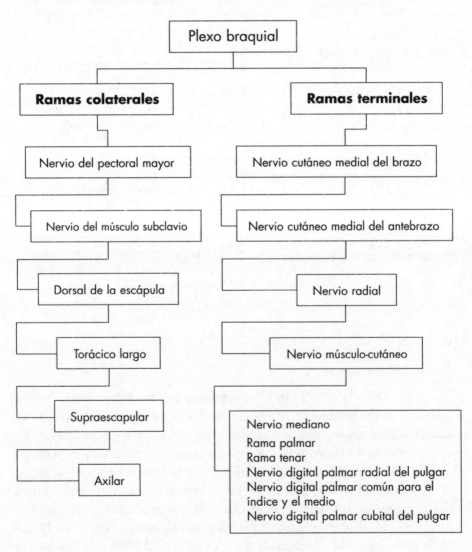

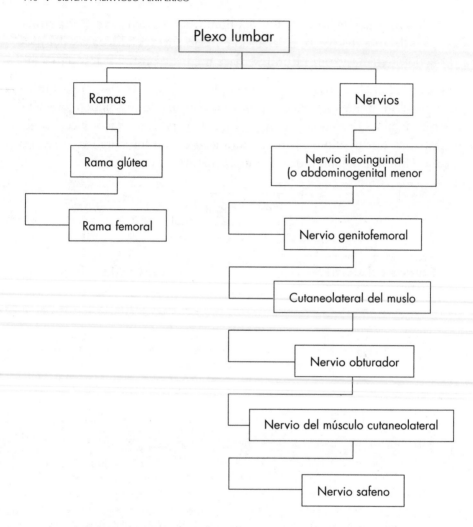

Plexo lumbar

Este plexo se halla situado profundamente sobre los lados de los cuerpos de las vértebras lumbares, delante de sus apófisis transversas, entre las cabezas externas e internas del músculo psoas, y está formado por cuatro haces anastomóticos constituidos por ramas anteriores de los cuatro primeros nervios lumbares y denominados I, II, III y IV de la región lumbar.

La rama anterior del primer nervio lumbar recibe una rama anastomótica X del nervio intercostal, envía una al II nervio lumbar y termina dando los nervios ileohipogástrico e ileoinguinal. La rama anterior del II nervio lumbar recibe la anastomosis del I, envía una al III y, dividiéndose en el nervio lumbar, recibe la anastomosis del I, envía una al III y se divide en el nervio genitofemoral y cutaneolateral del muslo. La rama anterior del II nervio lumbar recibe la anastomosis del I, envía una al III y se divide en el nervio genitofemoral y cutaneolateral del muslo. La rama anterior del III nervio lumbar, con la mayor parte de sus fibras, continúa en el nervio femoral, recibiendo la anastomosis de los nervios lumbares II y IV y emitiendo raíces para el nervio obturador.

Plexo sacro

Este plexo tiene forma triangular con la base en la columna vertebral y el vértice hacia el orificio isquiático mayor; además, está constituido por una rama anterior del V nervio lumbar y por una parte de la rama anterior del IV nervio lumbar (que integran el tronco lumbosacro), por la rama anterior del I nervio sacro, por una parte de la rama anterior del II nervio sacro y por otra parte de la rama anterior del III nervio sacro. Todas las ramas convergen entre sí hacia el orificio isquiático mayor. El plexo sacro se anastomosa con el simpático pélvico, con el plexo lumbar y con el plexo pudendo, y las ramas colaterales son:

- Nervio del músculo obturador interno.
- Nervios de los músculos gemelo superior e inferior.
- Nervio del músculo obturador interno.
- Nervios de los músculos gemelo superior e inferior.
- Nervio del músculo piriforme.
- Nervio glúteo superior, que inerva los músculos glúteo mediano, glúteo menor y tensor de la fascia lata.
- Nervio glúteo inferior, que se distribuye en el músculo glúteo mayor y en la articulación de la cadera.

La rama terminal del plexo sacro es representada por el nervio isquiático, que es el nervio más largo y más voluminoso del cuerpo y se extiende desde la pelvis hasta la cavidad poplítea. En él participan todas las raíces del plexo sacro y el tronco del borde inferior del músculo piriforme, por el cual se ve cubierto internamente y en relación con la arteria glútea inferior y pudenda interna.

Las ramas terminales son las siguientes:

- Nervio peroneo superficial.
- Nervio tibial, que a lo largo de su recorrido da las siguientes ramas colaterales:

- Ramas musculares para los músculos gastrocnemios, plantar, sóleo y poplíteo.
- Ramas articulares (en general tres) para la articulación de la rodilla.

- Nervio interóseo: para la membrana interósea de la pierna y para la articulación tibioperonea.
- Nervio cutáneo medio del dedo gordo del pie.
- Nervio plantar interno.
- Nervio plantar lateral.

Plexo pudendo

Dicho plexo está formado por la rama anterior del III y IV nervios sacros y se coloca bajo el borde inferior del músculo piriforme, sobre la cara interna del músculo poplíteo y del elevador del ano; además, recibe una anastomosis del segundo nervio sacro y envía una rama que desde el IV nervio sacro se une al V. De él se originan los nervios aprietales y viscerales. Veamos en seguida lo relacionado con el nervio pudendo: abandona la pelvis a través del orificio isquiático mayor, bajo el músculo piriforme, y va alrededor de la espina isquiática, a través del orificio isquiático menor, para alcanzar los vasos pudendos en la pared lateral de la fosa isquiorrectal, apoyado en la fascia obturatriz y dividido en sus ramas terminales, que son:

a. Nervios hemorroidales inferiores, que siguen las arterias homónimas y se distribuyen en la piel de la región anal y del esfínter anal.

b. Nervio del periné, que inerva la piel de la parte lateral del periné y a veces la de la porción superomedial del muslo; ramas musculares para el músculo transverso superficial del periné, los músculos bulbo-isquio-cavernosos y una rama para el bulbo de la uretra.

c. Nervios escrotales superiores como sigue: *i*) en la mujer: nervios labiales posteriores y de los labios mayores. Inerva el clítoris, la piel y la mucosa de la parte superior de la vulva. Del plexo pudendo emergen también ramas musculares para el elevador del ano y el músculo coccígeo, los nervios hemorroidales medios para la parte inferior del recto, los nervios vesicales inferiores y los nervios vaginales; y *ii*) en el hombre: los nervios escrotales posteriores y la piel del escroto. Nervio dorsal del pene, que continúa el curso del tronco del nervio pudendo, rodea la cara interna de la rama isquiopubiana y, junto a la arteria dorsal del pene, corre sobre la parte media de su cara superior, inervando la piel, los cuerpos cavernosos de éste y de la uretra, el glande y la mucosa de la uretra.

Plexo coccígeo

Este plexo se halla formado por la rama anterior del último nervio sacro y por el nervio coccígeo y está unido con el plexo pudendo, con el cuarto y quinto ganglios del simpático sacro y con el ganglio simpático coccígeo. Asimismo, de este plexo se origina el nervio anococcígeo, que se distribuye en la piel, entre el ano y el cóccix, mientras que una rama dorsal se une con un filamento dorsal del nervio coccígeo e inerva la piel de la región dorsal del cóccix.

Ramas posteriores

Las ramas posteriores de los nervios espinales son 31 en cada lado, separándose del nervio espinal relativo inmediatamente al lado de los orificios intervertebrales y dirigiéndose posteriormente se dividen en una rama medial y una lateral, cada una de las cuales da ramas cutáneas y musculares. Las ramas cutáneas inervan la piel del dorso hasta el vértice del cóccix.

Los límites laterales de esta área cutánea dorsal están dados por una línea que desde el vértice desciende sobre cada lado, pasa sobre un punto medio de la línea superior de la nuca y se prolonga sobre el margen lateral del músculo trapecio hasta llegar al acromion de la escápula. Desde este punto, descendiendo, se inclina medialmente, cruza el ángulo inferior de la escápula y hacia la mitad del dorso se vuelve a inclinar de manera lateral, corta la cresta iliaca en su mitad y alcanza por último la piel que cubre la zona del trocánter mayor.

Por último, de aquí forma un arco convexo hacia arriba y termina en el vértice del cóccix. Las ramas musculares alcanzan la musculatura propia del dorso y se distribuyen de forma segmentaria; a su vez, las ramas cutáneas varían según las regiones.

De las ramas cervicales, la rama posterior del primer nervio cervical, nervio suboccipital y exclusivamente motor, pasa entre el hueso occipital y el arco posterior del atlas y se distribuye a los músculos de la nuca (músculo recto posterior mayor de la cabeza, oblicuo menor posterior de la cabeza y músculo complexo mayor).

La rama posterior del segundo nervio cervical, nervio occipital mayor de Arnold, pasa entre el arco posterior del atlas y el axis, colocándose arriba después de haber cruzado el margen superior del músculo oblicuo superior e inerva la piel de la región occipital, llegando hasta el vértice.

Durante su trayecto envía una rama ascendente que se anastomosa con la rama posterior del primer nervio cervical y una rama descendente que se anastomosa con una rama ascendente del tercer nervio cervical. Se forman así dos arcos nerviosos, a los cuales se ha dado el nombre de plexo cervical posterior de Cruveilhier. El segundo nervio cervical, además de los ramos sensitivos, da ramas musculares para los músculos oblicuo mayor, complexo mayor, complexo menor, esplenio y trapecio. Por otra parte, la rama posterior del tercer nervio cervical, tercer nervio occipital, emerge entre la apófisis transversa del axis y la de la III vértebra cervical, una rama medial para la piel de la región de la nuca y una rama lateral muscular para los músculos complexo menor, transverso espinoso, complexo mayor, esplenio y trapecio.

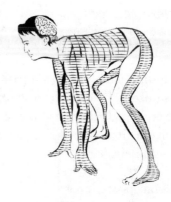

Las ramas posteriores de los nervios cervicales IV, V, VI, VII y VIII, junto con las 12 ramas vertebrales, se dividen cada una en dos ramas, una medial para la piel de la región de la nuca y para los músculos cortos de la nuca, y otra lateral para el músculo semiespinoso de la cabeza y del esplenio.

Las ramas posteriores de los nervios lumbares son cinco: músculo sacro lumbar, músculo transverso, músculo espinoso, músculo dorsal e inervación de la piel del dorso.

Ramas laterales

Las ramas laterales llegan hasta la región glútea, en tanto que las ramas posteriores de los nervios sacros están representadas por cuatro ramas sacras superiores que pasan por los orificios sacros posteriores, y la V rama sacra y la coccígea, que pasan lateralmente al ligamento sacrococcígeo posterior superficial. Todas estas ramas forman un plexo, al cual se da el nombre de plexo sacro posterior, que se distribuye para el músculo glúteo mayor y sacrolumbar, con las ramas sensitivas que inervan la piel de la región coccígea.

Nervios craneales

Hay 12 pares de nervios craneales, simétricos entre sí, que salen de la base del encéfalo, se distribuyen a lo largo de las estructuras de la cabeza y del cuello y se numeran, de adelante hacia atrás, en el mismo orden en que se originan. Las fibras motoras controlan movimientos musculares y las sensitivas recogen información del exterior o del interior del organismo.

Los nervios craneales y espinales se presentan como cordones de color blanquecino y brillante y están formados por el conjunto de muchas fibras nerviosas, casi todas revestidas de vaina mielínica. Todos los nervios craneales y espinales resultan de la unión de fibras que salen del encéfalo o de la médula espinal; sin embargo, mientras que para los nervios craneales dichas fibras se unen directamente con el fin de formar el nervio, en los nervios espinales las fibras se unen primero en dos formaciones diferentes: la raíz anterior y la raíz posterior. La unión de ambas raíces da origen finalmente al tronco del nervio espinal.

Los 12 pares de nervios craneales se originan o terminan en el encéfalo, se encuentran total o parcialmente dentro del cráneo y están compuestos por fibras aferentes que llevan impulsos de los receptores a los centros nerviosos y fibras eferentes que conducen impulsos del sistema nervioso central a los efectores. Por esta razón, los pares craneales pueden ser motores (eferentes), sensitivos (aferentes) o mixtos (constituidos por vías aferentes y eferentes).

Los nervios craneales se extienden desde la cabeza y el cuello hasta el cerebro, pasando a través de las aberturas del cráneo; a su vez, los nervios espinales o medulares están asociados con la médula espinal y atraviesan las aberturas de la columna vertebral. Ambos tipos de nervios constan de un gran número de axones que transportan los impulsos hacia el sistema nervioso central y llevan los mensajes hacia el exterior. Las primeras vías se llaman aferentes y las últimas eferentes.

En función de la parte del cuerpo que alcanzan, los impulsos nerviosos aferentes son denominados sensitivos y los eferentes, somáticos o motores viscerales. La mayoría de los nervios son mixtos, es decir, están constituidos por elementos motores y sensitivos.

Vascularización

El oxígeno y la glucosa llegan a las células nerviosas por dos pares de arterias craneales. Justo debajo del cuello, cada una de las dos arterias carótidas comunes se divide en una rama externa –la carótida externa, que lleva sangre a la parte externa craneal– y una rama interna –la carótida interna, que lleva sangre a la porción anterior del cerebro. Las dos arterias vertebrales se unen y forman la arteria basilar, que irriga la parte posterior del cerebro.

En la base del cerebro existe un sistema denominado círculo de Willis, que une ambos sistemas y sirve como compensación si se obstruye alguna de las arterias. 25% del gasto cardiaco llega a los tejidos cerebrales a partir de una enorme red de arterias cerebrales y cerebelosas.

Los vasos cerebrales (arterias y arteriolas) son de tipo elástico, es decir, contienen poco músculo liso y, por lo tanto, tienen una contractilidad limitada. Los procesos astrocíticos se extienden a los capilares y los envuelven con una lámina u hoja perivascular formada por glía. La pared capilar consiste en células endoteliales que se solapan en sus bordes como las tejas y se unen unas a otras mediante uniones muy ajustadas (llamadas zónulas ocluyentes).

Todo el capilar está rodeado por una lámina basal y por la cubierta astrocítica; a su vez, la cubierta glial que rodea los capilares explica por qué es difícil el paso de materiales de la sangre al cerebro, formando la barrera hematoencefálica (conjuntamente con el endotelio capilar de los vasos cerebrales, que no son fenestrados, a diferencia del endotelio de otros muchos órganos, que tiene poros o fenestraciones).

Descripción de los pares craneales

Los pares craneales son nervios que están comunicación con el encéfalo y atraviesan los orificios de la base del cráneo con la finalidad de inervar diferentes estructuras, además de la cabeza y el cuello, por ejemplo: si nos referimos al nervio gástrico o vago, su área de enervación incluye vísceras situadas en el mediastino y en la cavidad abdominal.

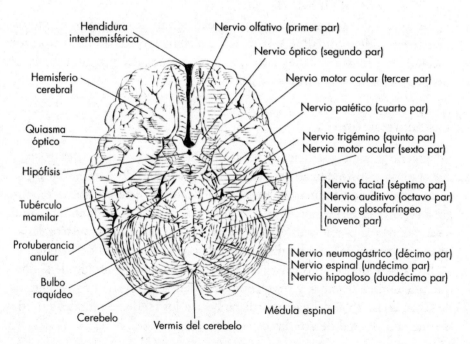

De acuerdo con su punto de emergencia en la superficie del encéfalo, se distinguen 12 pares de nervios. Desde el punto de visto fisiológico, los pares craneales pueden ser divididos en tres grupos o categorías:

- Nervios sensitivos o sensoriales (olfatorio, óptico y auditivo).
- Nervios motores (motor ocular común, patético, motor ocular externo, espinal e hipogloso mayor).
- Nervios mixtos o sensitivo-motores (trigémino, facial, glosofaríngeo y neumogástrico).

En cada par craneal podemos considerar un origen real y otro aparente:

- Origen aparente: es el sitio de emergencia del nervio en la superficie de la masa encefálica.
- Origen real o verdadero: es el sitio que da origen a las fibras nerviosas que constituyen el nervio.

En el caso de los nervios sensitivos o aferentes, su origen real corresponde a las células nerviosas periféricas, que pueden agruparse y formar ganglios anexos a los troncos nerviosos, o estar situados en los órganos de los sensitivos, por ejemplo: las fosas nasales, ojos u oídos. Los nervios motores o aferentes se inician en grupos neuronales situados en el encéfalo y que constituyen su núcleo de origen, en tanto que los nervios mixtos poseen dos raíces –una motora y otra sensitiva–, cada una de las cuales posee su origen real. Algunos pares craneales poseen fibras vegetativas pertenecientes al sistema parasimpático, como los nervios motor ocular común, facial, glosofaríngeo y neumogástrico. Estos nervios, además de su origen sensitivo motor, poseen un núcleo central, donde se originan sus fibras vegetativas.

Pares craneales

I.   Olfatorio: olfato (sensorial)

II. Óptico: Visión y reflejos asociados (sensorial)

III. Motor ocular común: movimientos oculares y constricción pupilar (motor)

IV. Patético o troclear: movimientos oculares (motor)

V.   Trigémino: masticación, deglución, movimientos del paladar blando y del conducto faringotimpánico, movimientos de la membrana timpánica y de los huesecillos del oído, y sensaciones generales de la mitad anterior de la cabeza, incluidas la cara, la nariz, la boca y las meninges (mixto)

VI. Motor ocular externo o abductor: movimientos oculares (motor) (motor ocular externo o lateral), cuyo origen está en el IV ventrículo

VII. Facial: expresión facial, elevación del hueso hioides, movimientos del estribo, lagrimeo, salivación, vasodilatación, gusto y sensación visceral (mixto)

VIII. Vestibulococlear: audición y equilibrio (sensorial y acústico)

IX. Glosofaríngeo: movimientos de faringe y laringe en la deglución, salivación, vasodilatación y gusto, y sensaciones generales en el tercio posterior de la lengua, las amígdalas y la faringe superior (mixto)

X.   Vago: movimientos de deglución y control laríngeo, movimientos del paladar blando, faringe y laringe, gusto, parasimpático torácico y de vísceras abdominales, y sensibilidad visceral del cuello, del tórax y del abdomen (mixto)

XI. Accesorio: movimientos del hombro y la cabeza (espinal) (motor)

XII. Hipogloso: movimientos de la lengua (motor)

Par craneal	Descripción	Origen real	Origen aparente	Recorrido	Ramas o segmentos
I. **Olfatorio**	Es un nervio sensorial que da origen al sentido del olfato.	Las fibras del nervio olfatorio se originan en las células bipolares de la mucosa olfatoria o mancha amarilla, ubicada en la porción superior de las fosas nasales.	Cara inferior del bulbo olfatorio, ubicado sobre la lámina cribosa del etmoides, a cada lado de la apófisis crista galli.	Las fibras nerviosas provenientes de las células bipolares, que se encuentran en varias direcciones y se reúnen luego en 12 a 20 ramos olfatorios, que atraviesan la lámina cribosa del etmoides y alcanzan la cara inferior del bulbo olfatorio.	En íntimo contacto se halla un pequeño par de nervios denominados nervios terminales.
II. **Óptico**	Es tanto un nervio sensorial que emerge del globo ocular, como el nervio que permite la visión.	Se origina en la capa de células ganglionares de la retina. Los axones de estas células ganglionares, al reunirse y dirigirse hacia atrás, forman el nervio óptico.	Es el ángulo anterior del quiasma óptico.	Este nervio mide 4 cm de longitud y se dirige hacia arriba, atrás y adentro.	Se describen en él cuatro segmentos: *Primer segmento:* intraocular. Los axones de las células ganglionares de la retina convergen en la papila óptica. *Segundo segmento:* intraorbitario. El nervio queda comprendido en un cono formado por los músculos rectos del ojo y se sumerge en la grasa retroocular. *Tercer segmento:* intracanacular. El nervio atra-

Par craneal	Descripción	Origen real	Origen aparente	Recorrido	Ramas o segmentos
					viesa el agujero óptico acompañado por la arteria oftálmica. *Cuarto segmento:* intracraneal. Mide 1 cm y está comprendido entre el agujero óptico y el quiasma. En este segmento, el nervio se halla situado sobre la tienda del hipófisis y sobre el canal óptico del esfenoide.
III. Motor ocular común	Es un nervio motor que posee un constringente de fibras vegetativas destinadas a la musculatura intrínseca del ojo. Inerva a todos los músculos extrínsecos del ojo, excepto al oblicuo mayor y al recto externo; además, mediante su conexión con el ganglio oftálmico, inerva el esfínter de la pupila y el músculo ciliar, que son músculos intraoculares o intrínsecos.	Las fibras de este par se originan en dos núcleos: a) núcleo somatomotor: situado en los pedúnculos cerebrales, a nivel de los tubérculos cuadrigéminos anteriores y por delante del acueducto de Silvio, y b) núcleo parasimpático motor: es el núcleo de Edinger-Westphal o núcleo pupilar, situado detrás y por dentro del presente. Éste es un núcleo foto motor y fotoacomodador.	El nervio emerge en el surco del motor ocular común, situado en la cara antero interna del pedúnculo cerebral que corresponde.	Recorrido y relaciones: El motor ocular común, luego de emerger del tronco del encéfalo, se dirige hacia afuera, arriba y adelante, pasando por la arteria cerebral posterior y la arteria cerebelosa superior, luego penetra una pared externa del seno carnoso, ubicándose por encima del nervio patético y del oftálmico. Sale de la pared externa en la porción anterior del seno cavernoso y penetra en la órbita, pasando por	Ramas terminales: a. *Rama terminal superior:* inerva el músculo recto superior del ojo y el elevador del párpado superior. b. *Rama terminal inferior:* inerva el recto interno, el oblicuo menor y el recto inferior; además, da una rama destinada al ganglio ciliar oftálmico, que aporta las fibras parasimpáticas que regulan el esfínter pupilar a través de los nervios ciliares cortos.

Par craneal	Descripción	Origen real	Origen aparente	Recorrido	Ramas o segmentos
IV. **Patético o nervio troclear**	Es un nervio exclusivamente motor que inerva sólo al músculo oblicuo mayor del ojo. Tiene dos particularidades respecto a los otros pares craneales: es el único nervio que emerge de la cara posterior del tronco del encéfalo y el único par craneal que entrecruza sus fibras en el interior del tronco encefálico.	En el núcleo situado en el pedúnculo cerebral por debajo del núcleo somatomotor del nervio motor ocular común. Las fibras que provienen de este núcleo, antes de aparecer en la superficie, se entrecruzan con las del lado opuesto.	Emerge en la cara posterior de los pedúnculos cerebrales, a cada lado del frenillo de la válvula de Vieussens.	Rodea las caras laterales de los pedúnculos cerebrales y se dirige adelante, en dirección al seno cavernoso. Penetra en la pared externa de dicho seno y se ubica al principio por debajo del motor ocular común y por encima del oftálmico. Luego se introduce en la órbita por la hendidura esfenoidal y pasa por fuera del anillo de Zinn.	la hendidura esfenoidal, dividiéndose en dos rama terminales que atraviesan el anillo de Zinn. Su rama terminal penetra en el músculo oblicuo mayor del ojo, al que inerva.
V. **Trigémino**	Nervio mixto. Recibe la sensibilidad de los tegumentos de los dos tercios anteriores del cráneo, de la totalidad de la cara, fosas nasales, orbital, cavidad bucal y su contenido. A su vez, es el nervio motor de los	*Origen sensitivo:* Las fibras sensitivas de este nervio nacen en el ganglio de Gasser, ubicado en el vértice de la cara anterosuperior del peñasco del temporal. Da origen a fibras que na y más delgada, que constituyen los nervios	Emerge de la cara anteroinferior del puente de Varolio, en el nivel de los pedúnculos cerebelosos medios, por dos raíces: una raíz externa, gruesa y sensitiva, y otra interna y más delgada, que es la raíz motora.	Las dos raíces se dirigen desde la cara anteroinferior de la protuberancia hacia adelante y afuera en dirección al borde superior del peñasco. La raíz motora se ubica progresivamente por debajo de la raíz sensitiva	Es el único par craneal que da sus ramas terminales dentro del cráneo. a. Nervio oftálmico de Willis: sensitivo. b. Nervio maxilar superior: sensitivo. c. Nervio maxilar inferior: motor sensitivo.

Par craneal	Descripción	Origen real	Origen aparente	Recorrido	Ramas o segmentos
	músculos masticadores y de algunos otros.	oftálmicos, maxilar superior y parte sensitiva del maxilar inferior. *Origen motor:* Las fibras motoras del trigémino nacen de dos núcleos: a) núcleo principal o masticador, situado en la calota de la protuberancia anular, y b) núcleo accesorio, situado por encima del precedente, en el mesencéfalo (pedúnculos cerebrales).		Ambas raíces atraviesan el borde superior de peñasco por la escotadura de Gruber, y luego la rama sensitiva se despliega en abanico formando el plexo triangular, que termina en el ganglio de Gasser. La raíz motora se desliza por debajo de la raíz sensitiva, pasa por debajo del ganglio de Glaeer y luego se incorpora a la rama maxilar inferior. De este modo, el nervio trigémino da ramas que son sensitivas y una tercera, que es mixta.	Cada una de estas ramas presenta un ganglio anexo: a. Nervio oftálmico: muestra como ganglio anexo el ciliar u oftálmico, ubicado dentro de la órbita. b. Nervio maxilar superior: tiene anexo al ganglio esfenopalatino, situado en la fosa peterigomaxilar. c. Nervio maxilar inferior: tiene anexo al ganglio óptico, ubicado do debajo del agujero oval.
VI. **Motor ocular externo o nervio abducens**	Es un nervio exclusivamente motor, destinado al músculo del recto interno del ojo.	El nervio motor ocular externo tiene su origen real en un núcleo protuberancial ubicado debajo del piso del cuarto ventrículo y que hace prominencia en el piso ventricular dando origen a la eminencia teres. Este núcleo está rodeado	El motor ocular externo emerge del surco bulboprotuberancial, a ambos lados del agujero ciego.	Desde su origen aparente, el MOE se dirige hacia adelante, arriba y afuera; penetra en el interior del seno cavernoso y lo recorre desde atrás hacia adelante en compañía de la arteria carótida interna. Luego el nervio penetra en la órbita	El VI par craneal no emite ninguna rama colateral y termina en la rama profunda en la cara profunda del músculo recto externo del ojo.

Par craneal	Descripción	Origen real	Origen aparente	Recorrido	Ramas o segmentos
		por dentro, detrás y afuera por la raíz motora del nervio facial.		por la hendidura esfenoidal, atravesando el anillo de Zinn.	
VII. **Facial**	Es un nervio mixto: motor, sensitivo-sensorial y órgano vegetativo. Está formado por dos raíces: una sensitiva denominada nervio intermediario de Wrisberg. El facial propiamente dicho posee fibras motoras destinadas a inervar los músculos de la mímica, cutáneo del cuello, occipital, vientre posterior del digástrico, estilohioideo y músculos del estribo.	Núcleo somatomotor: está situado en la calota protuberancial, en él límite con el bulbo raquídeo. Núcleo sensitivo-sensorial: esta parte del nervio se origina en el interior del hueso temporal. Núcleo vegetativo: son dos núcleos ubicados en la protuberancia, detrás del núcleo motor: lacrimomuconasal y salival superior.	El VII par craneal y el intermediario de Wrisberg emergen del surco bulboprotuberancial en el ámbito de las fositas supraolivar, por fuera del VI par y por delante del nervio auditivo.	Desde el surco bulboprotuberancial, las dos ramas del facial se dirigen hacia arriba, adelante y afuera, atravesando el ángulo pontocerebeloso en compañia del VIII par, con el cual se introduce en el conducto auditivo interno, acompañado por la arteria auditiva interna. En el fondo del conducto auditivo interno, el facial se ubica en el cuadrante anterosuperior y penetra en el acueducto de falopio, recorriéndolo en toda su extensión.	El nervio, al igual que el acueducto, presenta tres segmentos: a. Primer segmento o laberíntico. b. Segundo segmento o timpánico. c. Tercer segmento o mastoideo.
VIII. **Vestíbulo coclear**	El nervio auditivo, también llamado nervio estatoacústico o nervio vestíbulo-coclear, es un nervio sensitivo-sensorial relacionado con la audi-	*Origen real:* a. Rama vestibular: los cuerpos de las neuronas de origen se hallan en el ganglio de Scarpa.	Surco bulboprotuberancial, por fuera del nervio facial y del intermediario de Wrisberg.	En el fondo del conducto auditivo interno, ambas ramas se hallan en relación con el nervio facial, el intermediario de Wrisberg y la arteria auditiva	

Par craneal	Descripción	Origen real	Origen aparente	Recorrido	Ramas o segmentos
	ción y el equilibrio. Está formado por dos ramas anatómicas y fisiológicamente diversas: ramo vestibular o nervio del equilibrio y ramo coclear, en relación con la audición.	b. Rama coclear: el origen real de esta rama es el ganglio de Corti o ganglio espiral, situado en el interior del caracol membranoso.		interna. Desde el conducto auditivo interno, el nervio se dirige hacia la parte lateral del surco bulboprotuberancial, pasando a través del ángulo pontocerebeloso, lugar donde se relaciona fundamentalmente con el nervio facial.	
IX. Glosofaríngeo	Es un nervio mixto: sensitivo-sensorial, motor y vegetativo. *Función sensitivo-sensorial:* conduce a la sensibilidad general de la faringe y del tercio posterior de la mucosa lingual, región amigdalina y parte del velo del paladar. *Función motora:* inerva los músculos de la faringe y velo del paladar. *Función vegetativa:* contiene fibras parasimpáticas que se inervan a la glándula parótida y mucosas linguo-labiales.	*Origen motor:* parte superior del núcleo ambiguo, situado en el bulbo raquídeo. *Origen sensitivo-sensorial:* se localiza en dos ganglios; el de Andersch y el de Ehrenritter. *Origen vegetativo:* el origen real de las fibras vegetativas está situado en el piso del cuarto ventrículo y corresponde al núcleo salival inferior.	El nervio glosofaríngeo emerge del surco colateral posterior del bulbo raquídeo, por encima del neumogástrico y del espinal.	El nervio sale por el cráneo por el agujero rasgado posterior detrás del neumogástrico y del espinal, de los cuales está separado por el ligamento yugular. Luego desciende por el compartimiento retroestíleo del espacio maxilofaríngeo hasta la base de la lengua donde termina.	El nervio de Jacobson da origen a seis ramas: ramo para la ventana oval, de la ventana redonda, ramo tubario, caroticotimpático, petroso profundo mayor y petroso superficial menor. *Ramas terminales:* Al llegar a la base de la lengua, el glosofaríngeo se divide en numerosas ramas que se expanden en la mucosa y forman el plexo lingual.

Par craneal	Descripción	Origen real	Origen aparente	Recorrido	Ramas o segmentos
X. **Vago o neumogástrico**	Nervio mixto: motor, sensitivo y vegetativo. Es el que posee un territorio de inervación más extenso, ya que comprende vísceras del cuello, así como el tórax y el abdomen.	*Origen somatomotor:* corresponde a la parte media del núcleo ambiguo, por debajo del origen motor del glosofaríngeo. *Origen somatosensitivo:* se halla en dos ganglios situados en el trayecto del nervio. *Ganglio yugular:* está situado a nivel del agujero rasgado posterior. *Ganglio plexiforme:* es más voluminoso que el anterior y está ubicado por debajo de la base del cráneo. *Origen vegetativo:* las fibras vegetativas se originan en dos núcleos situados bajo el piso del cuarto ventrículo en el ala gris: a. *Núcleo visceromotor:* es el núcleo dorsal del vago, llamado también *núcleo cardioneumogastroentérico.* b. *Núcleo viscerosensitivo:* está situado en la parte externa del núcleo dorsal del vago.	El neumogástrico emerge del surco colateral posterior del bulbo, por debajo del glosofaríngeo y por encima del nervio espinal.	Sale del cráneo por el agujero rasgado posterior, situándose por detrás del glosofaríngeo y por delante del espinal. Luego desciende por el compartimiento retroestíleo del espacio maxilofaríngeo. En el cuello forma parte del paquete vasculonervioso alto, situándose en el ángulo diedro que forman hacia atrás la arteria carótida interna y la vena yugular interna. Más abajo forma parte del paquete vasculonervioso bajo del cuello, junto con la carótida primitiva y la vena yugular interna. En el tórax, las relaciones son diferentes para el neumogástrico derecho e izquierdo. El neumogástrico derecho pasa por delante de la arteria subclavia derecha y por detrás del bronquio derecho, en tanto que el	*Ramas cervicales:* Ramos faríngeos. Nervio cardiacos cervicales o superiores. Nervio laríngeo superior. Ramos carotídeos. Ramas torácicas. Nervios cardiacos inferiores. Ramos pulmonares. Ramos esofágicos. Nervio laríngeo inferior o recurrente.

Par craneal	Descripción	Origen real	Origen aparente	Recorrido	Ramas o segmentos
				izquierdo desciende por delante del cayado de la aorta y por detrás del bronquio izquierdo. El vago derecho sigue la cara posterior del estómago y se divide en dos ramas que terminan en el ganglio semilunar correspondiente.	
XI. **Espinal o accesorio**	Es un nervio motor, formado por la unión de la raíz espinal y otra craneal.	*Núcleo bulbar:* ubicado en las células de la porción inferior del núcleo ambiguo. *Núcleo medular:* está situado en la parte externa del asta anterior de la porción superior de la médula cervical.	Las raíces bulbares emergen del surco colateral posterior del bulbo raquídeo por debajo del neumogástrico, en tanto que las raíces medulares lo hacen del surco colateral posterior de la médula.	Las raíces inferiores penetran en el cráneo a través del agujero occipital. El XI par craneal, una vez formado, sale del cráneo por el agujero rasgado posterior, junto con el glosofaríngeo y el vago.	Ramo anastomótico para el X par craneal. Nervios del esternocleidomastoideo: se origina de un asa formada por la anastomosis del XI par, con la correspondiente rama del plexo cervical profundo. Nervio del músculo trapecio.

Par craneal	Descripción	Origen real	Origen aparente	Recorrido	Ramas o segmentos
XII. **Hipogloso mayor**	Es un nervio motor destinado a inervar los músculos de la lengua, los infrahioideos y uno suprahioideo: el genihioideo.	El origen real del hipogloso mayor es un núcleo somatomotor ubicado en el bulbo raquídeo y que corresponde al ala blanca interna del piso del cuarto ventrículo.	El hipogloso emerge por 10 u 11 filetes del surco preolivar del bulbo raquídeo.	El hipogloso sale del cráneo a través del agujero condíleoanterior y desciende por el compartimiento retroestíleo del espacio maxilofaríngeo, describiendo en su trayecto una cueva de concavidad anterosuperior, hasta llegar al borde lateral de la lengua.	Ramo meníngeo o recurrente. Ramos vasculares. Ramo anastomótico para el ganglio plexiforme del neumogástrico.

Acetilcolina: sustancia química del encéfalo que actúa como neurotransmisor. La acetilcolina está relacionada con el aprendizaje y la formación de la memoria; se considera que la deficiencia de acetilcolina en el cerebro es, en parte, responsable de los síntomas de la enfermedad de Alzheimer. Este neurotransmisor también está relacionado con la alteración del estado del ánimo presente en depresión. El desequilibrio entre dopamina y acetilcolina produce algunos síntomas de la enfermedad de Parkinson.

Ácido gamma-aminobutírico (gaba): aminoácido con bajo peso molecular, neurotransmisor y ampliamente distribuido en el sistema nervioso central; además, es un neurotransmisor inhibidor cuya función consiste en detener la transmisión de señales eléctricas en la sinapsis. Al controlar la transmisión de las señales, el GABA facilita la disminución de los síntomas de algunos trastornos cerebrales, como las convulsiones y los espasmos musculares. El déficit de GABA también tiene relación con los trastornos de ansiedad, la enfermedad de Huntington y, posiblemente, la de Parkinson. Algunos tratamientos actúan sobre los receptores del GABA, como las benzodiacepinas que se utilizan para tratar los trastornos de ansiedad.

Adiadococinecia (a = privación, del griego *diádochos* = sucesor y *kinesis* = movimiento): incapacidad para ejecutar rápidamente movimientos sucesivos y alternados.

Adquirido: capacidad o característica adquirida o aprendida por un organismo durante su existencia en las innumerables interacciones con el medio ambiente. Las características de la adquisición dependen directamente de los procesos biológicos, en particular de los del tratamiento de la información. Adquirido se opone a innato.

Afecto: actitudes y acciones intencionales y consideradas tales, que causan en un sujeto un estado duradero y significativo de sensaciones globalmente agradables. El afecto correspondería a la satisfacción hedónica de la necesidad oxísmico: una saturación óptima del sistema nervioso en estímulos, causando preferencialmente emociones y del placer.

Aferente (latín, *afferre* = traer): que lleva hacia, por ejemplo: vías aferentes; fibras que conducen los impulsos de los receptores hacia el sistema nervioso central (sensitivas), o vaso de sangre que entra en un órgano determinado.

Agitación: síntoma no específico de uno o más procesos físicos o psicológicos, en el cual el comportamiento motor o el lenguaje de un paciente (gritos, chillidos, quejidos, sollozos, palabrotas, inquietud, caminar con impaciencia o vagar) suponen un riesgo o una molestia para él, se convierten en destructores o peligrosos, o impiden la entrega de cuidados en determinado entorno.

Agonista (literalmente quien contiende): droga agonista es la que facilita los efectos de cierto neurotransmisor sobre la célula possináptica. Fármaco que aumenta la actividad de los neurotransmisores y estimula directamente los receptores de dopamina.

Agresión: el comportamiento de agresión se define como una conducta intencional que afecta la integridad de un organismo (de otros o del sujeto, autoagresión). La problemática principal de la agresión es que, debido a la gran plasticidad de los procesos cognoscitivos, casi todo comportamiento puede percibirse subjetivamente como agresivo.

Amígdala: complejo nuclear que forma parte del sistema límbico. La amígdala está ubicada en el temporal frente al hipocampo, y sus funciones son las de control de la conducta autónoma, emocional y sexual.

Amor: parecería que el amor correspondiera a un estado psíquico a menudo pasional de dependencia al objeto amado. Esta dependencia, que puede ser muy intensa, sería basada probablemente por procesos neurobiológicos similares a los de la dependencia a las sustancias adictivos. Los distintos estados hedónicos inducidos por la relación enamorada pueden ser más concretamente los causados por el estímulo del sistema somatosensorial o por la satisfacción de la necesidad oxísmica y constituir un vínculo de apego (intensidad baja) o dependencia (fuerte intensidad). Los neuromediadores supuestos que podrían implicarse serían la oxitocina y los endomorfinas, que actúan en las estructuras límbicas.

Análisis del líquido cefalorraquídeo o espinal (también llamado punción lumbar): procedimiento utilizado para realizar una evaluación o un diagnóstico examinando el líquido extraído de la columna vertebral.

Anoxia: estado grave relacionado con la hipoxia, en el cual el grado de oxigenación de los tejidos del organismo es insuficiente. La anoxia en el cerebro puede provocar la pérdida de neuronas, con predominio en el hipocampo, el globo pálido y el cerebelo y, por último, la muerte cerebral.

Ansiedad: estado de desorden psíquico causado por el sentimiento de la inminencia de un acontecimiento molesto o peligroso, acompañado a menudo de fenómenos físicos. La ansiedad, estado *emocional* primario, sería basada en la amígdala y eventualmente la región periamígdala.

Antagonista (del griego *antagonistés*, de *agón* = lucha): una droga antagonista inhibe o se opone a los efectos de determinado neurotransmisor sobre la célula possináptica.

Antidrómico (anti = contra + *dromos* = correr): propagación de un impulso nervioso en un axón en una dirección opuesta a lo habitual.

Apófisis (del griego *apóphisis*): parte saliente de un hueso, que sirve para su articulación o para las inserciones musculares.

Apoplejía: sangrado cerebral incontrolable, también denominado ictus. Generalmente, la apoplejía se relaciona con pérdida de conciencia y parálisis en varias partes del cuerpo.

Aprendizaje o adquisición: modificaciones duraderas de los conocimientos o comportamientos de un sujeto (humano o animal), debido a experiencias repetidas. El aprendizaje resultaría de modificaciones sinápticas (propiedades electrofisiológicas de las membranas y modificaciones de conexiones) producidas en estructuras neurales clave.

Aracnoidea (*arakne*: tela de araña = *eidos* + semejanza): capa meníngea delicada que forma el límite exterior de la cavidad subaracnoidea.

Arco reflejo: estructura básica del reflejo, que consta de un órgano sensitivo, una neurona bipolar sensitiva, una sinapsis con una neurona motoneurona y la conexión de ésta con un efector.

Arteriograma (angiograma): procedimiento con el que se obtiene una imagen de las arterias que van al encéfalo y las que lo atraviesan.

Asinergia: fenómeno notable en la sintomatología de una enfermedad del cerebelo. Consiste en la incapacidad para coordinar, en justa sucesión, los diversos movimientos elementales de un acto voluntario.

Ataque cerebral (derrame cerebral): se produce cuando las células del encéfalo mueren debido a un flujo insuficiente de sangre en el encéfalo.

Ataxia (a = privar y del griego *taxis* = orden): trastorno de la motricidad vinculado con un defecto de la coordinación de los músculos implicados en un movimiento. Pérdida del equilibrio. Fallo de coordinación muscular, que provoca acción muscular irregular y afecta la postura y el movimiento. Las personas sonámbulas pueden tener marcha atáxica insegura.

Atención: proceso mediante el cual un sujeto aumenta su eficiencia respecto a algún contenido psicológico (percepción, intelección y recuerdo).

Atetosis (del griego *athetos* = fuera de lugar): conjunto de movimientos involuntarios, lentos, arrítmicos y bastante estereotipados, especialmente en las extremidades de los miembros. Movimientos lentos e involuntarios de las manos y los pies.

Axón: extensión alargada y con forma de cabello de una célula nerviosa que transporta un mensaje a la célula contigua.

Barrera **hematoencefálica**: mecanismos que regulan los gradientes de concentración de las sustancias entre el cerebro y el medio intravascular; determina qué moléculas o sustancias iónicas pasan del torrente sanguíneo al espacio intercelular. Membrana protectora que separa la sangre circulante de las células del encéfalo.

Benzodiacepinas: tipo de fármacos con amplio espectro de efectos; con frecuencia se aplican al tratamiento de determinadas ansiedades porque tienen efectos hipnótico y anticonvulsivante y se pueden administrar para tratar las convulsiones epilépticas; además, tienen un efecto relajante muscular. Las benzodiacepinas actúan para aumentar la acción inhibitoria del neurotransmisor ácido gamma-aminobutírico (GABA) mediante la modulación de la actividad de los receptores de GABA. Algunos pacientes adquieren adicción a las benzodiacepinas, por lo cual se recomienda no indicar este tipo de fármacos para tratamientos a largo plazo.

Bradicinesia: lentitud de movimiento. Lentitud en la respuesta física y mental o lentitud anormal en el movimiento. Síntoma primario de la enfermedad de Parkinson.

Bradifrenia: lentitud en los procesos del pensamiento.

Bruxismo: roce de dientes durante el sueño, Clase de parasomnia.

Bulbo raquídeo: parte del cerebro que integra el rombencéfalo y el tronco encefálico y conecta la médula espinal con la protuberancia. Interviene en el control de funciones inconscientes fundamentales, como la respiración, la circulación de la sangre y el tono muscular.

Cataplexia: pérdida repentina de tono muscular, que puede aparecer en las personas que sufren narcolepsia.

Catatonia: síndrome caracterizado por periodos de rigidez muscular, excitación o estupor. La catatonia o comportamiento catatónico suele aparecer en las personas con trastorno esquizofrénico o psicótico.

Células de Schwann: células en el sistema nervioso periférico enrolladas alrededor de un axón mielinizado y que proporcionan un segmento de su vaina de mielina.

Cerebelo: estructura de gran tamaño formada por dos mitades (hemisferios) y situada en la parte baja del encéfalo; es responsable de la coordinación de los movimientos y del equilibrio.

Cerebro: suele utilizarse incorrectamente para referirse a la totalidad del contenido del cráneo, que en realidad se llama encéfalo. El cerebro propiamente dicho está constituido por dos partes (lóbulos), el derecho y el izquierdo, que forman la parte de mayor tamaño y más desarrollada del encéfalo. El inicio y la coordinación de todos los movimientos voluntarios tienen lugar en el cerebro.

Circunvolución del cuerpo calloso: circunvolución prominente (borde de la corteza cerebral plegada) ubicada cerca del plano sagital medio del cerebro, encima del cuerpo calloso. Forma parte del sistema límbico, que tiene relación con el estado del ánimo y las emociones.

Cisura: sinónimo de fisura (corteza cerebral). Conglomerado de fibras nerviosas blancas que conectan estos dos hemisferios y transfieren información de uno a otro.

Cognición o cognoscitivo: procesos más complejos del tratamiento de la información localizados en las regiones corticales del sistema nervioso.

Conducto vertebral: conducto ubicado dentro de la columna vertebral, en el cual se ubica la médula espinal. La columna vertebral sostiene y protege la médula espinal.

Comisura (unión o conjunto): tracto de fibras nerviosas, que pasa de un lado a otro del encéfalo o la médula espinal, interconectando regiones correspondientes.

Comportamiento: movimientos organizados externos al organismo. En los mamíferos, conjunto de movimientos organizados externos, producidos por la activación del sistema muscular esquelético, con el control de la actividad neural.

Conciencia: permite el control superior de las actividades cerebrales más complejas. Al parecer sólo existiría en algunos primates y aparece progresivamente al curso del desarrollo ontogenético, de manera consecutiva a la maduración de las áreas corticales asociativas polimodales. Las estructuras neurales de la conciencia serían una o más redes de circuitos especializadas y localizadas en las regiones frontales y corticales asociativas posteriores (*precuneus et gyrus cingular* posterior) del hemisferio dominante o lingüístico.

Convulsión: se produce cuando una o varias zonas del encéfalo reciben una descarga de señales eléctricas anormales que interrumpe temporalmente la función eléctrica normal del encéfalo.

Corteza cerebral: capa externa del cerebro muy densa y formada por células nerviosas bastante apretadas.

Criotalamotomía: procedimiento quirúrgico que consiste en introducir una sonda extremadamente fría en una zona del encéfalo llamada tálamo, a fin de detener los temblores.

Cuerpo de Lewy: esfera de color rosado que se encuentra en los cuerpos de las células moribundas y que se considera un marcador de la enfermedad de Parkinson.

Decusación (*decussatio, decussis* = número X): punto de cruce de un par de fibras.

Delirio: trastorno en el que el paciente pierde el contacto con la realidad y sufre alucinaciones e ideas delirantes. Trastorno mental agudo que acompaña a algunos trastornos cerebrales; puede provocar confusión, desorientación, alucinaciones y pérdida de la memoria, cuyos síntomas aparecen rápidamente y son fluctuantes durante el día. El delirio se puede producir por un problema orgánico, como insuficiencia cardiaca congestiva, infección del tracto urinario, insuficiencia hepática, fármacos o alcoholismo.

Delirios: creencia falsa que se sostiene con firmeza a pesar de evidencias contrarias. Esta creencia se halla fuera del patrimonio cultural de la persona. Los delirios se observan a menudo en la psicosis (por ejemplo: durante un episodio esquizofrénico) y constituyen un síntoma positivo de esquizofrenia.

Demencia: deterioro del funcionamiento intelectual lo suficientemente grave para interferir con la capacidad de llevar a cabo las actividades cotidianas. Estado mental en el que se presenta una pérdida de funciones psíquicas y manipulativas con una progresiva desestructuración anatómica y funcional. Trastorno mental caracterizado por la pérdida de las capacidades intelectuales, lo cual comprende cambios de personalidad y deterioro de la memoria, del razonamiento y del pensamiento abstracto. La demencia se puede producir por una cantidad de trastornos cerebrales, entre los que cabe mencionar las enfermedades de Alzheimer, de Huntington de Parkinson y la esclerosis múltiple.

Dendrita: extensión filiforme de una célula nerviosa que sirve de antena para recibir los mensajes enviados por los axones de otras células nerviosas. Prolongaciones de la neurona, en forma de árbol. La mayoría de las neuronas tienen múltiples dendritas, cortas y siempre muy ramificadas. Las dendritas se especializan en recibir información y establecer contactos sinápticos con las terminales de otras células nerviosas, para permitir la transmisión de los impulsos nerviosos.

Depresión: trastorno de estado de ánimo caracterizado por sentimientos de tristeza que perduran durante varias semanas o más tiempo. La depresión está relacionada con sentimientos de baja estima, indefensión y culpa y puede conducir a trastornos del apetito y del sueño; además, puede aparecer en las personas que sufren otros trastornos cerebrales, como la enfermedad de Parkinson y la de Alzheimer y, por lo general, la sufren personas que tienen un trastorno de ansiedad. Quienes tienen un trastorno bipolar experimentan ciclos de depresión y manía.

Dermatoma: zonas de la piel inervadas por un nervio espinal y que, por consiguiente, corresponden a un segmento medular.

Discinesia: movimientos involuntarios que incluyen la atetosis y el corea. Alteración o distorsión del movimiento voluntario, que provoca movimientos y espasmos fragmentados. La discinesia puede aparecer en las personas que sufren enfermedad de Parkinson y que han seguido un tratamiento prolongado con levodopa. Este efecto secundario de la levodopa puede debilitar tanto como la enfermedad misma.

Disfagia: dificultad para tragar.

Dismetría: falta de medida en los movimientos voluntarios, espontáneos u ordenados. Síntoma observado en las enfermedades del cerebelo.

Disomnias: conforman un grupo de trastornos primarios del sueño, en los cuales la duración, el ritmo o la clase de sueño se desvían de lo normal. Entre las disomnias podemos mencionar el insomnio, la *hipersomnia* y los trastornos del sueño circadianos.

Dispatía (sufrimiento psíquico): neologismo formado a partir del griego *dus*, que expresa la idea de dificultad o falta, y el griego *pathos,* que significa sufrimiento o enfermedad. El estado de dispatía (o de sufrimiento psíquico) corresponde a la invasión del campo de la conciencia del sujeto por una o varias emociones negativas que, por su intenso esfuerzo, causan una alteración parcial o total de la relación con el mundo. El sufrimiento psíquico crónico es una de las causas principales y frecuentes de los desórdenes del psiquismo.

Distonía: movimiento lento o espasmo prolongado de un grupo de músculos.

Distrofia muscular: nombre que recibe un grupo de enfermedades que son, en la mayoría de los casos, de origen genético y que causan un deterioro progresivo de los músculos, acompañado de debilidad y deformidades.

Dolor: componente cognoscitivo del proceso de nocicepción (mientras que el sufrimiento corresponde al componente afectivo) y que da una información de intensidad y localización de una alteración somática.

Dopamina: sustancia química del encéfalo que actúa como neurotransmisor y regula el movimiento, el equilibrio y la marcha. Pequeño neurotransmisor molecular alojado en el sistema nervioso central. El área del cerebro que contiene la mayor cantidad de dopamina es la sustancia negra, que tiene un papel fundamental en el control del movimiento del cuerpo. La dopamina se sintetiza en las neuronas de la sustancia negra a partir de L-DOPA (levodopa), que podemos aplicar al tratamiento de la enfermedad de Parkinson, pero debemos administrar con un inhibidor de DOPA decarboxilasa, para evitar que se metabolice en la periferia antes de producir efecto terapéutico. El déficit de dopamina está relacionado con la enfermedad de Parkinson, y su exceso con la esquizofrenia. Los trastornos dopaminérgicos pueden asociarse con el síntoma depresivo denominado anhedonia, que es la incapacidad para sentir placer en situaciones que habitualmente producen placer.

Efecto intermitente, fenómeno intermitente: cambio en la situación del paciente, que a veces presenta fluctuaciones rápidas entre movimientos incontrolados y movimientos normales; suele producirse tras un periodo prolongado de tratamiento con levodopa y probablemente sea debido a modificaciones en la capacidad para responder a dicho medicamento.

Eje hipotalámico-hipofisiario-suprarrenal: parte del sistema endocrino que ayuda a mediar el control de las hormonas. Por ejemplo, la activación del hipotálamo provoca a la glándula pituitaria anterior secretar la hormona adrenocorticotrópica (ACTH); a su vez, ello estimula la secreción de cortisol por la corteza suprarrenal, lo que eleva el nivel hormonal.

Electroencefalograma (sus siglas en inglés son EEG): procedimiento que registra la actividad eléctrica continua del encéfalo mediante electrodos colocados en el cuero cabelludo.

Émbolo: coágulo errante de sangre.

Embolia cerebral: ataque cerebral producido cuando se forma un coágulo errante (émbolo) o alguna otra partícula en un vaso sanguíneo en cualquier parte del cuerpo, generalmente en el corazón.

Encefalitis: infección viral del encéfalo. Inflamación del cerebro producida, la mayoría de las veces, por una infección vírica; sin embargo, también puede producirse por procesos autoinmunes, toxinas y otras enfermedades. Entre los síntomas cabe mencionar fiebre, fotofobia, vómitos, desorientación, marcha irregular y escaso control del carácter.

Encéfalo: porción del sistema nervioso central contenida dentro del cráneo. Consta del cerebro y sus estructuras asociadas, como el cerebelo, la protuberancia o puente, el bulbo raquídeo, etcétera.

Enfermedad de Alzheimer: enfermedad degenerativa y progresiva que afecta el encéfalo y produce alteraciones de la memoria, del pensamiento y del comportamiento. Trastorno cerebral que provoca pérdida de funciones y muerte de neuronas en las regiones del cerebro responsables del aprendizaje y la formación de la memoria. Esta muerte neuronal lleva a la pérdida de la memoria y la demencia. No se conoce la causa exacta de la enfermedad, si bien se cree que los síntomas son causados, en parte, por una deficiencia del neurotransmisor acetilcolina.

Enfermedad de Huntington: trastorno cerebral hereditario, de aparición a la edad adulta y degenerativo. Los síntomas de la enfermedad de Huntington se producen debido a la pérdida de células en la parte del cerebro que controla el movimiento. En la actualidad no existe la manera de curar este trastorno, pero hay tratamientos para aliviar algunos de sus síntomas.

Enfermedad de Parkinson: la forma más frecuente de parkinsonismo. Enfermedad degenerativa que progresa lentamente y solemos asociar con los síntomas siguientes (derivados de la pérdida de las células encefálicas productoras de dopamina): temblores de los brazos, las piernas, la mandíbula y la cara; rigidez o agarrotamiento del tronco y las extremidades; bradicinesia (lentitud de movimientos); inestabilidad postural o deterioro del equilibrio y la coordinación. Trastorno neurológico progresivo causado por la muerte o pérdida de las neuronas ubicadas en los núcleos basales. Entre los síntomas cabe mencionar temblor de manos, brazos, piernas, mandíbula y cara, rigidez o dureza de las extremidades y del tronco, bradicinesia (lentitud y escasez de movimientos), inestabilidad postural y equilibrio alterado.

Epilepsia: trastorno encefálico en el que se producen convulsiones recurrentes. Alteración de la función cerebral caracterizada por la aparición repentina de convulsiones, ataques de conducta inadecuada, movimientos no habituales e incluso desmayo. Los ataques epilépticos se producen debido a una alteración de la actividad eléctrica del *cerebro*.

Esclerosis lateral amiotrófica: trastorno neurológico terminal caracterizado por la degeneración progresiva de las células motoras de la médula espinal y del encéfalo. También es conocido como enfermedad de Lou Gehrig.

Esclerosis múltiple: enfermedad del sistema nervioso central con curso imprevisible, que puede ser relativamente leve, invalidante o devastadora y que deja al paciente incapaz de hablar, caminar o escribir. Enfermedad neurodegenerativa caracterizada por la acumulación gradual de placas de desmielinización, especialmente en las áreas periventriculares del *cerebro*.

Espasmo: trastorno en el que un músculo o grupo de músculos se contraen de forma involuntaria.

Exámenes de electrodiagnóstico (electromiografía y velocidad de conducción nerviosa): pruebas que sirven para evaluar y diagnosticar los trastornos de los músculos y de las neuronas motoras. Se introducen electrodos en el músculo o se sitúan sobre la piel que recubre un músculo o un grupo de músculos, y son registradas la actividad eléctrica y la respuesta del músculo.

Efector: órgano o célula mediante el cual un organismo da una respuesta, como los principales efectores de los músculos, glándulas, cilios.

Eferente (latín, *efferens* = llevar fuera): que lleva del interior a la periferia, por ejemplo: fibras nerviosas eferentes que conducen los impulsos del sistema nervioso central hacia los efectores (fibras motoras).

Emoción: actividad de las estructuras límbicas. Causa reacciones específicas: motrices (tono muscular y temblores), comportamentales (incapacidad para moverse, agitación, fuga y agresión) y fisiológicas (palidez o enrojecimiento, aceleración del pulso, palpitaciones y sensación de malestar). Las sensaciones emocionales conscientes corresponden a una percepción cognoscitiva de la modificación de los estados fisiológicos del cuerpo, consecutivos a una emoción.

Emoción erótica: sensación emocional de placer intenso, que corresponde a la activación de algunas regiones hipotalámicas y, eventualmente, límbicas. Parece que los endomorfinas están implicados en la dinámica de este proceso.

Enfermedad: estado en el que un proceso fisiológico interno y alterado afecta la integridad del organismo. La disfunción de este proceso se establece en referencia a funciones fisiológicas teóricas y modeladas que deben ir de los principios fundamentales de los sistemas biológicos.

Erótica: se propone llamar "comportamiento erótico" el de búsqueda consciente y voluntaria de los placeres intensos causados por el estímulo físico del cuerpo. Este comportamiento tiene como origen la existencia de procesos neurobiológicos situados en las regiones límbicas y que, desencadenados principalmente por algunos tipos de estímulos somatosensoriales, producen sensaciones intensas de emoción erótica y goce (orgasmo). El comportamiento erótico es un componente del comportamiento hedónico.

Extereocepción: receptor que capta los estímulos procedentes del exterior del organismo.

Festinación: marcha caracterizada por una serie de pasos rápidos, cortos y arrastrando los pies, como si el paciente intentase caminar de prisa e inclinado hacia delante para mantener el equilibrio.

Función o funcional: correspondería a un conjunto de actividades coordinadas de distintos elementos de un sistema, que contribuyen a la realización de un mismo objetivo; sin embargo, una función es una entidad abstracta y teórica, extrapolada a ir de datos experimentales. En psicobiología, la modelización teórica pretende optimizar el "bricolaje de la evolución", de modo que los procesos y funciones sean perfectamente funcionales.

Frustración: estado emocional negativo resultante del impedimento que debe alcanzarse, por ejemplo: un objetivo o realizar un deseo alcanzado o realizado por anticipado.

Ganglio: agrupamiento de células nerviosas por fuera del SNC y que se encuentran en el trayecto.

Ganglios basales: varios grupos voluminosos de células nerviosas, incluido el neoestriado y la sustancia negra, situados en la zona más profunda del encéfalo, por debajo de los hemisferios cerebrales.

Ganglio espinal: lugar de la raíz posterior donde está localizado el soma de las neuronas espinales sensitivas.

Ganglio nervioso (nudo subcutáneo): conjunto de cuerpos neuronales, ubicado fuera del SNC. Existen excepciones, como en el caso de los ganglios basales que se encuentran en el cerebro y los ganglios parasimpáticos. No debemos confundir el ganglio nervioso con el ganglio linfático, el cual pertenece al sistema circulatorio.

Girectomía: extirpación de una circunvolución.

Glutamato: neurotransmisor excitador con bajo peso molecular alojado en el sistema nervioso central. Generalmente consideramos que el glutamato es el neurotransmisor más importante para el funcionamiento normal del cerebro, y calculamos que más de la mitad de las neuronas del cerebro liberan glutamato, el cual es precursor del ácido gamma-aminobutírico en el cerebro.

Glándula pituitaria: glándula endocrina ubicada en la base del hipotálamo, en la base del cerebro. Se divide en parte anterior y parte posterior, cada una de las cuales secreta distintas hormonas, incluidas la adrenocorticotropa y la del crecimiento (anterior), y oxitocina y hormona antidiurética (posterior).

Hedónico: proponemos llamar "comportamiento hedónico" el de búsqueda consciente y voluntaria del placer. Este comportamiento tiene como origen la existencia de procesos neurobiológicos situados en las regiones límbicas. Estos procesos, desencadenados principalmente por algunos tipos de estímulos externos (estímulo de los órganos sensorios) o internos (recuerdos o éxito de una acción), producen distintas sensaciones de placeres que pueden ser muy intensas.

Hemorragia cerebral: tipo de ataque cerebral producido cuando se revienta una arteria defectuosa del encéfalo, que inunda de sangre los tejidos circundantes.

Hemorragia subaracnoidea: ataque cerebral generado cuando un vaso sanguíneo de la superficie del encéfalo se rompe y sangra en el interior del espacio que existe entre el encéfalo y el cráneo (pero no en el interior del encéfalo).

Hendidura sináptica: espacio submicroscópico (generalmente de 50 mm de ancho) que existe entre las neuronas, a través del cual el impulso nervioso es transmitido por un neurotransmisor.

Hipersomnia: tipo de disomnia caracterizado por sueño profundo excesivo o periodos de sueño prolongados. Existen dos tipos principales de hipersomnia: apnea del sueño y narcolepsia. Las personas que sufren hipersomnias experimentan somnolencia durante el día,

irritabilidad, dolores de cabeza y alteración de la memoria y la concentración.

Hipocampo: estructura alojada en el temporal del prosencéfalo. Elemento del sistema límbico importante para la formación de las memorias y otras funciones superiores.

Hipocinecia: lentitud en la ejecución de movimientos voluntarios, denominada también bradiocinesis. A pesar de esa lentitud, todos los movimientos son posibles.

Hipotálamo: área del prosencéfalo ubicada debajo del tálamo. Secreta corticoliberina, que ayuda a controlar el metabolismo ejerciendo su acción en la glándula pituitaria, y vasopresina, que interviene en la regulación de los estados del sueño y la vigilia.

Hipotonía: disminución del tono muscular en reposo que puede ser generalizada o localizada a algunos territorios musculares. La hipotonía se observa en el curso de algunas enfermedades o como efecto de la administración de anestésicos.

Ictus: enfermedad causada por la falta de oxígeno en el cerebro, provocada por un bloqueo del flujo de sangre o una hemorragia en el cerebro, que produce daño del tejido cerebral. La parálisis reversible o irreversible puede ser consecuencia de un daño cerebral. Si el ictus se produce en el hemisferio derecho del cerebro, la parálisis afectará el lado izquierdo del cuerpo; pero si se produce en el hemisferio izquierdo del cerebro, la parálisis cerebral afectará el lado derecho del cuerpo. El ictus que afecta el tronco encefálico puede provocar síntomas complejos, como parálisis, dificultad para tragar, parálisis ocular y problemas respiratorios.

Imágenes por resonancia magnética (sus siglas en inglés son MRI): procedimiento de diagnóstico que utiliza una combinación de imanes grandes, radiofrecuencias y una computadora para producir imágenes detalladas de los órganos y estructuras dentro del cuerpo.

Imagen por resonancia magnética nuclear (RMN): técnica que emplea un campo magnético para crear imágenes de las estructuras internas del organismo. Es utilizada para estudiar los cambios estructurales en el cerebro y otros órganos en el transcurso de muchas enfermedades neurológicas y psiquiátricas.

Imitación: reproducción del comportamiento de un modelo observado. Hipótesis especulativa: en el joven niño, la comprensión de las acciones de otros induciría un estado cerebral similar al de la persona que observa, causando de manera automática y no voluntaria las mismas secuencias comportamentales.

Incontinencia: vaciamiento involuntario de la vejiga o los intestinos.

Índice de parpadeo: número de veces que el párpado se cierra automáticamente en un minuto; en condiciones normales, es de 10 a 30 veces por minuto.

Innato: capacidad o característica de un organismo inscrita en su patrimonio genético. Las capacidades innatas se desarrollan perfectamente, ante la ausencia de todo aprendizaje y todas intervenciones exteriores al organismo. Innato se opone a adquirido.

Instinto: conjunto hipotético de secuencias motrices innatas, preprogramado en el sistema nervioso y que permite la realización, sin ningún aprendizaje, de comportamientos adaptados.

Isquemia: disminución del suministro de sangre a un órgano, lo cual provoca falta de oxígeno y nutrientes. La disminución permanente del suministro de sangre al cerebro puede producir isquemia cerebral o ictus; sin embargo, si este trastorno es temporal, el resultado puede ser un ataque isquémico transitorio (AIT). Los síntomas del AIT son muy similares a los de un ictus contundente,

aunque no tienen efectos a largo plazo y duran entre unos minutos y 24 horas.

Levodopa (L-dopa): medicamento más eficaz contra el Parkinson; se transforma en dopamina en el encéfalo. Precursor inmediato de la dopamina, que podemos aplicar al tratamiento de la enfermedad de Parkinson; se puede administrar por vía oral, cruza la barrera hematoencefálica y llega al cerebro. Las neuronas dopaminérgicas capturan la levodopa rápidamente y la convierten en dopamina. La levodopa se debe administrar con un inhibidor de DOPA decarboxilasa, para evitar que se metabolice en la periferia antes de producir un efecto terapéutico.

Líquido cefalorraquídeo (LCR): líquido que está dentro del cerebro y del espacio subaracnoideo de la médula espinal y que protege al cerebro dentro del cráneo y a la médula espinal contra los golpes mecánicos. El LCR está formado normalmente por glucosa, sales, enzimas y algunos glóbulos blancos, es secretado en los ventrículos, circula por el sistema ventricular para llegar al espacio subaracnoideo y, finalmente, es absorbido en el torrente sanguíneo por estructuras especializadas, denominadas vellosidades aracnoideas.

Lóbulo frontal: término que describe las estructuras cerebrales ubicadas en la parte frontal del cerebro; por ejemplo: el lóbulo frontal del prosencéfalo se ubica debajo del hueso frontal del cráneo detrás de la frente. Es importante en el control del movimiento y en la planificación de la conducta.

Lóbulo occipital: parte o estructura del cuerpo relacionada con la parte posterior de la cabeza; por ejemplo: el lóbulo occipital del encéfalo está ubicado debajo del hueso occipital del cráneo, hacia la parte de atrás de la cabeza. La función primaria es controlar el sentido de la vista.

Lóbulo parietal: parte o estructura del organismo relacionada con el hueso parietal del cráneo (hueso ubicado entre el hueso frontal y el hueso occipital del cráneo). El lóbulo parietal del prosencéfalo está localizado debajo del hueso parietal del cráneo y controla las sensaciones del cuerpo.

Lóbulo temporal: estructura o parte del cuerpo relacionada con las sienes (las zonas ubicadas a ambos lados de la cabeza, en posición adyacente a los ojos). El lóbulo temporal del prosencéfalo está ubicado debajo del hueso temporal del cráneo y relacionado con el control de la audición. También posibilita el reconocimiento de objetos y caras.

Locus ceruleus: pequeña área del tronco encefálico formada por un par de núcleos idénticos (grupos de neuronas) ubicados en la protuberancia, desde el cual nacen todas las conexiones del cerebro que utilizan noradrenalina. Aparentemente, está relacionado con la atención y el enfoque mental.

Lordosis (corcova): aumento exagerado de la curvatura hacia delante de la parte baja de la espalda.

Madurez o maduración: periodo posterior al desarrollo de una estructura o de una función. Con la madurez, éstas se vuelven plenamente funcionales y el desarrollo puede continuar, pero de manera limitada. La madurez debe distinguirse de la edad adulta, fase de madurez del crecimiento somático.

Mesencéfalo: ubicado entre el rombencéfalo y el prosencéfalo, el mesencéfalo forma parte del tronco encefálico y conecta a éste con el rombencéfalo; además, controla los procesos sensoriales.

Miedo: emoción secundaria, estado afectivo negativo e intenso, causado por la percepción de un peligro y basado principalmente en las especificidades anatómica y funcional de la amígdala.

Materia blanca: tejido nervioso cuya coloración es más pálida que la de la materia gris porque contiene fibras nerviosas con menor cantidad de material aislante (mielina). La materia blanca no contiene células nerviosas. En el encéfalo, la materia blanca está situada debajo de la capa gris de la corteza cerebral.

Materia gris: tejidos más oscuros del sistema nervioso central; en el encéfalo, la materia gris está formada por la corteza cerebral, el tálamo, los ganglios basales y las capas externas del cerebelo.

Médula espinal: parte del sistema nervioso central que abarca desde el tronco encefálico hasta la cola de caballo (conjunto de nervios espinales que descienden desde la parte inferior de la médula espinal, cuyo aspecto es similar al de una cola de caballo). Funciona como conducto sensorial y motor entre el cuerpo y el cerebro y está protegido por las vértebras.

Meningitis: inflamación de las meninges, membranas que cubren el encéfalo.

Mielograma: procedimiento mediante el cual se inyecta un contraste en el conducto raquídeo para hacer su estructura claramente visible con los rayos X.

Mielina: material suave, blanco y parcialmente graso que forma la cubierta protectora que rodea al *axón* nervioso. Aísla los axones y posibilita la conducción de las señales a través de ellos a mayor velocidad. En las personas que sufren esclerosis múltiple, la mielina está dañada o destruida y la transmisión de los impulsos alterada.

Migraña: complejo de síntomas que, se cree, son producidos por un desequilibrio en la concentración de serotonina. Por lo general, la migraña comprende un dolor de cabeza intenso, náuseas, vómitos y mayor sensibilidad a la luz y al ruido. El dolor de cabeza puede durar hasta tres días y casi siempre es descrito como una sensación de intensas pulsaciones a uno o ambos lados de la cabeza.

Mioclonia: movimiento involuntario de los brazos y las piernas en forma de sacudida; puede ocurrir durante el sueño.

Motivación: estado emocional primario, o proceso psicobiológico responsable del desencadenamiento, el mantenimiento y el cese de una conducta, así como del valor apetitivo o aversivo conferido a los elementos del medio sobre los cuales es ejercido este comportamiento.

Músculo extensor: cualquier músculo que enderece una extremidad u otra parte del cuerpo.

Músculo flexor: cualquier músculo que doble una extremidad u otra parte del cuerpo.

Narcolepsia: clase de hipersomnia. Trastorno extraño e incapacitante caracterizado por la excesiva somnolencia durante el día. Las personas que sufren narcolepsia también pueden verse afectadas por cataplexia, parálisis del sueño y alucinaciones hipnagógicas.

Neoestriado: parte de los ganglios basales. Gran grupo de células nerviosas, formado por el núcleo caudado y el putamen, que controla el movimiento, el equilibrio y la marcha. Las neuronas del neoestriado necesitan dopamina para funcionar.

Nervios craneales: nervios sensoriales y motores que interconectan el cerebro con los receptores, músculos y glándulas de la cara.

Nervios espinales: sinónimo de nervios raquídeos y somáticos.

Neuroestructural: neologismo formado a partir del prefijo *neuro*, del griego *neuron*, que significa nervio, y del sustantivo *estructura*. Un proceso o una necesidad neuroestructural es aquel producido exclusivamente por una estructura neural (o una red de estructuras) cuyas par-

ticularidades de organización anatómica y funcionales generan este proceso (son las características de la estructura que producen directamente las características de la función). Las principales necesidades neuroestructurales son las de sueño, oxísmico y epistémico.

Neuroléptico: los fármacos neurolépticos disminuyen la confusión y agitación presentes en las enfermedades psicóticas.

Neuronas: tipo de células especializadas en conducir y transmitir las señales eléctricas. Las neuronas no funcionan aisladas, sino que se montan en circuitos que inervan el organismo para transmitir señales sensoriales y motrices a todas las zonas del cuerpo. La estructura de las neuronas, incluidos los axones y las dendritas, ayuda a la formación de estos circuitos.

Neuroplasticidad o plasticidad cerebral: conjunto de mecanismos neurobiológicos que permiten la modificación, generalmente limitada, del sistema nervioso. Modificaciones de la organización de la estructura de algunos elementos neurales, que generan, por consiguiente, un cambio o una gradación de sus funciones. La plasticidad cerebral es un factor principal de emergencia de las funciones del sistema nervioso.

Neurosonografía: procedimiento en el que se utilizan ondas sonoras de alta frecuencia y que le permite al médico analizar el flujo de sangre en caso de sospecha de ataque cerebral.

Neurotransmisores: sustancias químicas que transportan los impulsos desde una célula nerviosa a la otra en el espacio (sinapsis) que separa la terminal transmisora de la neurona (axón) de la terminal receptora de la neurona siguiente (dendrita).

Nicturia: necesidad excesiva de orinar durante la noche, que puede provocar insomnio porque obliga a la persona a despertar varias veces durante la noche y ésta puede encontrar dificultad para volver a conciliar el sueño.

Nociocepción: componente del sistema somatosensorial, elaboración por el sistema somatosensorial de una sensación de dolor o sufrimiento a partir de alteraciones de los tejidos del organismo. Existiría un componente afectivo del proceso de nociocepción: el sufrimiento (núcleos talámicos intralaminares) y un componente cognoscitivo: el dolor (área somatosensorial tercera de Brodman).

Norepinefrina: neurotransmisor que se encuentra fundamentalmente en las zonas del encéfalo relacionadas con la regulación de la actividad del sistema nervioso autonómico, en especial la presión sanguínea y el pulso.

Núcleo caudado: uno de los tres (el putamen y el globo pálido son los otros dos) componentes principales de los núcleos basales. Masa gris, elongada, con forma de arco, compuesta por cabeza, cuerpo y cola. El núcleo caudado y el putamen son similares desde el punto de vista funcional y estructural y, en conjunto, se denominan cuerpo estriado. Sitio primario de comienzo del movimiento.

Núcleos basales: también se denominan ganglios basales, los cuales conforman un grupo de cuerpos celulares alojados en la parte profunda de la sustancia blanca de los hemisferios cerebrales; los componentes principales comprenden el caudado, el putamen, el globo pálido y la sustancia negra. Los núcleos basales funcionan como organizadores de la conducta motriz

Núcleos del rafe: grupo de núcleos distribuidos en la columna central de sustancia gris del tronco encefálico. Constituyen la parte más importante de la formación reticular del tronco encefálico y están relacionados con el comportamiento del sueño.

Orgasmo: el proceso de orgasmo, desencadenado principalmente por el estímulo físico del cuerpo, induce una sensación emocional de placer intenso y paroxístico: el goce. Activación de algunas regiones límbicas: *septum*, amígdala (más pronunciado a la derecha que a la izquierda), núcleo *caudatus* (izquierda), tálamo (ventrolateral posterior derecho y central derecho); no incluye la corteza.

Oxísmico: neologismo formado a partir del griego *oxunein*, que significa "excitar". Término genérico utilizado para designar el conjunto de las necesidades llamadas oxísmicas, las cuales corresponden a una necesidad de excitaciones o estímulos, indispensables para el desarrollo y el funcionamiento del sistema nervioso.

Ortodrómico (*orto* = + *dromos* = correr): propagación del impulso nervioso en un axón en la dirección habitual.

Palidotomía: procedimiento quirúrgico en el que una parte del encéfalo, llamada globo pálido, se lesiona con la intención de mejorar síntomas como los temblores, la rigidez y la bradicinesia.

Parálisis: paralización de un músculo o un grupo de músculos. Pérdida total o parcial de la función del movimiento de una parte del cuerpo, la cual puede ocurrir como consecuencia de un *ictus*. Un ictus en el hemisferio derecho del cerebro puede provocar parálisis en la mitad izquierda del cuerpo, y otro en el izquierdo generar parálisis en la mitad derecha del cuerpo.

Parálisis de Bell: episodio inexplicable de debilidad o parálisis de los músculos faciales que comienza de forma repentina y va empeorando.

Parasomnias: tipo de trastorno primario del sueño; el otro es disomnia. Trastornos que provocan un fenómeno no deseado durante el sueño, que comprende sonambulismo, terror nocturno, bruxismo y enuresis. Las personas que sufren un trastorno por estrés postraumático pueden experimentar parasomnias.

Parental: el comportamiento parental es una conducta de cuidados a la progenitura, efectuado por los parientes (padre y madre). A partir de algunos reflejos preexistentes, el desarrollo de este comportamiento inicia con la presencia y la reactividad del joven mamífero. En el hombre no existiría "instinto" parental y el factor cultural sería preponderante.

Parkinsonismo: nombre que recibe un grupo de trastornos con características similares y cuyos cuatro síntomas primarios (temblores, rigidez, inestabilidad postural y bradicinesia) se producen como resultado de la pérdida de las células encefálicas productoras de dopamina.

Pedúnculos cerebrales: dos grandes manojos de fibras que contienen axones nerviosos que viajan entre la corteza cerebral, el tronco encefálico y la médula espinal. La función de los pedúnculos cerebrales es transportar información hacia y desde el cerebelo.

Percepción: resultado de un proceso de interpretación y organización de los estímulos sensoriales (sensación) en información utilizable por el sujeto. Una percepción correspondería a la actividad de las áreas corticales asociativas polimodales.

Periodo refractario: fenómeno en el cual, al desaparecer la excitabilidad del tejido, no se produce una respuesta con estímulos de diversa magnitud

Plexo (*plectere* = entretejer o entrelazar): red formada por la unión de varios nervios o vasos adyacentes.

Potenciales evocados: procedimientos que registran la actividad eléctrica del encéfalo como respuesta a estímulos visuales, auditivos o sensoriales.

Prosencéfalo: parte anterior y más grande del cerebro, la cual comprende los hemisferios, el sistema límbico, el tálamo, el hipotálamo y el cuerpo calloso. Cada hemisferio se divide en cuatro lóbulos: frontal, parietal, occipital y temporal. En conjunto, el prosencéfalo controla las funciones cognitiva, sensorial y motora, y regula la temperatura, las funciones reproductoras, el apetito, el sueño y el despliegue de emociones.

Propioceptores: receptores que se encuentran en los músculos o en los tendones e informan acerca de las posiciones de las extremidades y respecto a los movimientos del cuerpo.

Psicofisiología: en sentido general, la psicofisiología designa un enfoque de comprensión del hombre basado en la biología. En sentido particular y epistemológico, la psicobiología se define como un campo científico que tiene por objeto aclarar e ir principalmente de los datos de la biología y las neurologías, el comportamiento y el psiquismo de los primates antropoides.

Psicopatología: enfermedad de un proceso psíquico.

Punción lumbar (punción raquídea): se coloca una aguja especial en la parte baja de la espalda, en el interior del conducto raquídeo, la zona que rodea la médula espinal. Entonces se puede medir la presión que existe en la médula espinal y en el encéfalo, así como extraer una pequeña cantidad de líquido cefalorraquídeo (sus siglas en inglés son CSF) y enviarla al laboratorio para comprobar si existe una infección o algún otro tipo de problema. El líquido cefalorraquídeo baña el encéfalo y la médula espinal.

Putamen: junto con el núcleo caudado y el globo pálido, forma los núcleos basales e interviene en la integración sensomotriz y el control del movimiento.

Raíz espinal: haz de axones rodeado de tejido conjuntivo que se presenta en partes que se funden y forman un nervio espinal.

Rayos X: examen de diagnóstico que utiliza rayos invisibles con energía electromagnética para producir imágenes de los tejidos internos, los huesos y los órganos en una placa.

Realidad o real: naturaleza absoluta del mundo, tal como es, independientemente de las representaciones del espíritu humano. El hombre no podría tener acceso al conocimiento exacto de esta realidad, ya que se limitan sus órganos sensoriales y los procesos cognoscitivos de su sistema nervioso; a su vez, las representaciones del real sólo pueden ser subjetivas y parcial o completamente erróneas. Se mide por su orientación en tiempo, espacio y persona.

Receptor: pequeño elemento en el origen de una fibra sensitiva, que responde a un estímulo físico o químico y que produce un impulso nervioso o mensaje sensitivo.

Reflejo: (del latín *reflexus*): forma más sencilla de comportamiento. Respuesta muscular y de secreción glandular provocada por un estímulo periférico que sigue un curso nervioso característico. Proceso fisiológico de tipo sensoriomotor, cuya característica principal es basarse en un número limitado de neuronas. Un ejemplo tipo es el reflejo de retirada de un miembro al dolor.

Reproducción: comportamiento específicamente organizado, cuya finalidad es permitir la reproducción de una especie, gracias a la fecundación de una hembra por un varón. Este comportamiento se subdivide, según las especies animales estudiadas, en varios comportamientos y reflejos distintos y específicos: comportamiento de llegada, comportamiento de monta, erección y lubricación, comportamiento coital (intromisión peniana y empujes pélvicos), eyaculación y contracciones uterinas. En la raza humana, parece que la reproducción es una consecuencia feliz del comportamiento erótico.

Resiliencia: capacidad psíquica para administrar variaciones cuanto más o menos importantes del estado emocional y dar la vuelta a un estado de equilibrio, haciendo frente al mismo tiempo a las solicitudes del mundo exterior. Cuando las capacidades de resiliencia son pasadas, el sujeto vuelca en el sufrimiento psíquico (dispatía) o incluso en un estado de tipo psicopatológico.

Ritmo circadiano: variación regular de los parámetros fisiológicos, como la temperatura y el nivel hormonal, que ocurre diariamente.

Rombencéfalo: área del cerebro que comprende la protuberancia, la médula y el cerebelo. En conjunto, el rombencéfalo coordina la actividad motriz, la postura, el equilibrio y los patrones del sueño, y regula funciones inconscientes pero fundamentales, como la respiración y la circulación de la sangre.

Salud: estado caracterizado no sólo como la ausencia de enfermedad, sino también como un estado de completo bienestar físico y moral.

Sensación: resultado del tratamiento neural efectuado por un sistema sensorio. Las necesidades y las emociones producirían también sensaciones, en parte por activaciones indirectas de los sistemas sensorios. Anatómicamente, una sensación correspondería a la actividad de los receptores sensorios y de las estructuras neurales directamente conectadas con estos receptores.

Serotonina: sustancia química necesaria para la comunicación entre las células nerviosas. Neurotransmisor que, se cree, tiene relación con muchos trastornos cerebrales. Está absolutamente reconocido el papel que desempeña la serotonina en la depresión y los trastornos de ansiedad. Las neuronas que tienen serotonina están limitadas por lo general al mesencéfalo, aun cuando sus axones se dispersan sobre gran parte del sistema nervioso central.

Sinapsis: diminuto espacio que existe entre las terminaciones de las fibras nerviosas y a través del cual pasan los impulsos nerviosos de una neurona a otra; en la sinapsis, el impulso causa la liberación de un neurotransmisor, que se difunde por todo el espacio y desencadena un impulso eléctrico en la neurona siguiente. Espacio que existe entre dos neuronas. Las neuronas se comunican entre sí en la sinapsis, mientras que las señales eléctricas cambian a señales químicas en forma de neurotransmisores que se difunden a través de la sinapsis y se transforman en señales eléctricas otra vez al llegar a la neurona próxima. Esto se denomina neurotransmisión en una sinapsis.

Síndrome de Guillain-Barré: trastorno en el que el sistema inmunológico del cuerpo ataca una parte del sistema nervioso.

Sistema extrapiramidal: sistema constituido por células nerviosas, fibras nerviosas y circuitos que conecta la corteza cerebral, los ganglios basales, el tálamo, el cerebelo, la formación reticular y las neuronas medulares y relacionado con la regulación de los movimientos reflejos, como el equilibrio y la marcha.

Sistema de activación reticular (RAS: reticular activating system): región del tronco encefálico que interviene en la activación del sueño y la vigilia. El RAS tiene neuronas colinérgicas muy activas cuando la persona está despierta y durante la etapa de sueño REM, e inactivas durante la etapa de sueño no REM.

Sistema límbico: ubicado debajo del cuerpo calloso, es un término colectivo que designa varias partes del cerebro, incluidos el hipocampo y la amígdala. Las estructuras límbicas son importantes para regular la actividad motriz visceral y la expresión emocional.

Sistema sensorio o sensorial: conjunto organizado de receptores y redes de neuronas que, a partir de los estímulos físicos o químicos del medio ambiente, elabora un tipo de reacciones neurofisiológicas y sensaciones neurales. El organismo humano posee una veintena de tipos de receptores diferentes, agrupados en cuatro clases (mecánicos, fotónicos, térmicos y químicos), y constituyendo una quincena de sistemas sensoriales: visión, audición, olfateo, gustación, vestibulocepción, somestesia (tacto, presión, nocicepción, calor, propiocepción y quinestesia), quimiorrecepción (CO_2, pH, glucosa) y barorrecepción.

Somática: las necesidades somáticas (del griego *soma*, que significa cuerpo) serían las fisiológicas, específicas al funcionamiento del organismo, principalmente las alimentarias, dipsicas (sed), respiratorias, de termorregulación, de micción y de defecación.

Somatostatina: sustancia química necesaria para la comunicación entre las células nerviosas.

Sustancia blanca: término general que se refiere a grandes haces de axones ubicados en el cerebro y la médula espinal. Los axones que penetran la corteza de los hemisferios cerebrales, el cerebelo y el hipocampo, así como los que abandonan la corteza forman la sustancia blanca. Gran parte del tejido subcortical de los hemisferios está constituido por sustancia blanca.

Sustancia gris: término general que designa el tejido rico en cuerpos de células neuronales, dendritas, axonesterminales y células gliales; comprende la parte central de la médula espinal, las cortezas cerebral, cerebelosa y del hipocampo.

Sustancia negra: núcleo ubicado en la base del mesencéfalo, que recibe información de muchas otras partes del cerebro.

La sustancia negra interviene en la repetición de señales relacionadas con la función del movimiento a partes de los núcleos basales y el tálamo. Pequeña zona del encéfalo que contiene un grupo de células nerviosas de color negro que producen dopamina, la cual posteriormente se transmite al neoestriado.

Somestesia: conjunto de sistemas sensoriosomáticos del organismo humano. Función de los sentidos del cuerpo, que corresponden a la elaboración por los sistemas sensoriales somáticos (receptores del corión, vísceras, tendones y articulaciones) con sensaciones táctiles, térmicas, propioceptivas, cinestésicas y nociceptivas, a partir de estados específicos de los tejidos del organismo.

Somestésico (*soma* = cuerpo + *aistesis* = percepción): conciencia que se tiene del cuerpo.

Sufrimiento: corresponde al componente afectivo del proceso de nociocepción (mientras que el dolor corresponde al componente cognoscitivo). El sufrimiento puede ser causado por distintas causas externas (traumatismo, hiperestimulación) o internas (lesiones viscerales, emociones negativas e ideaciones depresivas).

Tálamo: conjunto de núcleos que forman un componente estructural principal del prosencéfalo. El tálamo tiene muchas funciones, de las cuales la más importante es la transmisión de la información sensorial a la corteza cerebral.

Temblor: sacudida rítmica de una extremidad, la cabeza, la boca, la lengua u otra parte del cuerpo. Temblor de acción: aquel que aumenta cuando se mueve la mano voluntariamente. Temblor en reposo: aquel que se presenta en una extremidad que aumenta cuando está en reposo; temblor (postural) estático: el de una extremidad que aumenta al estirarla.

Tirosina: aminoácido a partir del cual se fabrica la dopamina.

Tomografía computarizada (sus siglas en inglés son CT o CAT): procedimiento de diagnóstico por imagen que utiliza una combinación de tecnologías de rayos X y computadoras para obtener imágenes transversales (a menudo llamadas "rebanadas") del cuerpo tanto horizontales como verticales. Una tomografía computarizada muestra imágenes detalladas de cualquier parte del cuerpo, incluidos los huesos, los músculos, la grasa y los órganos. La tomografía computarizada muestra más detalles que los rayos X regulares.

Tomografía por emisión de positrones (sus siglas en inglés son PET): técnica de imagen computarizada con la que se obtiene una imagen de la actividad del encéfalo, no de su estructura, midiendo los niveles de glucosa inyectada que se marcan con un trazador radiactivo.

Trombo: coágulo de sangre. Trombosis cerebral: forma más frecuente de ataque cerebral que se produce cuando se origina un coágulo (trombo) y obstruye el flujo de sangre en una arteria que riega parte del encéfalo.

Tronco encefálico: sinónimo de tronco cerebral (puente y bulbo raquídeos y mesencéfalo). Parte del cerebro que tiene forma de tallo y conecta la médula espinal y el prosencéfalo, compuesta por la protuberancia, el bulbo raquídeo y el mesencéfalo. El tronco encefálico tiene una importante función como estación de transmisión; todo impulso nervioso que pasa entre el cerebro y la médula espinal debe pasar por el tronco encefálico para permitir el funcionamiento normal del organismo.

Tumor cerebral: crecimiento de tejido en el cerebro, causado por la multiplicación incontrolable de células. Los tumores pueden crecer en otras partes del cuerpo además del cerebro, y los tumores cerebrales pueden provocar epilepsia.

Umbral: mínimo cambio que logra excitar un receptor y producir respuesta en el efector.

Vasopresina: hormona peptídica sintetizada en el *hipotálamo* y liberada desde el lóbulo pituitario posterior. Interviene en la regulación de los estados de sueño y vigilia.

Ventrículos: dos espacios bien definidos y llenos de líquido que se encuentran en cada hemisferio. Cavidades ubicadas dentro del cerebro, que contienen el líquido cefalorraquídeo (LCR). Hay cuatro ventrículos en el cerebro, de los cuales los dos más grandes están localizados debajo de la corteza cerebral. En las personas que sufrieron un episodio de esquizofrenia, los ventrículos son por lo general más grandes de lo normal.

Vía piramidal: conjunto de fibras nerviosas que van desde la corteza cerebral hasta la médula espinal, pasando por la pirámide del bulbo raquídeo en el tronco del encéfalo. Dentro de la pirámide del bulbo raquídeo, las fibras se cruzan de un lado del encéfalo al lado opuesto de la médula espinal, pero la vía piramidal no se ve afectada en la enfermedad de Parkinson.

Violencia: corresponde a una representación subjetiva y cultural de los fenómenos vinculados con la agresión. El problema individual y social principal es que, debido a la gran plasticidad de los procesos cognoscitivos, casi todo comportamiento, actitud o situación puede percibirse subjetivamente como "violencia", bastante a menudo errónea, y tiene efectos negativos reales en el psiquismo y la dinámica social. Con el fin de remediar este problema casi inextricable, proponemos luchar activamente contra las creencias individuales subjetivas y disfuncionales.

Volición (voluntad o intencional, o deliberado): la voluntad, como "facultad" psíquica. Facultad de querer, o de determinarse libremente por actuar o por abstenerse, con pleno conocimiento de causa y después de reflexión. La voluntad corresponde a un proceso activo y consciente de organización de acciones destinadas a alcanzar deliberada e intencionalmente un objetivo preestablecido.

Adolphs, R., Tranel, D., Damasio, H. y Damasio, A.R. (1995), "Fear and the human amygdala", *J. Neurosci.*, 15(9): 5879-5891.

——, Damasio, H., Tranel, D. y Damasio, A.R. (1996), "Cortical Systems for the Recognition of Emotion in Facial Expressions", *J. Neurosci.*, 16(23): 7678-7687.

Ajuriaguerra (1977), *Manual de psiquiatría infantil*, Madrid, Toray Masson, 4.

Aluja, A. (1991), *Personalidad desinhibida, agresividad y conducta antisocial*, Barcelona, PPU.

Allegri, R.F., Elli, J., Valicenti, M.R., Mangone, C.A., Taragano, F.E. y Ranalli, C.G. (1996), "Síndromes neuropsiquiátricos por lesión en el hemisferio cerebral derecho", *Acta Psiquiátrica y Psicológica de América Latina*, 42(3): 222-229.

American Psychiatric Association (1994), *Diagnostic and Statistical Manual of Mental Disorders DSM-IV*, Washington, APA.

Amini, F., Lewis, T., Lannon, R., Louie, A. y Baumbacher, G. (1996), "Affect, Attachment, Memory: Contributions Toward Psychobiologic Integration", *Psychiatry*, 59(3): 213-239.

Andreasen, N.C., O'Leary, D.S., Arndt, S., Cizadlo, T., Hurtig, R., Rezai, K., Watkins, G.L., Ponto, L.D. y Hichwa, R.D. (1996), "Neural Substrates of Facial Recognition", *J. Neuropsychiatry Clin. Neurosci.*, 8(2): 139-146.

Ardila, A. (1995), "Estructura de la actividad cognoscitiva: hacia una teoría neuropsicológica", *Neurosychologia Latina*, 1: 21-32.

——, Lopera, F., Pineda, D. y Rosselli, M. (1995), "Neurología comportamental y neuropsicología", *Acta Neurológica Colombiana*, 11: 83-86.

——, Rosselli, M. y Puente, A. (1994), "Neuropsychological Assessment of the Spanish Speaker", Nueva York, Plenum Press.

—— y Rosselli, M. (1991), "Evaluación neuropsicológica del síndrome prefrontal", en D. Pineda y A. Ardila (eds.), *Neuropsicología: evaluación clínica y psicometría*, Medellín, Prensa Creativa, pp. 129-136.

—— y Rosselli, M. (1994), "Development of Language, Memory and Visuospatial Abilities in 5 to 12 Years Old Children Using a Neuropsychological Battery", *Developmental Neuropsychology*, 10: 97-120.

Armony, J.L. y LeDoux, J.E. (1997), "How the Brain Processes Emotional Information", *Ann. N.Y. Acad. Sci.*, 821: 259-270.

Austin, M.P. (1995), "The Anatomy of Melancholia: Does Frontal-Subcortical Pathophysiology Underpin its Psychomotor and Cognitive Manifestations?", *Psychological Medicine*, 25: 665-672.

Azcoaga, J. (1983), *Las funciones cerebrales superiores y sus alteraciones en el niño y en el adulto*, Buenos Aires, Neuropsicología-Paidós, cap. 13.

——— (1985), *Alteraciones del aprendizaje escolar: diagnóstico, fisiopatología y tratamiento*, Buenos Aires, Neuropsicología, Paidós, vol. 6, pp. 96-97.

Baddeley, A.D. (1996), Cognition, Neurology, Psychiatry: Golden Triangle or Bermudas Triangle?", *Cognitive Neuropsychiatry*, 3: 185-190.

Bandura, A. y Ribes, E. (1978), *Modificación de la conducta: análisis de la agresión y la delincuencia*, México, Trillas.

Barona, A., Reynolds, C.R. y Chastain, R. (1984), "A Demographically Based Indez of Premorbid Intelligence for the WAIS-R", *Journal of Consulting and Clinical Psychology*, 52: 885-887.

Barr, M. (1968), *The Human Nervous System: An Anatomical Viewpoint*, Canadá.

Barth, J.T., Gideon, D.A., Sciara, A.D., Hulsey, P.H. y Anchor, K.N. (1986), "Forensic Aspects of Mild Head Trauma", *Journal of Head Trauma Rehabilitation*, 1: 63-70.

Barthol, C.R. y Barthol, A.M. (1987), "History of Forensic Psychology", en B. Weiner y A.K. Hess (eds.), *Handboook of Forensic Psychology*, Nueva York, Wiley.

Bear, M.F., Connors, B.W. y Paradiso, M.A. (1998), *Neurociencia. Explorando el cerebro*, Barcelona, Masson-Williams and Wilkins.

Bechara, A., Damasio, H. y Tranel, D. (1998), "Dissociation of Working Memory From Decision Making Within the Human Prefrontal Cortex", *The Jornal of Neuroscience*, 18(1): 428-437.

Benson, D.F. y Weir, W. (1972), "Acalculia: Acquired Anarithmetia", *Cortex*, 8: 465-474.

——— (1991), "The Role of Frontal Lobe Dysfunction in Attention Deficit Hyperactivity Disorder", *Journal of Child Neurology*, 6, suplemento: 6-12.

Bentall, R.P. (1996), "La investigación psicológica sobre las alucinaciones y los delirios: psicopatología y aplicaciones para las estrategias de tratamiento", en J.A. Aldaz y C. Vázquez (comps.), *Esquizofrenia: fundamentos psicológicos y psiquiátricos de la rehabilitación*, Siglo XXI, pp. 89-108.

Benton y Van Allen, (1972), "Prosopagnosia and Facial Discrimination", *J. Neurol. Sci.*, 15: 167-172.

Berrios, G.E. y Quemada, I. (1996), "Aspectos históricos y conceptuales de los síntomas positivos y negativos de la esquizofrenia", en J.A. Aldaz y C. Vázquez, *Esquizofrenia: fundamentos psicológicos y psiquiátricos de la rehabilitación*, Madrid, Siglo XXI, pp. 121-134.

Berthier, M.L. (1992), "Síntomas obsesivo compulsivos secundarios a enfermedades neurológicas", en J. Vallejo (ed.), *Árboles de decisión en psiquiatría*, Barcelona, Editorial JIMS, pp. 84-85.

———, Kulisevsky, J., Fernández-Benítez, J.A. y Gironell, A. (1998), "Reactivation of Posttraumatic Stress Disorder After Minor Head Injury", *Depression and Anxiety*, 8: 43-47.

Bieliauskas, L.A. (1999), "Mediocrity is no Standard: Searchinɡ For Self-respect in Clinical Neuropsychology", *The Clinical Neuropsychologist*, 13: 1-11.

Bisiach, E. y Vallar, G. (1990), "Hemineglect in Humans", en F. Boller y J. Grafman (eds.), *Handbook of Neuropsychology*, vol. 1, Amsterdam, Elsevier.

Bobes, M.A., Valdés-Sosa, M., García, M., Gómez, J.F. y Lopera, F. (1998), *ERP Signs of Abnormal Face Processing in Prosopagnosia. Accepted in Brain and cognition*.

Boller, F. y Grafman, J. (1985), *Acalculia. Handbook of Clinical Neurology, Clinical Neuropsychology*, JAM Friedericks ed., Nueva York, Elsevier, cap. 31, pp. 473-481.

Brain, L. (1980), *Alteraciones del lenguaje. Afasia, apraxia, agnosia*, Buenos Aires, Panamericana, pp. 27-29.

Brower, G. (1977), *Human Memory: Basic Process*, Nueva York, Academic Press.

Buela Casal y Navarro Humanes, J. (1990), *Avances en la investigación del sueño y sus trastornos*, Madrid, Siglo XXI.

Bustamante, J. (1994), *Neuroanatomía funcional*, Santafé de Bogotá, Celsus.

Cahill, L. (1997), "The Neurobiology of Emotionally Influenced Memory. Implications for Understanding Traumatic Memory", *Ann. N.Y. Acad. Sci.*, 821: 238-246.

Carey, T.C., Carey, M.P. y Kelley, M.L. (1997), "Differential Emotions Theory: Relative Contribution of Emotion, Cognition, and Behavior to the Prediction of Depressive Symptomatology in Non-referred Adolescents", *J. Clin. Psychol.*, 53(1): 25-34.

Carlson, N.R. (1999), *Fisiología de la conducta*, Barcelona, Ariel.

Carpenter (1994), *Neuroanatomía. Fundamentos*, Buenos Aires, Médica Panamericana.

Carter, R. (1998), *El nuevo mapa del cerebro*, Barcelona, RBA Ediciones Libreras.

Cermignani, E. (1991), "Bases neurobiológicas de la agresión", en F. Lolas (comp.), *Agresividad y violencia*, Buenos Aires, Losada.

Clark, L.A., Watson, D. y Reynolds, S. (1995), "Diagnosis and Classification on Psychopathology: Callenges to the Current System and Future Directions", *Annual Review of Psychology*, 46: 121-153.

Cole, M. y Pérez-Cruet, F. (1964), "Prosopagnosia", *Neuropsychology*, 2: 237-246.

Colodrón (1990), *Las esquizofrenias. Síndrome de Kraepelin-Bleuler*, Madrid, Siglo XXI.

Costello, C. (1992), "Research on Symptoms Versus Research on Syndromes: Arguments in Favour of Allocating More Research Time to the Study of Symptoms", *British Journal of Psychiatry*, 160: 304-308.

Cracco, R.Q. (1987), "Evaluation of Conduction in Central Motor Pathways: Techniques, Pathophysiology, and Clinical Interpretation", *Neurosurgery*, 20: 199-203.

Cronbach, L.J. (1982), *Designing Evaluations of Educational and Social Programs*, San Francisco, Jossey Bass.

Chapman, L.J. y Chapman, J.P. (1973), *Disordered Thought in Schizophrenia*, Nueva York, Appleton-Century-Crofts.

Chelune, G.J. y Baer, R.A. (1986), "Developmental Norms for the Wisconsin Card Sorting Test", *Journal of Clinical and Experimental Neuropsychology*, 8: 219-228.

Chen, R., Classen, J., Gerloff, C., Celnik, P., Wasserman, E.M., Hallett, M. *et al.* (1997), "Depression of Motor Cortex Excitability by Low-frequency Transcranial Magnetic Stimulation", *Neurology*, 48(1): 398-1403.

——, Classen, J., Gerloff, C., Celnik, P., Wassermann, E.M., Hallett, M., Cohen, L.G. (1997), Depression of Motor Cortex Excitability by Low-frequency Transcranial Magnetic Stimulation", *Neurology*, 48(5): 1398-1403.

Chokroverty, S., Hening, W., Wright, D. *et al.* (1995), "Magnetic Brain Stimulation: Safety Studies", *Electroencephalography and Clinical Neurophysiology*, 97: 36-42.

Christensen, A.L. (1975), *Luria's Neuropsychological Investigation*, Nueva York, Spectrum.

—— (1987), *El diagnóstico neuropsicológico de Luria*, Madrid, Aprendizaje-Visor.

Damasio, A. (1985), "The Frontal Lobes", en K. Heilman y E. Valenstein (comps.), *Clinical Neuropsychology*, Nueva York, Oxford University Press.

—— (1994), "Descartes' error: Emotion, Reason, and the Human Brain" (revisión del libro), *Journal of American Psychoanalytic Association*, 45(3): 959.

David, A.S. (1993), "Cognitive Neuropsychiatry", *Psychological Medicine*, 23: 1-5.

De Renzi, E., Perani, D., Carlesimo, G.A., Silveri, M.C. y Fazio, F. (1994), "Prosopagnosia Can Be Associated With Damage Confined to the Right Hemisphere. An MRI and PET Study and Review of the Literature", *Neuropsychologia*, 32(8): 893-902.

De Vega, M. (1985), *Introducción a la psicología cognitiva*, La Habana, Universidad de La Habana.

Del Ser Quijano, T. y Peña-Casanova, J. (1994), *Evaluación neuropsicológica y funcional de la demencia*, Barcelona, J.R. Prous Editores.

Delgado, J.M. *et al.* (eds.) (1998), *Manual de neurociencia*, Madrid, Síntesis.

Delgado Villapalos, C. y Del Ser Quijano, T. (1994), "Métodos de estimación del estado mental", en T. Del Ser Quijano, y J. Peña-Casanova (eds.), *Evaluación neuropsicológica y funcional de la demencia*, Barcelona, J.R. Prous Editores.

Diller, L. y Weinberg, J. (1977), "Hemi-inattention in Rehabilitation: The Evaluation of a Rational Remediation Program", en E.A. Weinstein, y R.P. Friedland (eds.) (1977), *Advances in Neurology*, 18, Nueva York, Raven Press.

Dimond, S.J. (1980), *Neuropsychology. A Textbook of Systems and Psychological Functions of the Human Brain*, Londres, Butterworth.

Drevets, W.C., Price, J.L., Simpson, J.R. Jr., Todd, R.D., Reich, T., Vannier, M. *et al.* (1997), "Subgenual Prefrontal Cortex Abnormalities in Mood Disorders", *Nature*, 386: 824-827.

Ebert, D. y Feistel, H.A. (1991), "Effects of Sleep Deprivation on the Limbic System and the Frontal Lobes in Affective Disorders: a Study with Tc-99m-HMPAO SPECT", *Psychiatry Res.*, 40: 247-251.

Ebling J.D. y Ebling, F.J. (1966), *Historia natural de la agresión*, México, Siglo XXI.

Eccles, J.C. (ed.) (1966), *Brain and Conscious Experience* (estudio semanal del 28 de septiembre al 4 de octubre de 1964 de la Pontificia Academia Scientiarum), Nueva York, Springer Verlag.

Emory, E.K. (1991), "A Neuropsychological Perspective on Perinatal Complications and the Law", *The Clinical Neuropsychologist*, 5: 297-321.

Farah, M.J., Gazzaniga, M.S., Holtzman, J.D. y Kosslyn, S.M. (1985), "A Left Hemisphere Basis for Visual Mental Imagery", *Neuropsychologia*, 23: 115-118.

Feld, V. (1994), "Antecedentes y perspectivas de la neuropsicología actual", *Alcmeon*, julio, vol. III, 209-216.

Fernández Ballesteros, R. (1980), *Psicodiagnóstico. Concepto y metodología*, Madrid, Kapelusz.

Fisher, J. (1966), "Agresión interespecífica", en J.D. y F.J. Ebling (comps.), *Historia natural de la agresión*, México, Siglo XXI.

Fletcher, J.M. (1996), "Executive Functions in Children. Introduction to the Special Series", *Developmental Neuropsychology*, 12: 1-3.

Fox, N.A. (1991), "If it's not Left, it's Right", *American Psychologist*, 46: 863-872.

Fujiki, M. y Steward, O. (1997), "High Frequency Transcranial Magnetic Stimulation Mimics the Effects of ECS in Up-regulating Astroglial Gene Expression in the Murine CNS", *Brain Res. Mol. Brain Res.*, 44: 301-308.

García-Toro, M. (1999), "Acute Manic Symptomatology During Repetitive Transcranial Magnetic Stimulation in a Patient With Bipolar Depression", *Br. J. Psychiatry*, 175: 491.

Gesell, C.S. y Amartruda, D. (1985), *Embriología de la conducta, los caminos de la mente humana*, Buenos Aires, Paidós, vol. 1.

Glass, L.S. (1991), "The Legal Base in Forensic Neuropsychology", en H.O. Doerr y A.S. Carlin (eds.), *Forensic Neuropsychology*, Nueva York, Guilford Press.

Goldberg, D. y Huxley, P. (1992), *Common Mental Disorder: A Biosocial Model*, Londres, Routledge.

Golden, C.J. (1981), "The Luria Nebraska Children's Battery: Theory and formulation", en G.W. Hynd y Obrzut (eds.), *Neuropsychological Assessment and the School Aged Child*, Nueva York, Grune and Stratton, pp. 277-302.

——, Hammeke, T.A. y Purisch, A.D., (1980), *The Luria-Nebraska Neuropsychological Battery*, Los Ángeles, Wester Psychological Services.

Gómez Jarabo, G. (ed.) (1997), *Farmacología de la conducta*, Madrid, Síntesis.

González Montalvo, J.A. (1991), *Creación y validación de un test de lectura para el diagnóstico del deterioro mental en el anciano*, tesis doctoral, Madrid, Universidad Complutense.

Halpern, L. (ed.) (1963), *Problems of Dynamic Neurology. An International Volume. Studies on the Higher Functions of the Human Nervous System*, Jerusalén, Department of Nervous Diseases of the Rothschild Hadassah University Hospital and the Hebrew University Hadassah Medical School (Nueva York, Grunne and Stratton).

Halligan, P.W. y Marshall, J. (1994), "Toward a Principal Explanation of Unilateral Neglect", *Cognitive Neuropsychology*, 11: 167-206.

Hamilton, M. (1960), "A Rating Scale for Depression", *J. Neurol. Neurosurg. Psychiatry*, 23: 5638.

Hamilton, W.J. y Boyd, J.D. (1985), *Embriología humana*, Interamericana.

Hécaen y Angelergues, (1962), "Agnosia for Faces (Prosopagnosia)", *Arch. Neurology*, 7: 92-100.

Heilman, K.M y Van den Abell, T. (1979), "Right Hemispheric Dominance for Mediating Cerebral Activation", *Neurospychologia*, 17: 315-321.

Herize Vásquez, M.A. (2004), *Fundamentos de neurociencias*, Ateproca.

Hill, D. (1966), "Agresión y enfermedad mental", en J.D. y F.J. Ebling (comps.), *Historia natural de la agresión*, México, Siglo XXI.

Hind, G.W. (1987), *Dislexia. Teoría, examen y clasificación desde una perspectiva neuropsicológica*, Buenos Aires, Panamericana.

Hodgkin, A.L. (1965), *The Conduction of the Nerve Impulse. The Sherrington lectures*, vol. 7, Liverpool, Liverpool University Press.

Hollander, E., Schiffman, E., Cohen, B. *et al.* (1990), "Signs of Central Nervous Dysfunction in Obsessive-compulsive Disorder", *Arch Gen Psychiatry*, 47: 27-32.

Jakobson, R. (1974), *Lenguaje infantil y afasia*, Ayuso, pp. 17-34.

Jenkins, V. (1962), *The United States*, 113 U.S. App. D.C. 300, 307 F.2d 637.

Junqué, C. y Barroso, J. (1993), *Neuropsicología*, Madrid, Síntesis.

Kandel, E.R., Schwart, E. y Jessel, F. (2001), *Principios de neurociencia*, Madrid, McGraw-Hill.

Kaplan, H. y Sadock, B. (1987), *Compendio de psiquiatría*, Barcelona, Salvat.

Kelso, J.A. y Wallace, A. (1978), "Conscious Mechanisms in Movement", en G.E. Stelmach (ed.), *Information Processing in Motor Control and Learning*, Nueva York, Academic Press.

Kelly, M.S. y Best, C.T. (1989), "Cognitive Processing Deficits in Reading Disabilities: A Prefrontal Cortical Hypothesis", *Brain and Cognition*, 11: 275-293.

Kendell, R.E. (1980), "Clinical validity", en L.N. Robins y J.E. Barrett (eds), *The Validity of Psychiatry Diagnosis*, Nueva York, Raven.

Kertesz, A. (ed.) (1983), *Localization in Neuropsychology*, Nueva York, Academic Press [Segunda edición: *Localization and Neuroimaging in Neuropsychology*, Nueva York, Academic Press, 1994].

Kimbec, D.C. y Gray, E.C. *Manual de anatomía y fisiología*, México, La Prensa Médica Mexicana.

Kimura, J. (1989), *Electrodiagnosis in Diseases of Nerve and Muscle. Principles and Practice*, Filadelfia, F.A. Davis.

Kliegl, R. y Baltes, P.B. (1994), "Theory-Guided Analysis of Mechanisms of Development and Aging Through Testing the Limits and Research on Expertise", en C. Shooler y K.W., *J. Neuropsychiatry Clin. Neurosci.*, 7(2): 129-135.

Koffka (1973), *Principios de la psicología de la forma*, Buenos Aires, Paidós.

Kolb, B., Whishaw, I. (1980), *Fundamentals of Human Neuropsychology*, Nueva York, Freeman.

Kopelman, M.D. (1996), "What is Wrong and What is Right in Neuropsychology and Neurpsychiatry", *Cognitive Neuropsychiatry*, 1(4): 275.

Kosc, M., Heretik, A., Vajdickova, K., Varsanyiova, O., *et al.* (1990), "The Possibilities of Applying the WAIS-R in Differential Diagnosis of Mental Disorders in the Elderly", *Studia Psychologica*, 32(3): 185-191.

Kosslyn, S. y Koening, O. (1992), *The Cognitive Neuroscience*, The Free Press.

Kosslyn, S.M. (1980), *Image and Mind*, Cambridge, Harvard University Press.

Lampl, Y., Eshel, Y., Gilad, R. y Sarova-Pinhas, I. (1994), "Selective Acalculia with Sparing of the Subtraction Process in a Patient with Left Parietotemporal Hemorrhage", *Neurology*, 44: 1759-1761.

Lanska, D.J., Schmitt, F.S., Stewart, J.M. y Howe, J.N. (1993), "Estado mental evaluado por teléfono", *Dementia*, 5:319-322.

Lecours, A.R. y Joanette Y. (1991), "Prefacio", en J. Peña-Casanova, *Normalidad, semiología y patología neuropsicológicas*, Barcelona, Masson, pp. vii-x.

León-Carrión, J. (1995), *Manual de neuropsicología humana*, Madrid, Siglo XXI.

Levin, H.S., Culhane, K.A., Hartman, J., Evankovich, K., Mattson, A.J., Hardward, H., Ringholz, G., Ewing-Cobbs, L. y Fletcher, J.M. (1991), "Developmental Changes in Performance on Tests of Pruported Frontal Lobe Functioning", *Developmental Neuropsychology*, 7: 377-395.

Levine, D. (1978), "Prosopagnosia and Visual Object Agnosia: A Behavioral Study", *Brain and Language*, 5: 341-365.

——, Marziali, E., Hood, J. (1997), "Emotion Processing in Borderline Personality Disorders", *J. Nerv. Ment. Dis.*, 185(4): 240-246.

Lezak, M.D. (1995), *Neuropsychological Assessment*, Nueva York, Oxford University Press.

Lindsley, D.B. y Wicke, J.D., "The Electroencephalogram: Autonomous Electrical Activity In Man, Animals", en R.F. Thompson y N.M. Patterson (eds), *Bioelectric Recording Techniques*, Nueva York, Academic Press.

Lisanby, S.H., Luber, B.L., Schroeder, C., Osman, M., Finck, D., Amassian, V.E. *et al.* (1998), "RTMS in Primates: Intracerebral Measurement of RTMS and ECS Induced Voltage in Vivo", *Electroencephalogr. Clin. Neurophysiol,* 107: 79.

Lobo, A., Ezquerra, J., Gómez, F.B., Sala, J.M., Seva, A. (1979), "El miniexamen cognoscitivo. Un test sencillo y práctico para detectar alteraciones intelectuales en pacientes médicos", *Actas Luso Esp Neurol Psiquiatr,* 7: 189-202.

Lolas, F. (1991), "Agresividad, agresión, violencia", en F. Lolas (comp.), *Agresividad y violencia,* Buenos Aires, Losada.

Lopera, F. y Ardila, A. (1992), "Prosopamnesia and Visuolimbic Disconnection Syndrome: A Case Study", *Neuropsychology,* 6: 3-12.

López-Antúnez, L. (1987), *Anatomía funcional del sistema nervioso,* México, Limusa.

López, O.L., Berthier, M.L., Becker, J.T. y Boller, F. (1997), "Creutzfeldt-Jakob Disease with Features of Obsessive-compulsive Disorder and Anorexia Nervosa. The Role of Cortico-subcortical Systems", *Neuropsychiat, Neuropsychol, and Behav Neurology,* 20(2): 120-124.

Lorayne, H. y Lucas, J. (1974), *The Memory Book,* Nueva York, Ballantine Books.

Lucey, J.V., Costa, D.C., Adshead, G. *et al.* (1997), "Brain Blood Flow in Anxiety Disorders. OCD, Panic Disorder with Agoraphobia, and Post-traumatic Stress Disorder on 99m TcHMPAO Single Photon Emission Tomography (SPET)", *Br. J. Psychiatry,* 171: 344-350.

Luchelli, F. y De Renzi, E. (1993), "Primary Dyscalculia after a Medial Frontal Lession of the Left Hemisphere", *J. Neurol. Neurosurg. Psychiatry,* 56: 304-307.

Luria A., (1973), *The Working Brain. An Introduction to Neuropsychology,* Londres, Penguin.

—— (1977), *Las funciones corticales superiores,* La Habana, Editorial Orbe.

—— (1982), *El cerebro en acción,* La Habana, Editorial Revolución.

—— (1980), *Neuropsicología de la memoria,* Madrid, Blume.

Llinas, R.R. (1979), "La corteza del cerebelo," en R.F. Thompson (ed.), *Psicología fisiológica.* Selecciones de Scientific American, México, Blume.

Llinás-Reglá, J., Vilalta-Franch, J., López-Pousa, S. (1991), *Camdex. Examen Cambridge para trastornos mentales en la vejez* (Roth-Huppert-Tym-Mountjoy), Barcelona, Áncora.

Manga, D. y Ramos, F. (1991), *Neuropsicología de la edad escolar. Aplicaciones de la teoría de A.R. Luria a niños a través de la batería Luria-DNI,* Madrid, Aprendizaje Visor.

Marshall, J.F. (1979), "Somatosensory Inattention after Dopamine Depleting Intracerebral 6-OHDA Injections: Spontaneous Recovery and Pharmacological Control", *Brain Res.,* 177: 311-324.

Mecklinger, A. y Muller, N. (1996), "Dissociations in the Processing of 'What' and 'Where' Information in Working Memory: And Event-related Potential Analysis", *Journal of Cognitive Neuroscience,* 8(5): 453.

Mesulam, M.M. (1981), "A Cortical Network for Directed Attention and Unilateral Neglect", *Ann.Neurol.* 10: 309-325.

—— (1985), *Principles of Behavioral Neurology,* Filadelfia, F.A. Davis.

Mezzacappa, E.S. (1999), "Epinephrine, Arousal, and Emotion: A New Look at Two-factor Theory", *Cognition and Emotion,* 13(2): 181-199.

Milner D. (1986), "Chronometric Analysis in Neuropsychology", *Neuropsychology,* 24: 115-128.

Miller, L. (1992), "Neuropsychology, Personality and Substance Abuse in the Head Injury Case: Clinical and Forensic Issues", *International Journal of Law and Psychiatry*, 15: 303-316.

Millis, S.R., Putnam, S.H., Adams, K.M. y Ricker, J.H. (1995), "The California Verbal Learning Test in the Detection of Incomplete Effort in Neuropsychological Evaluation", *Psychological Assessment*, 7: 463-471.

Mittenberg, W., Russell, E. y Heilbromer, R. (1996), "Identification of Malingered Head Injury on the Halstead-Reitan Battery", *Archives of Clinical Neuropsychology*, 11: 271-281.

——, Azrin, R., Millsaps, C. y Heilbronner, R. (1993), "Identification of Malingered Head Injury on the Wechsler Memory Scale-Revised", *Psychological Assessment*, 5: 34-40.

Montgomery, S.A. (1998), "Psychopharmacology of Obsessive-compulsive Disorder", *CNS Spectrums*, 3, 5 (Suppl. 1): 33-37.

—— y Asberg M. (1979), "A New Depression Scale Designed to be Sensitive to Change", *Br. J. Psychiatry*, 134: 382-389.

Moore, J. (1980), *Neuroanatomical Consideration Relating to Recovery of Function Following Brain Injury*, Bach-y-Rita, Hans Huber Publishers.

Moore Sohlberg, Mc K. y Matter, C.A. (1989), *Introduction to Cognitive Rehabilitation. Theory and Practice*, Nueva York, The Guilford Press.

Muñoz Céspedes, J.M., Pelegrín, C., Tirapu, J. y Fernández Guinea, S. (1998), "Sobre la naturaleza, diagnóstico y tratamiento del síndrome postconmocional: una revisión", *Neurología*, 27(159): 844-853.

Muñoz, J.M., Gancedo, M., Cid, C. y Ruano, A. (1997), "Neuropsicología: Aspectos médico-legales", en C. Pelegrín, J.M. Muñoz e I. Quemada (eds.), *Neuropsiquiatría del daño cerebral traumático*, Barcelona, Prous Science.

—— y Fernández Guinea, S. (1997), "Evaluación neuropsicológica y funcional de los adultos con traumatismo craneoencefálico", en C. Pelegrín, J.M. Muñoz e I. Quemada (eds.), *Neuropsiquiatría del daño cerebral traumático*, Barcelona, Prous Science.

Nicholson, J. (1987), *Hombres y mujeres: ¿hasta qué punto son diferentes?*, Barcelona, Ariel.

Nies, K.J. y Sweet, J.J. (1994), "Neuropsychological Assessment and Malingering: A Critical Review of Past and Present Strategies", *Archives of Clinical Neuropsychology*, 9: 501-552.

Norman, Ross *et al.* (1999), "Symptoms and Cognition as Predictors of Community Functioning: A Prospective Analysis", *Am J Psycht*, 156: 400.

Obruzt, J.E., y Hynd, G.W. (1986), *Child Neuropsychology*, vol 1: *Theory and research*, Orlando, Academic Press.

Olds, D. y Cooper, A.M. (1997), "Dialogue with other Sciences: Opportunities for Mutual Gain", *International Journal of Psycho-Analysis*, 78: 219-225.

Oltmmans, T.F. y Maher, B.A. (comps.) (1988), *Delusional Beliefs*, Nueva York, Wiley.

Padberg, F., Zwanzer, P., Thoma, H., Kathmann, N., Haag, C., Greenberg, B. *et al.* (1999), "Repetitive Transcranial Magnetic Stimulation (rTMS) in Pharmacotherapy-refractory Major Depression: Comparative Study of Fast Slow and Sham rTMS", *Psychiatry Res.*, 88: 163-71.

Pally, R. (1997), "Memory: Brain Systems that Link Past, Present and Future", *Int. J. Psycho-Anal.*, 78: 1223-1234.

—— (1998), "Emotional Processing: The Mind-body Connection", *International Journal of Psycho-Analysis*, 79: 349-362.

Parra Navas, Jorge (1993), *Anatomía dinámica y funcional del sistema nervioso y órganos de los sentidos*, Imprenta Universitaria, UCV.

Pascual-Leone, A. y Catala, M.D. (1996), "Liberalized Effect of Rapid Rate Transcranial Magnetic Stimulation of the Prefrontal Cortex on Mood", *Neurology*, 46: 499-502.

Peña-Casanova, J. (1991), *Programa integrado de exploración neuropsicológica "Test Barcelona". Normalidad, semiología y patología neuropsicológica*, Barcelona, Masson.

—— (1994), "Limitaciones de los grupos y de los síndromes neuropsicológicos clásicos en neurología", *Neurología*, 9: 238-245.

—— y Barraquer-Bordas , Ll. (1983), *Neuropsicología*, Barcelona, Toray.

Perea, M.V., Ladera, V., Blanco, A. y Morales, F. (1999), "Árbol de decisión diagnóstica para la correcta utilización de las técnicas de evaluación neuropsicológica en traumatismo craneoencefálico", *Revista de Neurología*, 28(10): 999-1006.

Phipps, S.J. y Morehouse, C.A. (1969), "Effects of Mental Practice on the Adquisition of Motor Skill of Varied Difficulty", *Research Quaterly*, 40: 773-788.

Piaget, J. y Wallon, H. (1963), *Los estadíos en la psicología del niño*, Buenos Aires, Lautaro.

Pineda, D. (1991), "Introducción", e . D. Pineda y A. Ardila (eds.), *Neuropsicología: evaluación clínica y psicometría*, Medellín, Prensa Creativa, p. 1.

—— (1996), *Disfunción ejecutiva en niños con trastornos por deficiencia atencional con hiperactividad (TDAH)*, Acta Neurológica Colombiana, 12: 19-25.

——, Cadavid, C. y Mancheno, S. (1996a), "*Características de la función ejecutiva en niños con deficiencia atencional e hiperactividad (DAH)*", *Acta Neurológica Colombiana*, 12: 187-196.

——, Cadavid, C. y Mancheno, S. (1996b), "Neurobehavioral Characteristics of 7 to 9 Year old Children with attention deficit hyperactivity disorder (ADHD)", *The Journal of Neuropsychiatry*, 9 (abstract): 137-138.

——, Giraldo, O. y Castillo, H. (1995), "Disfunción ejecutiva en pacientes con enfermedad de Parkinson", *Acta Neurológica Colombiana*, 11: 17-20.

——, Rosselli, M., Cadavid, C. y Ardila, A. (1996), "Neurobehavioral Characteristics of 10 to 12 Year old Children with Attention Deficit Hyperactivity Disorder", *The Journal of Neuropsychiatry*, 9 (abstract): 138.

—— y Sánchez, M. (1992), "Trastornos de las funciones de los lóbulos frontales en la enfermedad de Parkinson", *Acta Neurológica Colombiana*, 8: 205-210.

Pinel, J.P.J. (2000), *Biopsicología*, Madrid, Prentice-Hall.

Poon, L.W. y Walsh-Sweeney, L. (1991), "Effects of Bizarre and Interacting Imagery on Learning and Retrieval of the Aged", *Experimental Aging Research*, 7: 65-70.

Posner, M.I. y Petersen, S.E. (1990), "The Attention System of the Human Brain", *Annual Review of Neuroscience*, 13: 25-42.

Purves, D., Augustine, G.J. *et al.* (2001), "Invitación a la neurociencia", Buenos Aires, Médica Panamericana.

——, Fitzpatrick, D., Katz, L.C., LaMantia, A.S. y McNamar, J.O. (2001), *Invitación a la neurociencia*, Buenos Aires, Médica Panamericana.

Ramos, M.J. (ed.) (1996), *Sueño y procesos cognitivos*, Madrid, Síntesis.

Rasmussen, S.A. y Eisen, J.L. (1992), "The Epidemiology and Clinical Features of Obsessive-compulsive Disorder", *Psychiat. Clin. North America,* 15: 743-758.

Rauschecker, J.P. (1995), "Compensatory Plasticity and Sensory Substitution in Cerebral Cortex", *Trends Neurosc.,* vol. 18, pp. 36-43.

Rebollo, M.A. (1973), *Semiología del sistema nervioso en el niño, exploración del desarrollo neuropsíquico,* Delta, pp. 44-60.

Reivich, M., Gur, R.C. y Alavi, A. (1993), "Positron emission tomographic studies of sensory stimulation, cognitive processes and anxiety", *Hum. Neurobiol.,* 2: 25-33.

Richardson, A. (1967), "Mental Practice. A Review and Discussion", *Research Quaterly,* 38: 95-107.

Robertson, I.H, Ward, T., Ridgeway, V. y Nimmo-Smith, I. (1994), *The Test of Everyday Attention,* Flempton, Thames Valley Test Company.

Ryan, E.D. (1983), "What is Learned in Mental Practice of Motor Skills: A Test of the Cognitive-motor Hypothesis", *Journal of Sport Psychology,* 5: 419-426.

—— y Simons, R. (1981), "Cognitive Demand, Imagery, and Frequency of Mental Rehearsal as Factors Influencing Acquisition of Motor Skills", *Journal of Sport Psychology,* 3: 35-45.

Saletu, B., Brandstatter, N., Metka. M., Stamenkovic, M., Anderer, P., Semlitsch, H.V. *et al.* (1996), "Hormonal, Syndromal and EEG Mapping Studies in Menopausal Syndrome Patients with and without Depression as Compared with Controls", *Maturitas,* 23: 91-105.

Shegalowitz, A. (1991), *The Emergence of a Neuropsychology of Normal Development, Raprochment Betwen Neuroscience and Developmental Psychology,* Amsterdam, Elsevier, vol. 6.

Shevrin, H., Bond, B. y Brakel, L. (1996), *Conscious and Unconscious Processes. Psychodynamic, Cognitive, and Neurophysiological Convergences,* Nueva York, The Guilford Press.

Shrrington C.S. (1906), *The Integrative Action of the Nervous System,* Nueva York, Scribner.

Siebner, H.R., Willoch, F., Peller, M., Auer, C., Boecker, H., Conrad, B. *et al.* (1998), "Imaging Brain Activation Induced by Long Trains of Repetitive Trancranial Magnetic Stimulation", *Neuroreport,* 9: 943-948.

Simón, V. (1983), *Psicofisiología de la motivación,* Valencia, Promolibro.

Simonov, P. (1997), "Brain Mechanisms of Emotions", *Neurosci. Behav. Physiol.,* 27(4): 405-413.

Slade, P.D. y Bentall, R.P. (1988), *Sensory Deception: A Scientific Analysis of Hallucination,* Londres, Croom-Heler.

Snell, R.S. (1997), *Neuroanatomía clínica,* Buenos Aires, Médica Panamericana.

Snyder, S.H. (1992), *Drogas y cerebro,* Barcelona, Prensa Científica.

Soares, J.C., Mann, J. (1997), "The Functional Neuroanatomy of Mood Disorders", *J. Psychiatr. Res.,* 4: 393-432.

Springer, S.P. y Deutsch, G. (1997), *Left Brain, Right Brain. Perspectives from Cognitive Neuroscience,* Nueva York, W.H. Freeman and Company.

Stahl, S.M. (1998), *Psicofarmacologia esencial,* Barcelona, Ariel.

Starr, J.M., Whalley, L.J., Inch, S. y Shering, P.A. (1992), "The Quantification of the Relative Effects of Age and NART-predicted IQ on Cognitive Function in Healthy Old People", *International Journal of Geriatric Psychiatry,* 7(3): 153-157.

Sumner, A.J. (1980), *The Physiology of Peripheral Nerve Disease*, Filadelfia, WB Saunders, 1980.

Thompson, R.F. y Kim, J.J. (1996), "Memory Systems in the Brain and Localization of a Memory", *Proc. Natl. Acad. Sci.*, USA, 93(24): 13438-13444.

Tohgi, H., Saitoh, K., Takashashi, S., Yonezawa, H., Hatano, K. y Sasaki, T. (1995), "Agraphia and Acalculia after a Left Prefrontal (F1 F2) Infarction", *J. Neurol. Neurosurg. Psychiatry*, 58: 629-632.

Vázquez, C., Florit, A. y López, B. (1996), "Rehabilitación cognitiva: principios generales y técnicas de evaluación e intervención", en J.A. Aldaz y C. Vázquez (eds.), *Esquizofrenia: fundamentos psicológicos y psiquiátricos de la rehabilitación*, Madrid, Siglo XXI, pp. 265-292.

Verfaellie, M. y Keane, M.M. (1997), "The Neural Basis of Aware and Unaware Forms of Memory", *Semin. Neurol.*, 17(2): 153-161.

Vilkki, J. (1989), "Perseveration in Memory for Figures After Frontal Lobe Lesion", *Neuropsychologia*, 27: 1101-1104.

Vygotsky, L.S. (1979), *El desarrollo de los procesos psicológicos superiores*, Barcelona, Grijalbo.

—— (1984), *Aprendizaje y desarrollo intelectual en la edad escolar. Infancia y aprendizaje*, Barcelona, Crítica, pp. 27-28, 105-116.

—— (1987), *Pensamiento y lenguaje*, traducción del original en ruso (1934) de María Margarita Rotger, Buenos Aires, La Pléyade.

Wallon, G. (1976), *La evolución psicológica del niño*, Buenos Aires, Psique.

Wang, P.L. y Ennis, K.E. (1986), "Competency Assessment in Clinical Populations: An Introduction to the Cognitive Competency Test", en B. Uzzell e Y. Gross (eds.), *Clinical Neuropsychology of Interventions*, Boston, Martins Nijhoff.

West, R.L. (1989), "Planning Practical Memory Training for the Aged", en L.W. Poon, D. Rubin y B. Wilson (eds.), *Everyday Cognition in Adulthood and Late Life*, Cambridge University Press.

——, Yassuda, M.S. y Welch, D.C. (1998), *Imagery Training Via Videotape: Progress and Potential for Older Adults*, Cognitive Technology.

Wilson, B.A. (1997), "Cognitive Rehabilitation. How is it and how it might be", *Journal of International Neuropsychology Society*, 3: 487-496.

——, Alderman, N., Burgess, P., Emslie, H. y Evans, J.J. (1996), *Behavioral Assessment of the Disexecutive Syndrome* (BADS), Flempton, Thames Valley Test Company.

——, Cockburn, J. y Baddeley, A. (1985), *The Rivermead Behavioral Memory Test*, Reading, Inglaterra, Thames Valley Test Company.

Willshire, D. y Prior, M.R. (1991), "Estimating WAIS-R IQ from the National Adult Reading Test: A cross-validation", *Journal of Clinical and Experimental Neuropsychology*, 13(2): 204-216.

Wong-Riley, N. (2001), *Secretos de las neurociencias*, Mc Graw Hill eds.

World Health Organization, *The ICD-10 Classification of Mental and Behavioural Disorders: Diagnostic Criteria for Research*, WHO, Geneva, 1992.

Wu, J.C., Gillin, J.C., Buchsbaum, M.S., Hershey, T., Johnson, J.C. y Bunney, W.E. (1992), "Effect of Sleep Deprivation on Brain Metabolism of Depressed Patients", *Am. J. Psychiatry*, 49: 538-545.

Yesavage, J.A. (1984), "Retaxation and Memory Training in 39 Elderly Patients", *American Journal of Psychiatry*, 141: 778-781.

——, Sheikh, J.I., Friedman, I. y Tanke, E. (1990), "Learning Mnemonics: Roles of Aging and Subtle Cognitive Impairment", *Psychology and Aging*, 5: 133-137.

Zald, D.H. y Pardo, J.V. (1997), "Emotion, Olfaction, and the Human Amygdala: Amygdala Activation During Aversive Olfactory Stimulation", *Proc. Natl. Acad. Sci.*, USA, 94(8): 4119-4924.

Zarranz, J. (1999), *Enfermedades yatrógenas y tóxicas del sistema nervioso. Neurología*, 2a. ed., Barcelona, Harcourt Brace, cap. 29, pp. 829-860.

Zeki, S. (1995), *Una visión del cerebro*, Barcelona, Ariel.

Ziskin, J. y Faust, D. (1988), *Copying with Psychiatric and Psychological Testimony* (vols. 1-3, 4a. ed.), Beverly Hills, Law and Psychology Press.

Mireya Frausto Rojas

Psicóloga clínica egresada con honores y mención de Excelencia Académica del Campus (Universidad del Valle de México), cuenta con diversos posgrados en su especialización profesional: Psicodiagnóstico de trastornos mentales y evaluación psicométrica; Educación especial y autismo; Habilidades docentes; Violencia intrafamiliar; y Salud mental y trastornos psiquiátricos del niño y el adolescente.

Egresó con el más alto honor y certificado académico de Excelencia de la maestría en Ciencias de la Educación con especialidad en Investigación y Docencia de Educación Superior (Universidad del Valle de México, UVM). Cursó el doctorado en Hipnoterapia clínica y médica, avalado por los gobiernos de EUA y Alemania, en The World Association of Eclectic Hypnoterapists (WAEH), donde obtuvo la mención honorífica en su tesis de investigación.

Ha participado en la docencia e investigación en varias universidades, y ocupado cargos académicos y administrativos, entre los que destaca la Dirección del Campus de la Universidad Franco Mexicana, de la cual obtuvo un reconocimiento especial por el diseño y elaboración de la actualización de los planes de estudio de la Universidad.

Es miembro permanente de diversas asociaciones entre las cuales destacan: The World Association of Eclectic Hypnoterapists (WAEH), la Academia Internacional de Psicoterapeutas Eclécticos (IAEP), The Internationale Gesellschaft Für Integrative Tiefenpsychologische Therapie in Hypnose (I-GTH) (EUA y Alemania).

Es autora de varias obras sobre el tema desde el enfoque de las neurociencias, la psicoterapia y la hipnosis.

Esta obra se terminó de imprimir
en enero de 2020, en los Talleres de
Impresora Peña Santa S.A. de C.V.
Sur 27 Nº 457 Col. Leyes de Reforma
2ª Secc. C.P. 09310
Alcaldia de Iztapalapa
CDMX
Tel. 5600-6345   5640-8164
e-mail. impresoraps@yahoo.com.mx